Das Unterscheidungsgebot: Entstehung, Konsolidierung, Herausforderung

Europäische Hochschulschriften Recht

European University Studies in Law

Publications Universitaires Européennes de Droit

Band/ Volume **6697**

Alexander Koll

Das Unterscheidungsgebot: Entstehung, Konsolidierung, Herausforderung

PETER LANG

Bibliografische Information der Deutschen Nationalbibliothek
Die Deutsche Nationalbibliothek verzeichnet diese Publikation in der Deutschen Nationalbibliografie; detaillierte bibliografische Daten sind im Internet über http://dnb.d-nb.de abrufbar.

Zugl.: Gießen, Univ., Diss., 2022.

D 26
ISSN 0531-7312
ISBN 978-3-631-87332-8 (Print)
E-ISBN 978-3-631-88810-0 (E-PDF)
E-ISBN 978-3-631-88811-7 (EPUB)
DOI 10.3726/b20114

Peter Lang – Berlin · Bern · Bruxelles · New York · Oxford · Warszawa · Wien

Diese Publikation wurde begutachtet.

www.peterlang.com

Vorwort

Die vorliegende Arbeit wurde im Sommer 2021 vom Fachbereich Rechtswissenschaften der Universität Gießen als Dissertation angenommen. Zum Zweck der Publikation wurde Literatur und Rechtsprechung bis Dezember 2021 einbezogen. Spätere Entwicklungen konnten keine Berücksichtigung mehr finden.

Allen voran möchte ich an dieser Stelle meinem Doktorvater, Herrn Prof. Dr. Thilo Marauhn danken, der nicht nur meine Dissertation betreut hat, sondern mich darüber hinaus seit dem Beginn meines Studiums kontinuierlich unterstützt und gefördert hat. Die prägende Zeit an seinem Lehrstuhl werde ich immer in bester und lebhafter Erinnerung behalten. Außerdem möchte ich mich sehr herzlich bei Prof. Dr. Rainer Grote für die Erstellung meines Zweitgutachtens und des schönen menschlichen Kontakts bedanken.

Ein besonderer Dank gilt ebenfalls meiner Familie. Meine Eltern Dr. Bernhard Koll und Angelika Koll haben mich stets mit ihrem elterlichen Rat begleitet und mich besonders in den schwierigen Zeiten motiviert meine Vorstellungen und Ziele zu verfolgen. Insbesondere danke ich ebenfalls meiner Zwillingsschwester Vanessa, welche mir immens bei den Korrekturarbeiten behilflich war und deren Rat ich stets zu schätzen wusste. Vor allem aber danke ich meiner Freundin Victoria, die mir speziell in der nicht immer leichten Schlussphase mit ihrem Rat, Verständnis und Geduld beigestanden hat.

Ihnen ist diese Arbeit gewidmet.

Bonn, April 2022
Alexander Koll

Inhaltsübersicht

Vorbemerkung

Mit dem „*Report to the Security Council on the Protection of Civilians in Armed Conflict*" erklärte der ehemalige Generalsekretär der Vereinten Nationen *Kofi Annan* 1999, dass das Leiden der Zivilbevölkerung nicht länger etwas sei, das vernachlässigt oder zweitrangig behandelt werden könnte.

> „*the plight of civilians is no longer something which can be neglected, or made secondary, because it complicates political negotiations or interests*"[1]

Juristisch ist die Unterscheidung zwischen „militärisch" und „zivil" als das Gebot der Unterscheidung bekannt. Dieses Unterscheidungsgebot setzt sich aus drei Elementen zusammen: Der Unterscheidung zwischen Zivilisten und Kombattanten, der Unterscheidung zwischen zivilen und militärischen Objekten und der Vorgabe, einen Angriff nur auf Kombattanten und militärische Ziele auszuüben. Das Unterscheidungsgebot ist eine *Ius Cogens* Verpflichtung des humanitären Völkerrechts und verlangt eine universelle Einhaltung. Durch die Unterscheidung wird in bewaffneten Konflikten ein Kreis von zu schützenden Personen und Objekten definiert und eine Sicherheit durch Immunität geschaffen. Dieser Schutz und die Verteidigung der Zivilbevölkerung in bewaffneten Konflikten ist heutzutage eine elementare strategische und normative Verpflichtung.[2]

Die Zentralität dieses Schutzes wird immer wieder von internationalen Institutionen als auch von militärischen Befehlshabern betont. *General Wesley K. Clark*, der oberste alliierte Kommandeur der North Atlantic Treaty Organization (NATO) während des Kosovo-Konflikts, schreibt:

> „*Both we and the Serbs realized at the onset how critical this issue would be. It was the most pressing drumbeat of the campaign: minimize, if not eliminate, civilian casualties*"[3]

---

1 Annan, Kofi, "*Report of the Secretary General to the Security Council on the Protection of Civilians in Armed Conflict*," UN Security Council Report S/1999/957 September 8, 1999, http://www.un.org/Docs/journal/asp/ws.asp?m=S/1999/957 (Letzter Aufruf 12.04.2019 15:33).

2 http://www.cnn.com/2009/WORLD/asiapcf/07/30/taliban.code.excerpt/index.html (Letzter Aufruf 12.04.2019 15:39) und http://english.aljazeera.net/news/asia/2009/07/20097278348124813.html. (Letzter Aufruf 12.04.2019 15:44).

3 Kinsella, Helen M, *The Image before the Weapon: A critical history of the distinction between combatant and civilian*. S. 1–2; Clark, Wesley K, *Waging Modern War: Bosnia, Kosovo, and the Future of Combat*, S. 434.

Das Mandat des Internationalen Strafgerichtshofs, welches von einer Vielzahl von Staaten unterzeichnet und ratifiziert wurde, bekräftigt ebenfalls ausdrücklich die Unterscheidung zwischen Kombattanten und Zivilisten und stellt Angriffe gegen Zivilisten unter Strafe.[4]

Im Hinblick auf den Schutz und die Achtung der Zivilbevölkerung legt die auffallende Übereinstimmung der politischen und rechtlichen Überzeugungen nahe, dass der Schutz der Zivilbevölkerung in bewaffneten Konflikten nicht nur zu einer wesentlichen Thematik des Völkerrechts und der internationalen Beziehungen geworden ist, sondern auch einen der entscheidendsten Bezugspunkte darstellt, an dem Konflikte und militärische Operationen juristisch beurteilt werden müssen. Das Unterscheidungsgebot sieht sich jedoch aktuell vor einer seiner bisher größten Herausforderungen. Der Moment ist historisch vergleichbar mit dem Zeitpunkt, in dem sich der bewaffnete Konflikt zum ersten Mal ins Meer und in die Luft erstreckte. Bewaffnete Konflikte sind in eine andere, völlig neuartige Sphäre vorgedrungen: dem Cyberspace.

Estland 2007[5], Georgien 2008[6], die USA 2009[7], der Iran 2010[8], Deutschland 2015[9] – alle diese Nationen sahen sich teils massiven Cyber-Angriffen auf unterschiedliche staatliche und zivile Ziele ausgesetzt. Doch wie sind solche Cyber-Angriffe innerhalb des humanitären Völkerrechts zu bewerten? Das Hauptproblem von Cyber-Angriffen besteht darin, dass es zum einen wenige bis keine verbindlichen Erklärungen der Staaten darüber gibt, welches Recht auf militärische Operationen im Cyberspace Anwendung findet. Zum anderen sieht

---

4 Beispielsweise Art. 8 (2) (b) (vii), (xxiv) Rome Statute of the International Criminal Court, 17 July 1998, 2187 UNTS 3.

5 Tikk, Eneken/Kerttunen, Mika, *International Cyber Incidents: Legal Considerations* S. 14; Davis, Joshua, *Hackers take down the most wired country in Europe*, https://www.wired.com/2007/08/ff-estonia/ (Letzter Aufruf 09.06.2020 15:05).

6 Swaine, John, *Georgia: Russia conducting cyber-war*, https://www.telegraph.co.uk/news/worldnews/europe/georgia/2539157/Georgia-Russia-conducting-cyber-war.html (Letzter Aufruf 09.06.2020 15:32).

7 Markoff, John, *Cyber-Attacks Jam Government and Commercial Websites in the U.S and South Korea*, https://www.nytimes.com/2009/07/10/technology/10cyber.html (Letzter Aufruf 09.06.2020 16:21)

8 Sanger, David, *Obama ordered wave of Cyber-Attacks against Iran*, https://www.nytimes.com/2012/06/01/world/middleeast/obama-ordered-wave-of-cyberattacks-against-iran.html, (Letzter Aufruf 09.06.2020 17:53).

9 Flade, Florian, *Haftbefehl gegen russische Hacker*, https://www.tagesschau.de/investigativ/ndr-wdr/hacker-177.html (Letzter Aufruf 05.05.2020 15:12).

sich die Zivilbevölkerung zunehmend durch Cyber-Angriffe bedroht, da der ausschließliche Angriff auf Daten bisher nicht unter eine humanitär-völkerrechtliche Perspektive fällt, wodurch das Unterscheidungsgebot zu erodieren droht.

Unter Bezugnahme auf die Konzepte des Sonderforschungsbereichs 138 „*Dynamics of Security*“ wurde ein thematischer Schwerpunkt daraufgelegt, wie sich das Unterscheidungsgebot in seiner Entstehungsgeschichte in Bezug auf die damaligen Vorstellungen von Sicherheit entwickelt hat. Dabei geht es um die Darstellung und die Herstellung von Sicherheit als Vorgänge, welche einander bedingen und deren Verhältnis in historisch unterschiedlichen Dynamiken und Prozessstrukturen erforscht wird. Diese dynamischen Prozesse werden im Sonderforschungsbereich 138 begrifflich als „Versicherheitlichung“ bezeichnet. Diese Perspektive von Versicherheitlichung eröffnet für den rechtswissenschaftlichen Kontext dieser Arbeit neue Möglichkeiten der Analyse, welche zu neuen Ergebnissen führen könnten. Hinsichtlich seiner diskursiven Funktionen wird der Rückgriff auf Sicherheit in der politischen Kommunikation und der öffentlichen politischen Debatte in der Regel auf zwei grundlegend verschiedene Arten bewertet. Zum einen ist Sicherheit ein inhärent politischer Mechanismus, da er erfolgreich zur Legitimation von Maßnahmen eingesetzt wird, welche sonst möglicherweise nicht akzeptiert würden.[10] Nach einer gegensätzlichen Ansicht ist und war Sicherheit in der politischen Kommunikation stets ein ermöglichender Faktor. In diesem Sinne können Sicherheitskrisen gewisse „*Payoffs*“ und damit eine Stärkung von Sicherheit bewirken.[11] Vor allem die zuletzt genannte Ansicht spielt, wie in dieser Arbeit gezeigt werden soll, eine Rolle bei der Entwicklung des Unterscheidungsgebots.

In den 1970er und 1980er Jahren wurde zwischen einem weiten und einem engeren Sicherheitsbegriff unterscheiden.[12] Vertreter des engen Sicherheitsbegriffs warnten vor der inflationären Bezeichnung eines beliebigen Themas als Sicherheitsfrage, während die Vertreter des weiten Sicherheitsbegriffs, Sicherheit in allen Sektoren und mit allen möglichen Bezugsobjekten suchten.[13]

10 Greenwood, Maja Tourazi/Wæver, Ole, *Copenhagen–Cairo on a roundtrip: A security theory meets the revolution,* Security Dialogue 44, S. 485–487.

11 Ibid.

12 McDonald, Matt, *Securitization and the construction of security*, European Journal of International Relations, S. 563–565.

13 Wæver, Ole, *Aberystwyth, Paris, Copenhagen. New "Schools" in Security Theory and their Origins between Core and Periphery. Paper presented at the annual meeting of the International Studies Association*, S. 8.

„look for security in all sectors and with all possible referent objects“[14]

Die Vertreter des weiten Sicherheitsbegriffs führten einen konstruktivistischen Ansatz zum Verständnis von Sicherheit ein, welcher sich auf verschiedene Theorieansätze der internationalen Beziehungen stützte.[15] Dazu versuchten sie zu ergründen, was ein Sicherheitsproblem ausmacht und wie ein Sicherheitsproblem geschaffen wird.[16] Diese Theorie der Versicherheitlichung weicht von der traditionellen Perspektive ab, dass Sicherheit als objektiver Tatbestand existiert und dass Sicherheitsbedrohungen die politischen Entscheidungsträger dazu veranlassen, Maßnahmen zur Bekämpfung dieser Bedrohungen zu ergreifen. Stattdessen versuchen sie, die umgekehrte Dynamik zu untersuchen, wie sich ein öffentliches Problem in ein Sicherheitsproblem transformiert und somit an Dringlichkeit und Priorität in der politischen Kommunikation gewinnen könnte, um bestimmte Ziele zu erreichen.[17] Die aus diesen Bemühungen heraus entstandene Kopenhagener Schule entwickelte in den 1980er und 1990er Jahren das Konzept von „*Securitization*“.[18] Hinzu kommt, dass sich die Theorien der Versicherheitlichung, so unterschiedlich sie sich seit den 1990er Jahren auch fortgebildet haben, stets für Fragen moderner staatlicher Umfelder und Situationen und insbesondere für westliche, demokratische Systeme entwickelt wurden.[19] Daher ist ihre Anwendbarkeit auf die historische Entwicklung des Unterscheidungsgebots, welches nicht in einem solchen System entstanden ist, zurückhaltend zu handhaben. Was gerade den Ansatz der Kopenhagener Schule jedoch für diese Arbeit passend erscheinen lässt, ist die enge Ausrichtung auf die Legitimation des Außergewöhnlichen. Diese Arbeit zeigt, wie die Publizisten und Philosophen der vergangenen Jahrhunderte den Schutz von Unbeteiligten innerhalb eines bewaffneten Konflikts als öffentliches Problem in ein Sicherheitsproblem transformiert haben und durch politische Kommunikation die Entwicklung des Unterscheidungsgebots an Priorität gewann und im Zuge der Jahrhunderte sukzessive fortgebildet wurde.

Hieraus ergibt sich eine dreigliedrige Konzeption dieser Arbeit: In einem ersten Teil, werden die Heuristiken der Entstehungsgeschichte des

---

14 Ibid.

15 Ibid.

16 Ibid.

17 Ibid. S. 9.

18 Neuman, Iver, *Returning Practice to the Linguistic Turn: The Case of Diplomacy*, Millenium: Journal of International Studies 31, S. 627–628.

19 Ibid.

Unterscheidungsgebots untersucht und anhand dessen der spätere Untersuchungsgegenstand konkretisiert. Das zweite Kapitel befasst sich ausführlich mit den aktuellen Heuristiken und Repertoires kollektiver Sicherheit, welche Art. 52 (2) des ersten Zusatzprotokolls ermöglicht. In diesem Kapitel werden vor allem die Voraussetzungen von Art. 52 (2) des ersten Zusatzprotokolls näher beleuchtet und ein Bezug zum praktischen „*Targeting*" innerhalb militärischer Operationen hergestellt. Der dritte Teil dieser Arbeit behandelt abschließend die aktuellen Herausforderungen welche Cyberwarfare für das humanitär-völkerrichte Unterscheidungsgebot darstellt. Insbesondere wird die Anwendbarkeit des humanitären Völkerrechts auf den Cyberspace und die Frage, ob Daten als immaterielle Gegenstände ein „Objekt" im Sinne des Art. 52 (2) des ersten Zusatzprotokolls zu den Genfer Abkommen darstellen können, anhand einer „*Evolutionary Interpretation*" diskutiert.

Kapitel 1: *Immunitas* als Vorläufer des Unterscheidungsgebots

„Die Grundsätze der Kriegskunst sind an sich höchst einfach, liegen dem gesunden Menschenverstand ganz nahe und wenn sie in der Taktik mehr als in der Strategie auf einem besonderen Wissen beruhen, so ist doch dieses Wissen von so geringem Umfange, daß es sich kaum mit einer anderen Wissenschaft an Mannigfaltigkeit und tiefem Zusammenhang vergleichen läßt"

- Carl von Clausewitz (1780–1831)

A) Einführung in die Thematik

Das Unterscheidungsgebot ist einer der kardinalen Grundsätze des humanitären Völkerrechts. Durch diesen Grundsatz wird ein Kreis von zu schützenden Personen sowie Objekten definiert und eine Sicherheit durch Immunität für den definierten Kreis geschaffen.

Dieses Kapitel erarbeitet eine Ursprungsgeschichte, welche sich auf den rechtlichen Gehalt des Gebots der Unterscheidung fokussiert, nämlich der Verteilung von Immunitäten im Rahmen eines bewaffneten Konflikts. Die Frage nach der Entstehungsgeschichte des humanitär-völkerrechtlichen Unterscheidungsgebots ist eine viel diskutierte. In der völkerrechtshistorischen Literatur herrscht große Uneinigkeit. So identifizieren viele Historiker des 20. und 21 Jahrhunderts in *Augustinus von Hippo's* Schriften die Quelle dessen, was man heute als „*noncombatant immunity*" oder das „*principle of distinction*" bezeichnen würde. Zwar hat *Augustinus von Hippo* zur Begründung der Theorie des gerechten Krieges beigetragen, er verhielt sich jedoch in Bezug auf die Entwicklung eines Gebots der Unterscheidung in bewaffneten Konflikten zurückhaltend. Dies ist von großer Bedeutung, wenn man bedenkt, dass sich zeitgenössische Theoretiker der Lehre vom gerechten Krieg immer wieder an *Augustinus von Hippo* orientieren, um die Herkunft des Gebots der Unterscheidung zu ergründen.[20]

Ebenfalls sind in der völkerrechtshistorischen Literatur viele Autoren bereit, Prinzipien wie Ehre, Ritterlichkeit und Barmherzigkeit als die ursprünglichen Quellen des Unterscheidungsgebots zum Schutz der Unbeteiligten im Krieg anzuerkennen.[21] Die im Mittelalter formulierten Ideale von Ehre, Ritterlichkeit und Barmherzigkeit waren selten nur ein Gegenmittel gegen Gräueltaten, da sie ebenso oft auch dazu beigetragen haben, Gewalt zu begründen. Das Verhalten während und innerhalb der Kreuzzüge ist das deutlichste Beispiel für die Mehrdeutigkeit und Komplexität dieser Ideale.[22] Das Unterscheidungsgebot entstand nicht natürlich aus der Gesellschaft, sondern war das Ergebnis einer

20 Kinsella, Helen M, *The Image before the Weapon: A critical history of the distinction between combatant and civilian*. S. 1–2.

21 Grewe, Wilhelm Georg, *The Epochs of International Law*, S. 192.

22 Ibid.

fortlaufenden Entwicklung von bestimmten Ordnungen und Ideale.[23] So waren zum Beispiel der Gottesfriede und die Waffenruhe Gottes bemerkenswerte mittelalterliche Bemühungen zur Kriegsbegrenzung, welche sich jedoch nicht aus altruistischen Motiven der katholischen Kirche, sondern aus dem Wunsch der Kirche entwickelten, ihre Angehörigen sowie ihr Eigentum zu schützen.[24] Historiker, die sich mit dem humanitären Völkerrecht auseinandersetzen, verfolgen die Entstehung des Unterscheidungsgebots ab dem Mittelalter, insbesondere anhand der Lehren der mittelalterlichen katholischen Kirche und der ritterlichen Tugenden, welche beide auf römische Kriegstraditionen zurückgingen und diese rezipierten.[25] Ähnlich wie in der heutigen Völkerrechtsliteratur, debattierten die Philosophen und Experten im Mittelalter über die richtigen Gründe für einen gerechten Krieg und die korrekte Identifizierung derjenigen, welche nicht nur rechtmäßig Krieg führen durften, sondern für die der Schutz der Gesetze des Krieges gelten musste.

Die historische Entwicklung des Unterscheidungsgebots weist somit keinen stringenten roten Faden auf und lässt sich nicht auf eine grundlegende Epoche oder Person beschränken. Es war vielmehr eine Zusammenführung verschiedener Ideen und das wiederkehrende Aufgreifen oder Fallenlassen bestimmter Bestandteile dieser Gedanken. So wurde beispielsweise im 16. Jahrhundert, als Armeen zunehmend professionalisiert wurden der ritterliche Verhaltenskodex des Mittelalters von *Honoré Bonet* wiederentdeckt und in die Kriegsverordnungen der einzelnen Regenten und schließlich des Staatsmilitärs aufgenommen, um deren Verhalten zu mäßigen.[26] Die Konzepte von Ritterlichkeit und Ehre durchdringen sogar heute noch die Kodifizierung des humanitären Völkerrechts sowie die militärischen Handbücher.

---

23 von Bernstroff, Jochen/Venzke, Ingo, *Ehtos, Ehtics and Morality in International Relations*, C-1, https://opil.ouplaw.com/view/10.1093/law:epil/9780199231690/law-9780199231690-e936?prd=MPIL. (Letzter Aufruf 21.05.2019 11:56).

24 Bröchler, Anja, *Was uns das Recht unseres Glaubens erlaubt zu tun. Kriegsgreuel in den Eroberungen Amerikas*, S. 138, in: Neitzel, Sönke/Hohrath, Daniel, *Kriegsgreuel. Die Entgrenzung der Gewalt in kriegerischen Konflikten vom Mittelalter bis in 20. Jahrhundert*; Grewe, Wilhelm Georg, *The Epochs of International Law*, S. 208.

25 Borst, Arno, *Barbaren, Geschichte eines europäischen Schlagwortes*, S. 24, in: Borst, Arno, *Barbaren, Ketzer und Atheisten. Welten des Mittelalters.*

26 Van Dülmen, Richard, *Die Entdeckung des Individuums. 1500–1800*, S. 19; Von Friedenburg, *Europa in der frühen Neuzeit*, S. 29; Villa, Sergio M., *The Philosophy of International Law Suarez Grotius and Epigiones*, (Int Law Rev. Octo 1997) S. 324.

So werden zum Beispiel im US-Fieldmanual 3–21.75 ritterliche Ideale wie Loyalität, Respekt, Ehre und Pflicht als grundlegend für die Aufrechterhaltung des Soldatenethos aufgeführt. Hierdurch wird das, was früher ein mittelalterlicher Verhaltenskodex für den Ritterorden darstellte, in einen Verhaltenskodex für moderne Offiziere gewandelt:

> „***Loyality***: *Bear true faith and allegiance to the Constitution the Army, your unit, and other Soldier.*
> ***Duty***: *Fulfill your obligations*
> ***Respect***: *Treat people with dignity as they should be treated*
> ***Honor***: *Live up to all the Army Values*“[27]

Ebenfalls wird in offiziellen Kommentaren des Internationalen Komitee vom Roten Kreuz (IKRK) ausdrücklich auf die Ritterlichkeit als Grundprinzip und als Grundlage des humanitären Völkerrechts verwiesen:[28]

> „*the basic principles of this law (IHL) being those of military necessity, humanity and chivalry*“[29].

In diesem Kapitel werden die wichtigsten Schritte in der Entwicklung des Unterscheidungsgebots herausgearbeitet, um die verschiedenen Ideen, welche schließlich in das heutige Verständnis des Unterscheidungsgebots mündeten, zu erforschen und auszuleuchten. Bevor auf den geschichtlichen Ursprung des Unterscheidungsgebots eingegangen wird, soll dem vorgelagert verdeutlicht werden, wie sich die Terminologie im Rahmen von Unterscheidung und Immunität im Laufe der Epochen verändert hat.

Das Wort „Zivilist“ in seiner wörtlichen Bedeutung ist entscheidend für sein Verständnis sowie die Interpretation des heutigen Unterscheidungsgebotes. Dem Wortursprung zufolge wurde der Begriff erstmals im 14. Jahrhundert verwendet, um jemanden zu bezeichnen, welcher das Zivilrecht praktizierte und somit im römischen Recht gelehrt war. In diesem frühen Sinne wird der Zivilist in Gegensatz zu jemandem gesetzt, der das kanonische Recht, das Recht der Kirche, praktizierte und nicht, wie heute, als Kontrapunkt zu Angehörigen des Militärs.[30]

---

27 FM 3.21-75 S. 1–2, https://fas.org/irp/doddir/army/fm3-21-75.pdf (letzter Aufruf 23.02.2020 13:10).

28 https://www.icrc.org/en/doc/resources/documents/article/other/57jmrt.htm (letzter Aufruf 27.02.2020 16:08).

29 Ibid.

30 Kinsella, Helen M, *The Image before the Weapon: A critical history of the distinction between combatant and civilian*. S. 2.

Das Kirchenrecht als solches war ein wesentlicher Bestandteil des mittelalterlichen Denkens und Handelns und seine Reichweite innerhalb der mittelalterlichen Christenheit war nahezu allumfassend. Das kanonische Recht war nicht bloß eine Reihe von religiösen Diktaten und Vorgaben, sondern ein umfassendes Rechtssystem, das alle Aspekte des Lebens überwachte und regelte.[31]

Im 12. Jahrhundert prägten diese beiden Formen des Rechts noch gemeinsam und in wechselseitiger Abhängigkeit die Entstehung und das Wachstum einer Rechtswissenschaft, wie wir sie heute kennen.[32] In dieser Zeit durchdrangen diese beiden Rechtsformen die Sprache und die Bedingungen der politischen und philosophischen Auseinandersetzung und beeinflussten gegenseitig die Entwicklung der Rechte und Gebräuche im Krieg. Erst mit der zunehmenden Säkularisierung im späten 14. und frühen 15. Jahrhundert wurde formal eine Unterscheidung zwischen Zivil- und Kirchenrecht durchgeführt.[33] Diese formale Unterscheidung führte dazu, dass im 16. Jahrhundert erstmals ein Vorläufer für das heutige Verständnis von Zivilist entstand. So bezeichnete beispielsweise die britische Ostindien-Kompanie einen Zivilisten als einen vertraglich gebundenen europäischen Diener/Angestellten der Ostindien-Kompanie, welcher als Mitarbeiter des Indian Civil Service (ICS) **nicht** in militärischen Diensten steht:[34]

„all the top thousand members of the ICS, known as ‚Civilians'"[35]

Erst im 19. Jahrhundert wurde schließlich der Begriff Zivilist als ein nichtmilitärischer Mann oder Beamter in den allgemeinen Sprachgebrauch aufgenommen.[36] Der Begriff Zivilist, wie er heute verstanden wird, ist also ein Produkt des 19. Jahrhunderts. Im Gegensatz dazu hat sich die Bedeutung des ursprünglich französisch-sprachigen Begriffs „Combattant" seit seinem Einzug in den allgemeinen Sprachgebrauch in Frankreich[37] des 12. Jahrhunderts nicht geändert.[38] Es ist folglich wenig zielführend, innerhalb des geschichtlichen Ursprungs des Unterscheidungsgebots konkret nach den Wörtern „Zivilist" sowie „Kombattant"

31 Rhode, Ulrich, *Kirchenrecht*, S. 26.
32 Ibid.
33 Kinsella, Helen M, *The Image before the Weapon: A critical history of the distinction between combatant and civilian*. S. 13.
34 Ibid.
35 Mansingh, Surjit, *The A to Z of India*, 2010, S. 288–289.
36 Siehe Kapitel 1 B) IV).
37 Combattants (frz.) wurde als übliche Bezeichnung für „Mitkämpfer" eingeführt.
38 Ipsen, Knut, *Kombattanten und Nichtkombattanten* S. 56, in: Fleck, Dieter, *Handbuch des humanitären Völkerrechts in bewaffneten Konflikten.*

zu suchen, da diese Wörter erst relativ spät ihr heutiges Verständnis und ihre Beziehung zueinander erhalten haben. Von diversen vergangenen Philosophen und Publizisten wurde demgegenüber eine andere Sprache verwendet, welche sich um die Konzeption von Schuld und Unschuld im Rahmen eines sich stetig wandelnden Verständnisses von Religion, Zivilisation und vor allem Barbarei entwickelte.

B) Das Konzept von „Immunität" im Krieg

Um den geschichtlichen Ursprung des Unterscheidungsgebots nachzuvollziehen, ist es sinnvoll sich vor Augen zu führen, was Individuen sowie Objekte durch das Gebot der Unterscheidung erhalten, beziehungsweise welchen rechtlichen Gehalt das Unterscheidungsgebot vermitteln möchte. Der Sinn und Zweck des heutigen Unterscheidungsgebot ist es, innerhalb eines bewaffneten Konflikts Schutz an Individuen und Objekte zu vergeben; beispielsweise für Personen welche nicht mehr in der Lage sind am Konflikt teilzunehmen oder von vorne herein keine Teilnehmer sein können, wie etwa grundsätzlich Zivilisten,[39] oder Objekte deren Zerstörung keinen militärischen Vorteil zum Ergebnis hat.

Demzufolge muss nachfolgend untersucht werden, wie sich die Verteilung von Schutz im geschichtlichen Verlauf von Konflikten entwickelt hat. Die historischen Rituale bewaffneter Auseinandersetzungen, von der Kriegserklärung über den Waffenstillstand bis hin zum Friedensvertrag, waren bis über das Mittelalter hinaus stark vom christlichen Glauben geprägt und von den damit einhergehenden, zeitgenössischen Überlegungen bestimmt.[40] Die Verflechtung von Heiligem und Säkularem, welche den Formalitäten des Krieges innewohnt bestimmt immer wieder die Entwicklung der Kriegsgesetze. Völkerrechtspublizisten im 16. und 17. Jahrhundert wie etwa *Francisco de Vitoria* oder *Hugo Grotius* versuchten zwar den kirchlichen Griff auf das Recht zu lockern, gleichzeitig stützten sie sich auf diese Texte als Quellen, um über die Durchführung von bewaffneten Konflikten, den Schutz und die Immunitäten sowie die richtige Art des Friedens zu debattieren. Der Ursprung des Unterscheidungsgebots liegt somit sehr eng am geschichtlichen Ursprung der Idee des gerechten Krieges und ist das Bestandteil des Versuchs eine politische und militärische Ordnung innerhalb und zwischen Machthabern zu schaffen, welche von einer Unterscheidung zwischen denen abhing, die getötet werden konnten und denen, die verschont

39 Mit Ausnahme der *Direct Participation in Hostilities*; Sell, Stewart, *Immunologie, Immunpatholigie und Immunität*, S. 36–38.

40 Borst, Arno, *Barbaren, Geschichte eines europäischen Schlagwortes*, S. 24., in: Borst, Arno, *Barbaren, Ketzer und Atheisten. Welten des Mittelalters;* Villa, Sergio M., *The Philosophy of International Law Suarez Grotius and Epigiones*, (Int Law Rev. Octo 1997) S. 324.

werden mussten. Folgt man der Idee vom Immunitas-Gedanken als Genesis des Unterscheidungsgebots ist es jedoch wichtig zu verstehen, dass sich dieses Konzept erst im späteren 19. und 20. Jahrhundert konkret auch auf Objekte erstreckte und sich seine Anfänge primär mit individueller Immunität auseinandersetzen.[41] So wie sich das Konzept von Immunitas, nach *Roberto Esposito,* von einem rein rechtlichen zu einem rechtlich-politischen Aspekt entwickelt hat.[42] So hat es sich für das Unterscheidungsgebot von einem auf individueller Immunität fokussierten Aspekt zu einem Verständnis entwickelt, welches auch Objekte in seinen Schutzgedanken mit einschließt.

I) Deuteronomium

Das Immunitätskonzept als Vorläufer des Unterscheidungsgebots und der damit einhergehende Schutz von Unbeteiligten ist eines der fundamentalen Themen, welche sich wie ein roter Faden innerhalb der Entwicklung der Rechte und Gebräuche im Krieg wiederfinden lässt.[43] wurden auf dem asiatischen Kontinent von *Sun Tzu,* im fünften Jahrhundert vor Christus mit seinem Werk „*Die Kunst des Krieges*" Gebote aufgestellt, welche unter anderem das damalige Verhalten im Konflikt mäßigen sollten.[44] Auch in der westlichen Antike finden sich solche Hinweise auf frühe Regeln zum Verhalten im Krieg in griechischen, römischen, asiatischen und islamischen Texten. Der vielleicht am häufigsten zitierte Gedanke stammt von Marcus Cicero – „*Inter arma enim silent leges*".[45] Die, wie im Verlauf dieser Arbeit aufgezeigt wird, wiederkehrenden Denk- und Handlungsmuster dieser Prototypen setzten nicht nur die Rahmenbedingungen für die späteren Arbeiten der schon eingangs erwähnten Publizisten und Philosophen welche die Entwicklung des Unterscheidungsgebots maßgeblich beeinflussten, sondern sie schufen ebenfalls eine Grundlage für Verpflichtung, Austausch und Auseinandersetzung.[46] Das griechische *Dikaion* und sein römisches Äquivalent hatten beispielsweise einen konkreten materiellen Inhalt, da schon die antiken Staaten die Notwendigkeit sahen, dem Verhalten im Krieg

---

41 Dona, Massimo, *Immunity and Negation – On Possible Developments of the Theses outlined in Roberto Espositos's Immunitas,* S. 57.

42 Esposito, Roberto, *Immunitas – The protection and negation of life,* S. 18.

43 Burton, Graham, *Immunitas – Roman Law,* Oxford Classical Dictionary 2015 ed.

44 Sun Tzu, *The Art of War – Translation by T. Cleary,* S. 66–67, 72.

45 Hüning, Dieter, *Inter arma silent leges. Naturrecht, Staat und Völkerrecht bei Thomas Hobbes.* In: Rüdiger Voigt (Hrsg.): *Der Leviathan.* Nomos, S. 134.

46 Kinsella, Helen M, *Martial Piety in the Medieval and Chivalric Codes of War,* S. 30.

konkrete Grenzen und Immunitäten aufzuerlegen.[47] In ähnlicher Weise werden in den Schriften des Judentums die deuteronomischen Gesetze zur Kriegsführung, welche sich ebenfalls im christlichen Alten Testament wiederfinden lassen, häufig als Beispiel für antike Anforderungen zur Eindämmung der Auswirkungen des Krieges angeführt.[48] Da der Ursprung des humanitären Völkerrechts innerhalb eines europäischen Kontextes entstanden ist, welcher sehr eng mit dem Christentum verknüpft war, ist es wichtig, dass nachfolgend der Fokus auf ebendiesen Kontext gelegt wird. Im christlichen Kanon findet sich daher, wie bereits genannt, das zeitlich erste bedeutsame Beispiel für eine niedergeschriebene Verteilung von Immunitäten im biblischen Alten Testament, den heiligen Schriften des Judentums. Genauer im 5. Buch Mose, dem Deuteronomium. Deuteronomium bedeutet übersetzt „zweites Gesetz".[49] Der hebräische Titel liefert jedoch eine genauere Übersetzung des Textes, da es sich nicht um ein „zweites Gesetz" handelt, sondern vielmehr um eine Überlieferung der Worte Moses' über die damaligen Rechte und Gesetze, insofern eine Rechtsfortbildung durch Moses kommentierende Worte.[50]

Wie das 3. Buch Mose – Levitikus, übertragen die Überlieferung des Deuteronomiums keine große Zeitspanne.[51] Der narrative Schwerpunkt liegt in den Ereignissen von Moses' letzten Lebenswochen.[52] Der ursprüngliche Empfänger des Deuteronomiums, sowohl in seiner mündlichen als auch in seiner schriftlichen Form, bestand in der zweiten Generation des Volkes Israel, welche einen heiligen Krieg gegen die Kanaaniter[53] führten.[54]

> *„Ihr sollt die Hetiter, Amoriter, Kanaaniter, Persisiter, Hiwiter und Jebusiter vernichten, wie der Herr euer Gott, euch befohlen hat"*[55]

47 Verdross, Alfred, *Das Aristotelische Naturrecht*, S. 1.

48 Kinsella, Helen M, *Martial Piety in the Medieval and Chivalric Codes of War*, S. 30.

49 Grewe, Wilhelm Georg, *The Epochs of International Law*, S. 192; Kinsella, Helen M, *The Image before the Weapon: A critical history of the distinction between combatant and civilian*. S. 10.

50 https://bbkr.ch/McArthurStudienBibel/05%205%20Mose.pdf (Letzter Aufruf 02.01.2020 12:52)

51 5. Mose 1:1–5 Ort und Zeit.

52 Ibid.

53 Besser bekannt unter der griechischen Bezeichnung Phönizier.

54 Kinsella, Helen M, *Martial Piety in the Medieval and Chivalric Codes of War*, S. 30.

55 5. Mose 20:17.

Doch warum sollten die Kanaaniter vernichtet werden? Der Schrift zufolge hielten sich die Kanaaniter illegal auf dem Land der Israeliten auf. Gott hatte Abraham etwa 400 Jahre zuvor zugesichert, dieses Land an Abrahams Nachkommen zu übertragen. Ebendieses Land wurde nun von den Kanaanitern bewohnt. Um die Israeliten zu schützen, aus deren Mitte der Messias (Jesus) hervorgehen sollte, mussten die Kanaaniter vernichtet werden.[56] Dieser Kontext bildet die Grundlage für diese biblische Verteilung von Immunitäten und Unterscheidungen, welche in Folge von kriegerischen Auseinandersetzungen getroffen werden sollten. Das 5. Buch Mose verfügt, dass Frauen und Kinder zusammen mit dem Vieh als Beute bei der Eroberung von nicht-kanaanitischer Städten verschont werden sollten, während alle Männer mit dem Schwert zu bestrafen und folglich zu töten waren.[57]

> *„Und wenn der Herr, der Gott, sie dir in die Hand gibt, so sollst du alle ihre männlichen Einwohner mit der Schärfe des Schwertes schlagen; aber die Frauen und Kinder und das Vieh und alles, was in der Stadt ist, und allen Raub sollst du dir zur Beute nehmen und sollst essen von der Beute deiner Feinde, die der Herr, dein Gott, dir gegeben hat. So sollst du es mit allen Städten machen, die fern von dir liegen und nicht zu den Städten dieser Völker hier gehören“*[58]

Dies bedeutet, dass schon in der Bibel eine immunitätsbezogene Unterscheidung in Bezug auf nicht-kanaanitsche Städte durchgeführt werden musste. Während alle Männer getötet werden sollten, genossen Frauen und Kinder eine gewisse Immunität. Diese Immunität war jedoch nicht allumfassend. Wenn sich beispielsweise unter den gefangenen Individuen eine schöne und „begehrenswerte“ Frau befand, die ein Israelit heiraten wollte, war es angemessen, dies ohne Zustimmung der Frau zu tun. Dabei war versichert, sollte derjenige nicht „zufrieden“ mit jener Frau sein, durfte sie ausschließlich freigelassen und nicht verkauft werden.[59]

> *„Wenn du gegen deine Feinde in den Krieg ziehst und der Herr, dein Gott, sie in deine Hand gibt so dass du von ihnen Gefangene heimführst, und du unter den Gefangenen eine schöne Frau siehst und dich in sie verliebst und sie zur Frau nimmst, so führe sie in dein Haus (…) danach kannst du zu ihr eingehen und sie zur Ehe nehmen, dass sie deine Frau*

---

56 Psalm 132:11–12.

57 5. Mose 20:10–11.

58 5. Mose 20:13–16.

59 Kinsella, Helen M, *The Image before the Weapon: A critical history of the distinction between combatant and civilian*. S. 10

ist. Wenn du aber keinen Gefallen mehr an ihr hast, so sollst du sie freilassen, (...) sie aber keineswegs um Geld verkaufen"[60]

Im Gegensatz zu den nicht-kanaanitischen Städten wird im Deuteronomium deutlich, dass bei der Einnahme kanaanitischer Städte keine Unterscheidung durchgeführt werden sollte.

„*Aber in den Städten dieser Völker, die der Herr, dein Gott, dir zum Erbe geben wird, sollst du nichts leben lassen, was Odem (Atem) hat, sondern du sollst unbedingt an ihnen den Bann vollstrecken*".[61]

Mit der Vollstreckung des Banns stellte das Deuteronomium klar, dass die kanaanitischen Städte vollständig zerstört und nichts unverschont bleiben durften, um den götzendienerischen Einfluss der Kanaaniter zu vernichten.

Diese Verhaltensvorgabe findet sich, in abgeschwächter Form, ebenfalls in Moses 4. Buch – Numeri, in Moses Antwort auf die Gefangennahme von Frauen und Kindern im heiligen Krieg gegen die Midianiter[62].

„*Moses sagte zu ihnen: Habt ihr allen Frauen erlaubt zu leben? (...) tötet jeden Mann unter den Kleinen und tötet jede Frau, die einen Mann gekannt hat, indem sie mit ihm geschlafen hat. Aber alle jungen Mädchen, die keinen Mann kennengelernt haben, indem sie mit ihm geschlafen haben, bleiben für euch am Leben*"[63]

Auch hier ist die Immunität nicht absolut, sondern sie beruht auf dem wirtschaftlichen Beitrag einer Frau und ihrer sexuellen Reinheit. Im Gegensatz dazu spielt für Männer weder ein wirtschaftlicher Nutzen noch Identität eine Rolle – nur ihr Geschlecht zählte.[64]

Was auf den ersten Blick lediglich eine Unterscheidung zwischen den Geschlechtern darstellt, erlangt auf den zweiten Blick jedoch eine deutlich andere Schattierung. Bei genauerer Betrachtung wird ersichtlich, dass diese Unterscheidung tiefere Wurzeln besitzt und dem heutigen Unterscheidungsgebot nicht unähnlich scheint, da zwischen den Männern, welche kämpften, töten und daher getötet werden durften und Frauen sowie Kindern, welche

---

60 5. Mose 20, 10–14.

61 Kinsella, Helen M, *The Image before the Weapon: A critical history of the distinction between combatant and civilian.* S. 10 Fn. 24; 5. Moses 20, 16–18.

62 Ein Stamm kriegerischer Wüstennomaden.

63 Kinsella, Helen M, *The Image before the Weapon: A critical history of the distinction between combatant and civilian.* S. 24.

64 Ibid.

nicht aktiv am Konflikt beteiligt waren und daher nicht getötet werden durften, unterschieden wird.

Der Sozial- und Moralphilosoph *Michael Walzer* sieht die zitierten Abschnitte des Deuteronomiums ebenfalls als ein Beispiel für eine frühe Anerkennung der Rechte des Einzelnen in bewaffneten Konflikten.[65] Er interpretiert die Anweisungen bezüglich der richtigen Behandlung der Kriegsgefangenen, zum Beispiel das Heiraten einer schönen Frau, als Beweis für die Sorgfalt, welche für solche Frauen ausgeübt werden musste.[66] Gegen die Auffassung von *Michael Walzer* könnte jedoch argumentiert werden, dass die Frau trotz allem gefangen genommen wurde und dass das Heiraten einer ästhetisch ansprechenden Frau eher einer Kriegstrophäe beziehungsweise Kriegsbeute gleichkommt. Durch die Ehe wurden anschließend lediglich Besitz und Eigentum an der Frau formalisiert.[67]

Was man den zitierten Passagen des Deuteronomiums jedoch entnehmen kann, ist ein erster Beweis, dass die Immunität der am Konflikt Unbeteiligten auf Rechten beruhte, welche den Individuen aufgrund von subjektiven Eigenschaften zugeschrieben wurde. Die Ideen über Immunität, welche im biblischen Recht der Antike gefunden werden können, basierten nicht auf einem universellen Persönlichkeitsrecht, sondern auf Unterscheidungen von Geschlecht, Alter und gesellschaftlichem Nutzen.[68]

Wie dem Großteil des antiken Rechts zugrundeliegend, wurden diesen biblischen Vorgaben von Immunitäten dem menschlichen Sinn für das Richtige und Gerechte entnommen, was ebenfalls eine Parallele zum heutigen Unterscheidungsgebot aufweist. Auf Grundlage dessen, ist es möglich, die Passagen des Deuteronomiums als einen sehr frühen Prototyp des Unterscheidungsgebots anzuerkennen.

II) Spätantike und Mittelalter

Der Ursprung des heutigen Konzepts von Immunität sowie unsere juristischen Vorstellungen davon, was innerhalb eines bewaffneten Konflikts akzeptabel ist,

65 Walzer, Michael, *Exodus and Revolution,* S. 17–20.

66 Ibid. S. 24.

67 Kinsella, Helen M, *The Image before the Weapon: A critical history of the distinction between combatant and civilian.* Fn. 27.

68 Peter, Haggenmacher, *The Histories of the Source of International Law,* Part. IV Chapter 40, https://opil.ouplaw.com/view/10.1093/law/9780198745365.001.0001/law-9780198745365-chapter-2?rskey=lu9ceT&result=1&prd=OPIL (Letzter Aufruf 17.10.2019 13:20).

entwickelten sich innerhalb einer christlichen Kultur und wurden im Mittelalter erstmals grundlegend formuliert. Ausgehend von den Schriften des *Augustinus von Hippo*, den Werken des *Thomas von Aquin* sowie den Kommentaren des christlichen Kirchenrechts in Form des *Pax Dei* und des *Treuga Dei*, wurde der Kontext und der Inhalt der Immunität im Konflikt maßgeblich beeinflusst. Insbesondere die Traditionen des gerechten Krieges (*Just War*) entwickelten sich als Antwort auf die Frage, ob es für Christen jemals richtig und von Gott gewollt war, am Krieg teilzunehmen.

1) *Augustinus von Hippo*

„Magnum beneficium est pax – eine große Wohltat ist der Friede“[69]

Augustinus von Hippo (354 n. Chr.–430 n. Chr.) war nicht nur einer der bedeutendsten christlichen Kirchengelehrten sondern auch einer der bekanntesten Philosophen der Spätantike.[70] Er wurde als Sohn eines städtischen Beamten in Thagaste in Numidien geboren.[71] In einem seiner bedeutsamsten Werke, dem *„De Civiate Dei“*, welches 413 bis 426 nach Christus entstand, entwickelte *Augustinus von Hippo* die Idee eines Gottesstaates, welcher das Gegenstück zu einem weltlichen Staat bildete.

Im 19. Buch des *„De Civitate Dei“* erläutert *Augustinus von Hippo* seine Idee des gerechten Krieges, welche auf seinen Studien von *Marcus Ciceros* Novellen beruhte. *Von Hippo* sah als christlich lebender Mann, den Erhalt des gottesstaatlichen ewigen Friedens durch die christlichen Gebote als das höchste Ziel des Lebens an, wohingegen der weltliche Frieden für ihn das wichtigste weltpolitische Ziel darstellte.

> *„In der Absicht auf den Frieden also führt man selbst die Kriege, und das gilt auch dann, wenn man es unmittelbar auf Erhaltung der Kriegstüchtigkeit abgesehen hat durch Übung in der Heerführung und im Kampfe. Also ist es klar, daß das erwünschte Ende und Ziel des Krieges der Friede ist.“*[72]

---

69 Von Hippo, Augustinus, De Civitate Dei, 3,9; http://www.hs-augsburg.de/~harsch/Chronologia/Lspost05/Augus tinus/aug_cd00.html (Letzter Aufruf 04.01.2020 14:23).

70 Von Hippo, Augustinus, *Vom Gottesstaat,* XIX Kapitel 7 S. 523.

71 Ibid.; Marrou, Henri-Irene, *Augustinus und das Ende der antiken Bildung,* S. 489–491.

72 *Von Hippo, Augustinus*: Zweiundzwanzig Bücher über den Gottesstaat, 19. Buch – 12: Selbst das Wüten des Krieges und überhaupt alle Unruhe, die sich die Menschen machen, zielt auf den Frieden, ja es gibt kein Wesen, das nicht nach ihm strebte, http://www.unifr.ch/bkv/kapitel1937-11.htm (letzter Aufruf 24.01.2020 10:47).

Er machte es sich zur Aufgabe, einen Kompromiss zwischen dem militärischen Gewaltpotential des Staates und der pazifistischen Ethik des Christentums in Form eines frühen *Ius ad Bellum* zu definieren.[73] Jeder Krieg sollte für *Augustinus von Hippo* auf einen gerechten Grund gestützt sein, um die eigenen kriegerischen Aggressionen zu legitimieren.[74]

Innerhalb dieser Idee des gerechten Krieges trifft *Von Hippo* eine indirekte Unterscheidung zwischen aktiven Teilnehmern eines Konfliktes und Unbeteiligten.[75]

Ferner geht er auf das individuelle Verhalten des einzelnen Soldaten ein, denn dieser sollte gerade nicht gegen das 5. biblische Gebot „Du sollst nicht töten“ verstoßen, wenn er im Auftrag einer staatlichen Autorität einen anderen Konfliktteilnehmer tötete.

> *„Denn nur die Ungerechtigkeit der Gegenpartei nötigt dem Weisen gerechte Kriege auf; gerade diese Ungerechtigkeit ist es, die man als Mensch beklagen muß, weil sie sich an Menschen findet, und beklagen muß auch dann, wenn daraus etwa keine Nötigung zum Kampf entstände. Wer also diese großen, ungeheuerlichen, grausamen Übel mit dem Gefühl des Bedauerns erwägt, der gestehe ein, daß sie ein Unheil sind; wer sie dagegen ohne geistigen Schmerz erduldet oder betrachtet, der hält sich in unseligem Wahne deshalb für glücklich, weil er es verlernt hat, menschlich zu fühlen.“*[76]

Von Hippo forderte in seinem Werk eine neue, christliche Art der Konfliktführung, welche sich durch friedliche Gesinnung und Barmherzigkeit gegenüber dem Besiegten definierte, wodurch der gegnerischen Konfliktpartei wiederum die Vorteile des Friedens zugutekommen sollten. Obwohl *Augustinus von Hippo* von vielen Autoren als der Begründer der Lehre des gerechten Krieges und der Unterscheidung im Konflikt angesehen wird, schrieb er, wie dargelegt, nicht direkt über die Unterscheidung oder Mäßigung im Konflikt als solches.[77]

---

73 Ibid.

74 Ibid.

75 *Von Hippo, Augustinus*: Zweiundzwanzig Bücher über den Gottesstaat, 19. Buch – 7: Die Verschiedenheit der Sprachen als Scheidewand innerhalb der menschlichen Gemeinschaft. Das Elend der Kriege, auch der sogenannten gerechten, http://www.unifr.ch/bkv/kapitel1937-11.htm (letzter Aufruf 04.01.2020 11:27).

76 Ibid.

77 Langan, John, *The Elements of St. Augustines Just War Theory*, Journal of Religious Ethics, 1984 Vol. 12/1 S. 22; Peter, Haggenmacher, *The Histories of the Source of International Law*, Part. IV Chapter 40, https://opil.ouplaw.com/view/10.1093/law/9780198745365.001.0001/law-9780198745365-chapter-2?rskey=lu9ceT&result=1&prd=OPIL (Letzter Aufruf 19.10.2019 18:20).

Vielmehr versuchte *Augustinus von Hippo* in seinen Schriften die christliche Beteiligung an Kriegen zu rechtfertigen.[78] In der Verbindung von *Augustinus von Hippo* mit der heutigen Konzeption des Unterscheidungsgebots, liegt somit eine gewisse Doppeldeutigkeit, da seine Schriften dazu gedacht waren, den Krieg von Christen zu legitimieren und nicht zu beschränken. Sein einziger Kommentar zur Möglichkeit der Mäßigung in der Konfliktführung liegt in seiner Aussage, dass Grausamkeit, Blutrausch oder Rachegelüste Kriege nicht motivieren dürfen, weil Krieg von der Liebe zur Gerechtigkeit motiviert sein sollte und eine Form des göttlichen Dienstes darstellt, welche dem christlichen Gebet nicht unähnlich sei.[79] *Augustinus von Hippo* befasst sich daher mit einer Mäßigung der Methoden im Krieg nur recht zurückhaltend. Dies ist historisch begründet, denn in der spätantiken-christlichen Tradition hatten die Prinzipien dessen, was wir heute als „*Ius ad Bellum*" bezeichnen würden, und nicht die Einschränkung der Gewaltmittel und Methoden Priorität.[80]

Unter christlichen Gesichtspunkten ist jedoch bemerkenswert, dass *Augustinus von Hippo* die Tötung von am Konflikt Unbeteiligten pauschal mit einer militärischen Notwendigkeit im Krieg rechtfertigte und sogar die Auffassung vertrat, dass nicht der Tod dieser Menschen das größere Übel darstelle, sondern deren bloße Existenz, durch die sündige Seele des Menschen.[81]

> „*After all, what is blamed in war? Is it that human beings, who are going to die at some time, die so that others will be subdued and live in peace? To find fault with this is the mark of cowardly and not of religious people. The desire to do harm, cruelty in taking vengeance, a mind that is without peace and incapable of peace, fierceness in rebellion, the lust for domination, and anything else of the sort – these are the things that are rightly blamed in war*"[82]

In der Tat ist Augustinus eindeutig mehr um die Unschuld des christlichen Soldaten besorgt als um das Schicksal der Unbeteiligten des Krieges. Zum einen bleibt jeder Soldat, welcher zum Krieg befohlen wurde, von jeglicher Schuld befreit, da er die Pflicht hatte, der obersten Autorität zu gehorchen. Zum anderen

78 Contamine, Philippe, War in the middle Ages, S. 39.

79 Aurelius Augustinus, *Vom Gottesstaat, Vollständige Ausgabe der Bücher 11 bis 22. Aus dem Lateinischen übertragen von Wilhelm Thimme. Eingeleitet und kommentiert von Carl Andresen*, Buch XIX, S. 7.

80 Ibid.

81 Gasparevic, Matija, *Die Lehre vom gerechten Krieg und die Risiken des 21. Jahrhunderts*, S. 87; Ramsey; The Works of Saint Augustine, Buch XXII, S. 74.

82 Ibid.

befreite ein gerechter Grund für den Krieg den Soldaten von jeglicher Schuld am Töten.[83]

So finden sich in der Lehre des *Augustinus von Hippo* wenige Formulierungen eines Gebots zur Unterscheidung durch die Vergabe von Immunität. Er trifft nur indirekt die grundlegende Unterscheidung zwischen denen, die aktiv am Konflikt beteiligt sind und solchen, die es eben nicht sind. Diese Unterscheidung schlägt sich vor allem in *Augustinus'* Konzeption von Schuld und Unschuld nieder, welche der gedankliche Ausgangspunkt seiner Nachfolger darstellen wird.

2) *Thomas von Aquin*

Thomas von Aquin[84] präzisiert die von *Augustinus von Hippo* aufgestellten Maßstäbe eines gerechten Krieges in seiner Synthese der christlichen Theologie, der *Pars Summa Theologiae.*[85] *Thomas von Aquin* widmete sich dabei, anders als *Augustinus von Hippo*, nur kurz der Beziehung zwischen gerechten Kriegen und Unschuld, indem er sich darauf konzentriert, unter welchen konkreten Umständen Unschuldige im Konflikt getötet werden durften. Obwohl es für Aquin keine Rechtfertigung dafür gibt, das Leben einer unschuldigen Person zu nehmen, ist ein solches Töten für ihn akzeptabel, wenn es Gott als die souveräne Autorität über Leben und Tod befiehlt.[86]

Aquin verlangte eine Zurückhaltung im Siegesfalle, ähnlich der, wie sie im Deuteronomium beschrieben wird, so dass Frauen, Kinder und Ressourcen nicht mutwillig vernichtet werden dürften, da sie ein Potenzial für den wirtschaftlichen Gebrauch besaßen, etwa für Fortpflanzung, Arbeit und Unterhalt.[87]

> *„Frauen und Kinder mußten geschont, in der eroberten Gegend durften die Bäume mit essbaren Früchten nicht geschlagen werden"*[88]

---

83 Langan, John, *The Elements of St. Augustines Just War Theory*, Journal of Religious Ethics, 1984 Vol. 12/1 S. 22; Gasparevic, Matija, *Die Lehre vom gerechten Krieg und die Risiken des 21. Jahrhunderts*, S. 92.

84 Thomas von Aquin war ein italienischer Dominikaner und einer der einflussreichsten Philosophen und Theologen der Geschichte. Er gehört zu den bedeutendsten Kirchenlehrern der römisch-katholischen Kirche und ist als solcher unter verschiedenen Beinamen wie etwa *Doctor Angelicus* bekannt.

85 Brieskorn, Norbert, *Mittelalter: Aurelius Augustinus und Thomas von Aquin*, in: Handbuch Rechtsphilosophie, S. 118–120.

86 Ibid.; Kinsella, Helen M, *The Image before the Weapon: A critical history of the distinction between combatant and civilian.* S. 36.

87 Ibid.

88 Aquin: DThA, I–II, q. 105, a. 3, resp.; oder ebd., II–II, q. 40, a. 1, ad. 3.

Innerhalb der *Summa Theologiae* geht *Thomas von Aquin* explizit auf die Frage ein: Gibt es einen erlaubten Krieg?[89] Im Kontext dieser Frage stellt er mehrere Thesen auf und versucht diese anhand von eigenen philosophischen Diskursen und Zitaten aus der Bibel zu beantworten.

> *„Es scheint, dass es immer eine Sünde ist, Krieg zu führen. Denn Strafe wird nicht verhängt, außer für die Sünde. Nun werden diejenigen, die Krieg führen, von Unserem Herrn mit Bestrafung bedroht, gemäß Matthäus 26,52: ‚Alle, die das Schwert nehmen, werden mit dem Schwert umkommen'. Daher sind alle Kriege ungesetzlich."*[90]

Zwar kritisiert das biblische Matthäus-Zitat zeitgleich das Recht Krieg zu führen und zugleich den militärischen Dienst der Christen, trotzdem benennt *Thomas von Aquin* in seiner Antwort „*Respondeo dicendum*" drei Voraussetzungen um einen gerechten Krieg doch führen zu können.[91] Die legitime Souveränität des Fürsten, den gerechten Grund „*causa iusta*" und die rechtschaffende Gesinnung der Kriegsführenden, die „*intentio recta*".[92]

> *„Ich antworte: Damit ein Krieg gerecht ist, sind drei Dinge notwendig. Erstens: die Autorität des Souveräns, auf dessen Befehl der Krieg geführt werden soll. Denn es ist nicht die Sache einer Privatperson, den Krieg zu erklären, denn sie kann sich beim Gericht ihres Vorgesetzten um die Wiedergutmachung ihrer Rechte bemühen. Außerdem ist es nicht die Sache einer Privatperson, das Volk zusammenzurufen, was in Kriegszeiten geschehen muss. Und da die Sorge um das Gemeinwohl denjenigen verpflichtet ist, die die Autorität ausüben, ist es deren Sache, über das Gemeinwohl der ihnen unterstehenden Stadt, des Königreichs oder der Provinz zu wachen. Und so wie es für sie rechtmäßig ist, bei der Verteidigung dieses Gemeinwohls gegen innere Unruhen zum Schwert zu greifen, wenn sie nach den Worten des Apostels Übeltäter bestrafen (Römer 13,4): ‚Er trägt das Schwert nicht umsonst; denn er ist Gottes Diener, ein Rächer, der den Zorn über das Böse richtet'; so ist es auch ihre Aufgabe, das Schwert des Krieges zur Verteidigung des Gemeinwohls gegen äußere Feinde einzusetzen. Daher wird es denjenigen gesagt, die in der Autorität stehen (Psalm 81,4): ‚Rette die Armen und befreie die Bedürftigen aus der Hand des Sünders'; und aus diesem Grund sagt Augustinus (Contra Faust. xxii, 75): ‚Die natürliche Ordnung, die dem Frieden unter den Sterblichen förderlich ist, verlangt, dass die Macht, Krieg zu erklären und zu beraten, in den Händen derer liegt, die die höchste Autorität haben."*[93]

---

89 *von Aquin, Thomas*, Summa Theologiae, Zweiter Teil, Frage 40. (http://www.newadvent.org/summa/3040.htm) (letzter Aufruf 13.02.2020).

90 Ibid.

91 Respondo dicendum

92 Ibid.

93 Ibid.; Slim, Huog, Why Protect Civilians? Innocence, Immunity and Enmity in War, International Affairs 79 (2003), S. 481–484.

Ebenso wie in den Schriften von *Augustinus* schenkt *Aquin* den Besonderheiten des Verhaltens innerhalb von Kriegen geringe Aufmerksamkeit. Obwohl sich *Aquin* zwar damit beschäftigt, wer am Krieg teilnehmen durfte und an welchen Tagen Krieg geführt werden sollte, sind seine Ausführungen zu Immunitäten im Konflikt eher gering.[94]

Er unterscheidet wie Augustinus ebenfalls zwischen Schuldigen und Unschuldigen und mahnt zur Immunität ebendieser Unschuldigen, dass, wie bereits erwähnt, Frauen und Kinder zu schonen sind. Bemerkenswert ist jedoch, dass *Aquin*, im Gegensatz zu *von Hippo*, innerhalb militärischer Operationen das Recht zum Tötung nicht pauschal durch eine dem Menschen inhärente Schuld-Unschuld Dichotomie gewährt, denn nach *Aquin* sei es ausschließlich gerecht Sünder zu töten, welche das Gemeinwohl gefährden. Wenn somit keine Unterscheidung durchgeführt werden konnte, verbietet *von Aquin* eine unterschiedslose Tötung, um die Immunität der Unschuldigen zu gewährleisten:

> *„Das trifft aber nur dann zu, wenn die Bösen nicht getötet werden können, ohne daß auch die Guten getötet werden, sei es, weil sie [die Bösen] unter den Guten verborgen leben, oder weil sie eine große Gefolgschaft haben, so daß sie ohne Gefahr für die Guten nicht getötet werden können"*[95]

Was *Aquin* mithin einführt, ist keine schematische Betrachtung, um zwischen denen zu unterscheiden, die kämpfen, und denen, die nicht kämpfen, was dem heutigen Unterscheidungsgebot sehr nah kommen würde. Vielmehr geht es von Aquin darum, Klarheit in komplexen Szenarien zu schaffen, wann wer getötet werden darf und wer unter welchen Umständen verschont werden muss.[96] Eine absolute Immunität von Unbeteiligten wird nicht diskutiert. Jeder Hinweis auf eine Mäßigung wird innerhalb eines Konzepts der Zurückhaltung im Krieg verstanden, welches sich aus den christlichen Tugenden der Nächstenliebe und der Barmherzigkeit ableitet.[97] Anders als *Augustinus*, geht *Aquin* in seiner *Summa Theologiae* gedanklich weiter und verschärft die von Augustinus aufgestellte Grundidee eines gerechten Krieges hinsichtlich der Schutzbedürftigkeit bestimmter Individuen sowie humanitäre Grundgedanken. Er erkennt,

94 Walzer, Michael, Just and Unjust Wars. S. 32; Nagel, Thomas, The Problem of Global Justice, Philosophy & Public Affairs 33 (2005), S. 120–124. G.E.M. Anscombe, *War and Murder, in* War and Morality: Basic Problems in Philosophy 42–53 (1961).

95 Ibid., II–II, q. 64, a. 2, ad. 1.

96 Kinsella, Helen M, *The Image before the Weapon: A critical history of the distinction between combatant and civilian*. S. 37.

97 Ibid.

dass es zum Wohle der Bevölkerung innerhalb eines Konfliktes gewisse Grenzen geben muss.

Die normativen Begründungen des Unterscheidungsgebots, wie Sie heute im humanitären Völkerrecht zu finden ist, beruhen auf den Gedanken und Diskussionen zum gerechten Krieg, welche von *Thomas von Aquin* im 13. Jahrhundert entwickelt wurden, um sowohl die Rechtfertigung des Krieges als auch die zulässigen Aktivitäten zum Schutz der Unschuldigen im Kriegsverlauf zu bestimmen.

3) Europäische Friedensbewegungen

Neben den christlichen Studien des *Augustinus von Hippo* und *Thomas von Aquin*, hat der spezifische Einfluss der katholischen Kirche die Entwicklung der Rechte und Gebräuche im Krieg – während des gesamten Mittelalters – weiter ausgeprägt. Eine besondere mittelalterliche Entwicklung des 10. Jahrhunderts war die sogenannte Friedensbewegung, welche bis in das 13. Jahrhundert fortbestand.[98] Der Grund für diese Bewegung lag in der zunehmenden Bedrohung der Integrität der katholischen Kirche durch Fehden[99] des Adels, welche mit steigender Zahl das Eigentum der Kirche immer stärker zu verletzen drohten.[100] Die frühmittelalterlichen Strukturen der Regelung von Konflikten sahen vor, dass Konflikte unter den Akteuren selbst gelöst werden mussten, wobei der Geschädigte Anspruch auf Rache oder Entschädigung hatte.[101] Der Grund hierfür bestand in einem mangelhaften Justizwesen, welches bis in die Neuzeit hinein nicht fähig war, einzelnen Akteuren zu außermilitärischer Streitbeilegung zu verhelfen.[102] Selbsthilfe durch Gewalt war mithin ein notwendiges und auch legales Rechtsmittel.

Die Friedensbewegung selbst begann in Frankreich im 10. Jahrhundert, als Reaktion auf die anhaltenden aristokratischen Fehden und den Zerfall der durch Adelige gewährleisteten Friedenssicherung.[103] Sie sollten den Schutz für

98 Goetz, Hans-Werner, *Die Gottesfriedensbewegung im Licht neuerer Forschungen.* In: Buschmann/Wadle, *Landfrieden – Anspruch und Wirklichkeit*, S. 33.

99 private Kriege.

100 Ohler, Norbert, *Krieg und Frieden im Mittelalter*, S. 29.

101 Denicolo, Barbara, *„Magnum beneficium est pax". Die Sehnsucht nach Frieden im Mittelalter* S. 436; Garner, Claudia, *Die Legitimierung von Gewalt durch die hoch- und spätmittelalterliche Friedensbewegung, Frühmittelalterliche Studien* (42) 1 S. 231.

102 Ibid.

103 Thomas, Gergen; *Gottesfrieden.* In: Handwörterbuch zur Deutschen Rechtsgeschichte II, Berlin 2012, S. 470–473.

bestimmte unbewaffnete Personenkreise und ihren Lebensunterhalt sowie für bestimmte Objekte und Stätten bzw. Orte garantieren. Der Historiker *Norbert Ohler* definiert den Sinn und Zweck der Friedensbewegung wie folgt:

> *„Durch die Wiederherstellung des Rechts sollten die Kriminalität eingedämmt, die Waffen tragende Schicht gezügelt, und das Fehdeunwesen bekämpft werden.“*[104]

Die Friedensbewegung machte das Konzept der Immunität zu einem integralen Bestandteil. Zunächst von christlichen Geistlichen angeführt und schließlich säkularisiert, setzte sich die Friedensbewegung aus zwei zunächst unterschiedlichen Bemühungen zusammen, die Art der Kriegsführung im Mittelalter zu begrenzen: Zum einen durch den Gottesfrieden (*Pax Dei*) und zum anderen durch die Waffenruhe Gottes (*Treuga Dei*).[105] Diese beiden Komponenten traten jedoch nie getrennt auf, da sie sich durch die unterschiedlichen Schutzrichtungen gegenseitig ergänzen.[106] Die Friedensbewegung kann als eine weitere Wurzel des Immunitätskonzepts in der *Just War*-Theorie und im internationalen Recht von heute gesehen werden. Insbesondere der Gottesfriede ist ein besonderer Ausdruck dieser Immunität, da er speziell dazu beiträgt, die Vorstellung der natürlichen Immunität von Unbeteiligten zu etablieren sowie ihre Besitztümer von Schaden zu befreien.

*a) Der Gottesfriede (*Pax Dei*)*

Der Gottesfrieden bedeutete eine Immunisierung bestimmter geweihter Orte oder Angehöriger der Kirche wie zum Beispiel Kleriker und Kirchen zu bestimmten Zeiten – beispielsweise an einem Sonntag oder christlichen Feiertag.[107]

Im *Pax Dei* wurden bestimmte Personengruppen, welche zur Verteidigung außerstande waren, weil sie beispielsweise keine Waffen trugen oder tragen durften, besser geschützt.[108] Besonders ist, dass nicht nur Personengruppen Immunität zugesprochen wurde, sondern ebenfalls Objekten wie unter anderem Kirchen, Klöster, Spitäler, Siedlungen, Märkte, Wohn- und Gasthäuser und

---

104 Ohler, Norbert, *Krieg und Frieden im Mittelalter*, S. 23.

105 Ibid.

106 *Goetz*, Die Gottesfriedensbewegung, S. 47.

107 *Goetz*, Die Gottesfriedensbewegung, S. 50–54; Siehe Mainzer Reichslandfrieden: Wadle, Landfrieden, Strafe, Recht, S. 56–60, 70 ff.

108 Für eine vollständige Liste siehe: Denicolo, Barbara, *„Magnum beneficium est pax“. Die Sehnsucht nach Frieden im Mittelalter* S. 438.

anderen Objekten mit gemeinschaftlichen Nutzen.[109] Vergleicht man diese von diversen Historikern[110] aufgestellte und sehr detaillierten Aufzählungen mit den heute maßgeblichen Normen Art. 48 und 52 (2) des ersten Zusatzprotokolls zu den Genfer Abkommen, lässt sich eine erstaunliche Ähnlichkeit feststellen. Die genannten Personengruppen genießen auch heute den besonderen Schutz der GA. Seelsorgepersonal und religiöse Stätten sind sogar gemäß Art. 15 (5) und Art. 53 AP I durch mehrere Normen geschützt.[111] Darüber hinaus gewann der Schutz des Klerus eine breitere Bedeutung, da der Geltungsbereich der Friedensbewegung auf die kirchliche Reform ausgedehnt wurde. Sowohl der Schutz als auch die Reform sollten die Entfremdung der katholischen Geistlichen von ihren heiligen Pflichten verhindern und den Klerus als rechtmäßigen und gerechten Hüter des Geistes und des Eigentums der Kirche etablieren.[112] Der materielle Schutz des Klerus und der Kirche beruhten gerade auf der Identifizierung und Etablierung des Klerus als sakrosankt heilige Kategorie.

Die Bewegung um den Gottesfrieden muss jedoch auch kritisch betrachtet werden. Die Vergabe von Immunitäten hatte nicht den romantisch-humanitären Charakter, welchen ihm manche Historiker gerne zuschreiben möchten.[113] Der Gedanke von Schutz war immer noch durch die spezifische feudale Hierarchie des Mittelalters geprägt und legt nahe, dass eine solche Immunität überhaupt nicht natürlich, sondern hochgradig konstruiert gewesen ist. Damit die gesellschaftliche Hierarchie im Mittelalter funktionieren konnte, musste sie auf die Arbeit von Grundherren gestützt werden. Und ebendiese wurden durch den Gottesfrieden an Leib und Leben und in der Ausübung ihrer Arbeit geschützt. Es gibt zwar eine außergewöhnliche Ähnlichkeit zum Unterscheidungsgebot wie es heute im internationalen Recht verstanden wird, jedoch sind die durch den Gottesfrieden geschützten Gruppen voneinander abhängig. Damit das

---

109 *Ohler*, Krieg und Frieden, S. 299–303; Elmar Wadle, Landfrieden, Strafe, Recht. Zwölf Studien zum Mittelalter (Schriften zur europäischen Rechts- und Verfassungsgeschichte 37), Berlin 2001, S. 109–118.

110 Goetz, Hans-Werner, *Die Gottesfriedensbewegung*, S. 48; Gergen, Thomas, *Gottesfrieden* in: Handwörterbuch zur deutschen Rechtsgeschichte II, S. 472; Blumenthal, Renate, *Lexikon des Mittelalters*, S. 1763; Töpfer, Bernhard, *Volk und Kirche zur Zeit der beginnenden Gottesfriedensbewegung in Frankreich*, S. 65–68.

111 Artikel 15, 53, Protocol Additional to the Geneva Conventions of 12 August 1949, and relating to the Protection. of Victims of International Armed Conflicts (Protocol I), 8 June 1977, 1125 UNTS 3.

112 Goetz, Hans-Werner, *Die Gottesfriedensbewegung*, S. 48

113 Insbesondere *Michael Walzer* und *Theodore Meron*.

politisch-ökonomische System der Feudalherrschaft weiter existieren konnte, sollte nicht nur den Bauern als solcher, sondern ebenfalls seine Arbeitsstätte, das Feld, besonders geschützt werden. Die Kirche war der größte Landbesitzer der damaligen Zeit und um ein stetiges Einkommen zu erzeugen, musste Sie folglich dafür sorgen, dass Landwirtschaft und Handel ununterbrochen weitergehen und das Privateigentum verteidigt werden konnte.[114] Tatsächlich argumentiert der Historiker *Hans Goetz* ebenfalls, dass der Gottesfriede Land und Bauern nur insoweit schützte, wie es für die Produktion von Nahrung und die Erhaltung der Ressourcen notwendig war. Die Bauern wurden jedoch gerade nicht aufgrund von sozialen Status oder aufgrund ihres Verhaltens im Konflikt geschützt, sondern für die Leistung, welchen sie für den Konflikt erbringen konnten.[115]

*b) Die Waffenruhe Gottes (*Treuga Dei*)*

Die Waffenruhe Gottes verfügte, dass alle Kämpfe und Feindseligkeiten zwischen Mittwochabend und Montagmorgen und während aller großen kirchlichen Feste eingestellt werden sollten.[116] Dies galt nur für Konflikte unter und innerhalb der christlichen Gemeinschaft. In Konflikten gegen Ungläubige brauchte der Waffenstillstand Gottes nicht beachtet zu werden.[117] Die Strafe für eine Verletzung der Waffenruhe Gottes konnte so streng sein wie die Exkommunikation. Die *Treuga Dei*, war eine vorübergehende Aussetzung der Feindseligkeiten und schloss eine breitere Palette von Personen und Orten ein, welche jedoch aufgrund der engen Verbindung zum *Pax Dei* mit den geschützten Personen und Orten nahezu deckungsgleich ist. Der Klerus verkündete sowohl den Gottesfrieden als auch die Waffenruhe Gottes oft nach großen ökumenischen Konzilsversammlungen, sogenannte Friedenskonzile.[118]

c) Friedenskonzile

Das Besondere am Gottesfrieden und der Waffenruhe Gottes war, dass beide weder durch Gesetze noch Verträge, sondern durch Eidgenossenschaften,

---

114 Ibid.

115 Goetz, *Die Gottesfriedensbewegung*, S. 48.

116 Ohler, Krieg und Frieden, S. 299–303; Elmar Wadle, *Landfrieden, Strafe, Recht. Zwölf Studien zum Mittelalter* (Schriften zur europäischen Rechts- und Verfassungsgeschichte 37), Berlin 2001, S. 109–118.

117 Ibid.

118 Ibid.

sogenannte „Verschwörungen", festgelegt wurden.[119] Es kam nach dem Eidesverständnis nicht darauf an, ob die Eide freiwillig oder unter Zwang geleistet wurden. Sie hatten dementsprechend verschiedene Auswirkungen auf die genaue Ausgestaltung des jeweiligen Gottesfriedens und Waffenruhe Gottes. Später ging die Praxis der Friedenseinung von den Bischöfen in der Gestalt des Landfriedens, auf die Herrscher des Weltlichen über. Diese setzten an die Stelle der kirchlichen Sanktionen von Buße und Exkommunikation neue Strafen, organisierten die Rechtsverfolgung gegen Landfriedensbrecher, erschufen Schiedsgerichte und erstreckten die Eidespflicht auf alle Bewohner ihrer Territorien.[120] Wer die Eidesleistung verweigerte, wurde *„gleichwie ein Eidbrecher"* bestraft. Dadurch wandelten sich die aus den Gottesfrieden hervorgegangenen Landfrieden zu den positiven Gesetzen.[121]

Die angesprochenen Friedenskonzile waren im Wesentlichen große Zusammenkünfte unter freiem Himmel, welche Eide, Reliquienverehrung und christlich-religiöse Rituale beinhalteten.[122] Die Friedenskonzile wurden dabei stets vom Klerus aufmerksam beaufsichtigt und die angemessene Führung von Feudalkriegen durch die Kirche gelenkt und gesetzlich geregelt.

> *„Dort – umgeben von klerikalen und Laienmagnaten, von Heiligen und ihren sozialen Untergebenen – legten Mitglieder der Kriegselite Friedenseide ab, die in einem Konzeptionstext zusammengefasst waren, der das mobilisierte, was ein moderner Beobachter als Volksmeinung bezeichnen könnte. Diese ‚Herausforderung an die aristokratische Gewalt basierte im Wesentlichen auf einer zumindest zeitweiligen Allianz zwischen Klerus und Bauernschaft"*[123]

Die Rahmenbedingung, unter welcher ein Friedenskonzil die Immunität durch den *Pax Dei* sowie *Treuga Dei* gewährte, bestand in der Aufrechterhaltung der Unantastbarkeit der Kirche. Die Geistlichen hatten ein doppeltes Interesse an dieser Angelegenheit, da sie als unbewaffnete Individuen immer wieder Opfer von Gewalt feudaler Konflikte wurden und durch den Gottesfrieden sowohl

---

119 Ibid.

120 Tewes, Ludger, *Westfälische Landfrieden im 14. Jahrhundert. Textfunde der Friedensbünde von 1358,* in: Blätter für deutsche Landesgeschichte 1985, S. 170–173.

121 Ibid.

122 Goetz, *Die Gottesfriedensbewegung*, S. 7.

123 Hoffmann, Hartmut, *Gottesfriede und die Treuga Dei*, S. 45; Kinsella, Helen M, *The Image before the Weapon: A critical history of the distinction between combatant and civilian*. S. 30.

weltliche als auch geistliche Macht ausüben konnten.[124] So versuchten die verschiedenen Friedenskonzile, unter der Führung der Kirche, die alltägliche Gewalt des frühen Mittelalters zu begrenzen, indem sie bestimmte Güter, Personen und Orte als besonders geschützt und gegen Fehden und Plünderungen als immun ansahen.

Die für die Immunität maßgeblichsten Friedenskonzile bilden das erste und zweite Konzil von Elne (1027/1065) sowie das Konzil von Clermont (1095). Der Gottesfrieden sowie die Waffenruhe Gottes wurden erstmals formal auf dem ersten Konzil von Elne (1027) zusammengeführt. Demnach war es, wie beschrieben, unter anderem an bestimmten Tagen ausdrücklich verboten, unbewaffnete Kleriker und Personen welche zur Kirche gingen, sowie Männer, welche Frauen eskortierten, anzugreifen.[125] Die Strafe für einen Verstoß war die bereits angesprochene Exkommunikation.[126] Das zweite Konzil von Elne (1065) erweiterte anschließend die aufgestellten Immunitäten des ersten Konzils auf die Bauernschaft, Tiere und Nutzgegenstände.[127]

Im Jahre 1095 stellte sich letztendlich auch die damalige oberste kirchliche Autorität hinter den Gedanken, das Verhalten innerhalb einer bewaffneten Auseinandersetzung zu regulieren. Während des Konzils von Clermont appellierte *Papst Urban II* an alle Teilnehmer, sich auf die Konzepte des *Pax Dei* und *Treuga Dei* zu besinnen, während er unmittelbar im gleichen Atemzug zur Befreiung Jerusalems von den Ungläubigen aufrief.[128] Der fast schon widersprüchlich Aufruf, einerseits die Immunität der Christen untereinander zu wahren und andererseits die Ungläubigen im Rahmen des ersten Kreuzzuges, schonungslos zu vernichten, wurde den Erzählungen nach von den Teilnehmern nur mit einem bestätigenden „*Deus Vult!*[129]“ begrüßt.[130]

Es war eine komplexe soziale Bewegung, welche die sozialen Schichten des Mittelalters herausforderte, teils stärkte und veränderte. Die Unterscheidungen zwischen Klerus, Rittern und Bauernschaft sowie die Schaffung von

124 Ziegler, Karl-Heinz, *Völkerrechtsgeschichte,* S. 86–88; *Hoffmann*, Hartmut, *Gottesfriede und die Treuga Die*, S. 43.

125 Hartigan, Richard Shelly, Civilian Victims in War: A Political History S. 69.

126 http://www.rowane.de/html/kirchenbann.htm (letzter Aufruf 24.03.2020 15:42).

127 Hoffmann, Hartmut, *Gottesfriede und die Treuga Dei*, S. 45.

128 Hagenmeyer, Heinrich, *Fulcheri Carnotensis (1095–1127). Mit Erläuterungen und einem Anhang*, S. 130–138.

129 Gott will!

130 Le Bas, Philippe, *Historia Iherosolimitana* in: *Recueil des Historiens des Croisades*, S. 727–729.

Unterscheidungen innerhalb der einzelnen kirchlichen Orden, war eine Bemühung um soziale Differenzierung und Regulierung. Ihre Durchsetzung war von der komplexen Beziehung zwischen der Kirche und den Rittern, den miteinander verwobenen Geistlichen und den weltlichen Mächten der mittelalterlichen Hierarchie abhängig.

4) Der Kodex der Ritterlichkeit und die Kreuzzüge

Die mittelalterliche Beziehung zwischen der Kirche und dem Rittertum war umstritten und komplex, wie es sich für eine Beziehung zweier unterschiedlicher, aber dennoch voneinander abhängiger Quellen von sozialer und strategischer Macht nachvollziehen lässt.

Wie der *Pax Dei* und die *Treuga Dei* veranschaulichen, versuchte die Kirche, direkt in die Art und Weise der Kriegsführung innerhalb Europas einzugreifen. Darüber hinaus änderte die Kirche ab dem 11. Jahrhundert ihre Haltung zu der Kriegsführung innewohnenden Illegalität.[131] Die geistliche Legitimität und soziale Funktion der Konfliktteilnehmer wurde von einem Zustand der Sünde in einen Zustand der möglichen Gnade, im Dienst der Kirche, verwandelt.[132]

Im bereits angesprochenen Konzil von Clermont, von 1095, wurde nicht nur gleichzeitig der Gottesfriede durch das Oberhaupt der Kirche verankert, es wurde ebenfalls der erste Kreuzzug ausgerufen. Strategisch gesehen wurde durch die Kreuzzüge der militärische Dienst auf Geheiß und zum Nutzen der Kirche zu einem Mittel, mit welchem die Kirche die Kriegsführung weg von ihr selbst, ihrem Besitz und Eigentum und hin zu den Ungläubigen und Häretikern, welche ebenfalls die Macht der Kirche bedrohten, umlenken konnte.[133]

Das Verbot von *Papst Urban II*, Klerus und Bauernschaft im Gottesfrieden zu schaden, beruhte selbst auf der Aufforderung, gegen alle Heiden, Ungläubigen und Ketzer im Streben nach Gnade Krieg zu führen. Wie der Historiker *Christopher Tyerman* bemerkt:

131 Siehe Matthäus 26:52: *„Alle, die das Schwert nehmen, werden mit dem Schwert umkommen". Daher sind alle Kriege ungesetzlich".*

132 Kinsella, Helen M, *The Image before the Weapon: A critical history of the distinction between combatant and civilian.* Fn. 79.

133 Kotzur, Hans-Jürgen, *Die Kreuzzüge*, S. 64; von Beyme, Evelyne, *Die Kreuzzüge wie sie wirklich waren*, https://literaturkritik.de/id/6516 (letzter Aufruf 04.07.2019 10:42).

„wie wichtig auch immer der gerechte und heilige Krieg gegen die Feinde der Kirche im Allgemeinen ist, ist die höchste Rechtfertigung für das Rittertum der Kampf gegen die Ungläubigen, gegen den Islam“.[134]

Nach dem Konzil von Clermont fanden sich die Kirche sowie das Rittertum in einem mächtigen Bündnis zusammen, wenn auch zu konkurrierenden Zwecken. Die gedanklich-legitimierende Grundlage für die Kreuzzüge war die Idee des gerechten Krieges nach *Augustinus von Hippo*. Es mussten lediglich ein gerechter Kriegsgrund, sowie gute Absichten, beispielsweise die Liebe zu Gott, vorliegen, um den Krieg einseitig zu legitimieren.[135] Zum einen boten die Kreuzzüge für die Kirche ein Mittel, ihre heilige Autorität zu behaupten und das Heilige Land zurückzuerobern. Zum anderen stellten die Kreuzzüge ein Mittel dar, die kriegerische Lebensweise des Rittertums mit Zweck zu erfüllen, ohne welchen das Konzept der Ritter bedeutungslos wäre, durch spiritueller Erneuerung und Gnade Versöhnung mit Gott zu finden – sowie selbstverständlich substantielle ökonomische und soziale Belohnungen zu erlangen.[136] Die Kreuzzüge waren im Kern somit nichts anderes als ein kollektiv organisiertes; militärisches Bündnis, welches aus der Religion heraus militärische Operationen legitimierte. Sie waren ebenfalls ein bezeichnendes Beispiel für die Unterschiede, die sowohl in den ritterlichen als auch in den kanonischen Immunitätsverfügungen enthalten sind. Diese Unterschiede wurden im konkurrierenden Zusammenspiel von Ritterlichkeit und Christentum weiter ausgearbeitet.

a) Der ritterliche Kodex

Symbolisch wurden die Macht der Kirche und das Bündnis mit dem Rittertum im Segen der Ritterschwerter anerkannt, dem *„benedictio armorum“*. Dieser Segen sollte die Prinzipien von Treue, Ehre und Kameradschaft verkörpern, die wiederum den Kern des ritterlichen Codex darstellten.[137]

„Empfange dieses Schwert im Namen des Vaters und des Sohnes und des Heiligen Geistes, und benütze es zu deiner Verteidigung, und (zur Verteidigung) der heiligen Kirche Gottes,

134 Kinsella, Helen M, *The Image before the Weapon: A critical history of the distinction between combatant and civilian*. S. 42; Tyermann, Christopher, *God's War: A new history of the crusades*, S. 76; Tyermann, Christopher; *The world of the crusades*, S. 54–57.

135 siehe Kapitel 1 B), I).

136 Groen, J. Basilius, *Gott und Gewalt in Südosteuropa – Rituell liturgische und zwischenmenschliche bzw. interreligiöse Aspekte.*

137 Ibid.; Kinsella, Helen M, *The Image before the Weapon: A critical history of the distinction between combatant and civilian*. S. 42.

und zur Verwirrung der Feinde des Kreuzes Christi und des christlichen Glaubens. Und soweit es die menschliche Schwäche gestattet, mögest du damit niemanden in ungerechter Weise verletzen, was er selbst dir zu gewähren geruhen möge; er, der mit dem Vater und dem Heiligen Geist lebt und herrscht, Gott von Ewigkeit zu Ewigkeit"[138]

Diese symbolisierten Verantwortlichkeiten umfassten nicht nur die Teilnahme an den Kreuzzügen – als ihren Höhepunkt –, sondern stellten ebenfalls detaillierte Erwartungen an das konfliktspezifische Verhalten der Ritter.

Obwohl die Ritterorden, welche fast schon als frühe Berufssoldaten bezeichnet werden könnten, ab dem 12. Jahrhundert durch und durch christlich waren, besaß das Rittertum, zusätzlich zu den Vorgaben der Kirche, seine eigenen prägenden Verhaltens- und Identitätsregeln, welche nie vollständig der kirchlichen Autorität untergeordnet waren. Diese Regeln wurden für jeden Orden in einem gesonderten Ordensstatut festgehalten und unterschieden sich von Orden zu Orden nur unwesentlich.[139] Insbesondere die weltlichen Begriffe Ehre, Tapferkeit, Loyalität und Mut, welche für den Ritter jeweils durch Kriegshandlungen definiert und gewonnen wurden, galten als Grundlage für den Verhaltenskodex der Ritter.[140] Diese Eigenschaften, wie sie in der ritterlichen und höfischen Literatur ausgearbeitet und ausgeschmückt wurden, beherrschten das Verhalten innerhalb der einzelnen Ritterorden.[141] Im Wesentlichen waren die verschiedenen Kodizes der Ritterorden ein Art aristokratischer Waffenkodex, welcher sich aus einer starken Mischung von weltlichem und christlichem Glauben ergab.

„*höher muot: seelische Hochstimmung*
manheit: Tapferkeit
werdekeit: Würde
mâze: maßvolles Leben, Zurückhaltung"[142]

Die Idee von Ritterlichkeit hatte jedoch nur begrenzten Erfolg bei der Eindämmung der Gewalt. Sie fand zwar grundsätzlich Resonanz und Bedeutung in der Kriegsführung, wenn aber die Erfordernisse des Krieges mit den Beschränkungen

---

138 Jaser, Christian, Ecclesia Maledicens, Spätmittelalter, Humanismus, Reformation 75 (2013), S. 322–325.

139 Paravicini, Werner, *Die ritterlich-höfische Kultur des Mittelalters*, S. 23; Johnson, Peter, *Die höfische Literatur in der Blütezeit* S. 98.

140 Ibid.

141 Bumke, Joachim, *Höfische Kultur. Literatur und Gesellschaft im hohen Mittelalter*, S. 65.

142 https://www.kuerenberger-ritterschaft.at/der-ritterliche-codex/ (letzter Aufruf 12.12.2019 12:42); http://www.ritterorden-heinrich-iii.de/portrt/codex.html (letzter Aufruf 12.12.2029 12:45). Vgl. ebenfalls S. 15 dieser Arbeit.

durch den ritterlichen Kodex konkurrierten, war immer dem militärischen Erfordernis der Vorzug zu gewähren.[143]Insbesondere die viel romantisierte Ehre und Tugend der Ritter waren Verhaltensweisen, welche in individueller Gewalt und Kampfhandlungen begründet wurden.[144] Es soll nicht bestritten werden, dass diese Ideale dazu dienten, das Verhalten der Ritter zu disziplinieren und sie zu ermutigen sich im Einklang mit dem Ritterkodex zu verhalten. Der Kodex des Rittertums war selbst nur auf diese kleine Gruppe des Adelsstandes begrenzt und hatte nahezu nichts mit den gewöhnlichen Menschen zu tun, welche ebenfalls Konfliktteilnehmer waren.[145] Der ritterliche Kodex war somit keine universelle Grundlage, die Gewalt in Kampfhandlungen zu beschränken. Es war vielmehr eine höchst selektive Differenzierung und Teil eines komplizierten Versuchs, Ordnung zu schaffen.[146]

Wie beim Gottesfrieden unterschied der ritterliche Kodex zwischen denen, die kämpften – streng auf die Ritter selbst beschränkt – und denen, die an den Kampfhandlungen unbeteiligt waren.[147] Indem sich die Ritter an den Ritterkodex banden, gelobten die Ritter, die Kleriker, Waisen, Witwen und die Armen zu beschützen, welche als verteidigungs- und schutzbedürftig identifiziert wurden.[148] Im Verlauf der Jahrhunderte erweiterte sich die Liste der Schutzbedürftigen jedoch, um z.B. Bauern, Ärzte, Kaufleute, Adlige und unbewaffnete Ritter an bestimmten Tagen aufzunehmen.[149] Man beachte, dass sich die Zahl der Kategorien zunächst vervielfachte. Dies lag, wie Militär- und Mittelalterhistoriker des Gottesfriedens und des Rittertums behaupten, daran, dass die Logik der Immunität und des Schutzes tief mit der Politik der Gesellschaftsordnung und der Sorge um soziale Reformen verflochten war.[150] Ferner lenkte der Kodex des Rittertums die Aufmerksamkeit auf besondere Kategorien von

143 Paravicini, Werner, *Die ritterlich-höfische Kultur des Mittelalters,* S. 23; Johnson, Peter, *Die höfische Literatur in der Blütezeit* S. 100.

144 Bumke, Joachim, *Höfische Kultur. Literatur und Gesellschaft im hohen Mittelalter*, S. 65.

145 Kaeuper, Richard, *Chivalry and Violence in Medieval Europe,* 226; Keen, Maurice, *Nobles, Knights, and Men-at-Arms in the Middle Ages,* Kapitel 1; Johnson, James Turner, *Just War Tradition,* S. 133.

146 Ibid.

147 Paravicini, Werner, *Die ritterlich-höfische Kultur des Mittelalters,* S. 23; Johnson, Peter, *Die höfische Literatur in der Blütezeit* S. 102.

148 http://thueringer-ritterorden.de/Historisches/Ritterschlag.html (11.09.2019 11:32)

149 Ibid.

150 Keen, Maurice, *Nobles, Knights, and Men-at-Arms in the Middle Ages,* Kapitel 1; Johnson, James Turner, *Just War Tradition,* 133.

Frauen (Minne) – namentlich Witwen und höfische Damen – ein, welche einen besonderen Schutz verdienten.[151]

Der mittelalterliche Gelehrte *Honoré Bonet*[152] veröffentlichte 1387 mit seinem Werk „*L'Abre des Batailles*" eine umfassende Schrift, welche man nahezu als eine rechtliche Kommentierung des ritterlichen Kodex und der damit einhergehenden Rechte und Gebräuche im Krieg bezeichnen könnte. Er beschäftigte sich zum Beispiel mit der Frage, was die Kühnheit eines Ritters im Kampfe ausmacht, welche die genauen Pflichten eines Ritters darstellen und wie die Pflichten eines Heeresführers aussehen. Bonets maßgebende Abhandlung wurde im gesamten späteren Mittelalter und sogar bis zum Anfang des 18. Jahrhunderts gelesen und studiert.[153] Der israelische Militärhistoriker *Martin van Creveld* schrieb über Bonet:

> „*(Bonets' works) are little more than handbooks... Taking the formations and armament of their own day more or less for granted, however, they seldom rise above the specifics of time and place... The fact that some of them were in actual use until 1700 and beyond shows how indebted early modern Europe felt itself to the ancient world-or, conversely, how slow the evolution of warfare was. Unlike the Chinese classics they do not provide a coherent philosophy of war.*"[154]

In seiner Abhandlung eröffnet Bonet jedes Kapitel mit einer Ja-oder-Nein Frage, gefolgt von einem Diskurs, welcher dann in ein Ergebnis mündet. So trifft Bonet zum Beispiel in Kapitel 70 des *L'Abre des Batailles* eine kategorische

---

151 Kinsella, Helen M, *The Image before the Weapon: A critical history of the distinction between combatant and civilian.* Fn. 90; Bulitta, Benno, *Minne, Wein und Weltenschmerz*, S. 89.

152 Honoré de Bouvet (auch Bonet genannt) (ca. 1340–ca. 1410) war ein Franzose aus der Provence, ein Kleriker, sowie der Prior von Salon bei Embrun. Er studierte an der Universität von Avignon, wo er ebenfalls promoviert wurde, reiste durch Frankreich und Aragonien und hatte verschiedene kleinere offizielle Positionen inne. Sein Buch *L'Arbre des Batailles* ist eine Abhandlung über den Krieg und die Kriegsgesetze. Es wurde 1387 geschrieben und war nicht als wissenschaftliches Buch gedacht, sondern für eine ziemlich breite Leserschaft in gewöhnlichem Französisch geschrieben. Es fand großen Anklang und war äußerst einflussreich. Das Werk ist in vier Teile gegliedert, wobei der letzte Teil der größte ist. Bonet schreibt über viele verschiedene Themen, die sich mit Krieg und Ritterlichkeit befassen, und enthält Berichte von Menschen aus der klassischen Zeit.

153 Van Creveld, Martin, *Transformation of War*, S. 68, 131.

154 Ibid.

Unterscheidung zwischen denjenigen, welche als Teilnehmer zum Krieg eingezogen werden können und denjenigen Individuen, welche unbeteiligt bleiben müssen.

> *„Further, there are other people who cannot be compelled to go to battle and war, such as old men, the sick, the deaf and the blind, or those who are too young to bear harness, and such like people. But if a man were wise in counsel I hold that his lord could constrain him. In case of a dumb man, although he cannot speak, yet if he is valiant and strong in body I should say that he could be constrained, if it pleased his lord. But women should not be compelled to go to war, even though they were wise, rich and strong. As for service by substitute, I do not say that they are not bound to it.*"[155]

In anderen Kapiteln führt Bonet diese Unterscheidung weiter aus und spricht Kindern im Krieg eine umfassende Immunität vor Kriegsgefangenschaft zu, da diese weder durch Hilfe noch durch Beistand einen Beitrag zu den Kriegsbemühungen leisten können und daher keinen militärischen Nutzen besitzen.

> *„It is clear that this child is innocent of the war and that neither by person nor, counsel can he render help or succour in it. If this is so, on what grounds should he be made prisoner? Again, I have said above that a man may very well be taken prisoner, in his lord's war, if he helps in that war either by his person or his goods.*"[156]

Ebenfalls ist Bonet der Ansicht, dass beispielsweise alte Männer nicht eingesperrt werden sollen. Es sei denn, sie haben durch Rat und Hilfe einen militärischen Beitrag geleistet.

> *„Now without more words let us see what is the law of the matter. And I think, since an old man is privileged, that according to law he is never required to go to war, and that for good reason he cannot be a prisoner, unless he has given counsel and help for the conduct of the war; for sometimes an old man will be of, more avail by his counsel than ten soldiers.*"[157]

Diese von Bonet durchgeführten Unterscheidungen sind ebenfalls, wie die Unterscheidungen im *Pax Dei*, für das heutige Verständnis vom Unterscheidungsgebot grundlegend. Neu ist hier jedoch, dass eine Unterscheidung ebenfalls anhand eines grundlegenden militärischen Nutzens durchgeführt wird, wie die Fähigkeit, überhaupt dazu in der Lage zu sein kämpfen zu können oder taktisch-militärische Unterstützung zu leisten.[158] Dies bedeutet im Umkehrschluss, dass

---

155 Übersetzung G.W. Coopland: Bonet, Honore, *The Tree of Battles of Honore Bonet*, Chapter 70.

156 Ibid. Chapter 94.

157 Ibid. Chapter 93.

158 siehe *L'Abre des Batailles* Kapitel 93 und 100

alle Individuen, welchen kein militärischer Nutzen zukommt, vom Konflikt ausgenommen werden müssen. Zwar ist Bonets Abhandlung eine Kommentierung des ritterlichen Kodex, da seine Schrift jedoch im Original niedrigschwellig geschrieben war, machte Bonet sie der breiteren Masse verfügbar und schärfte so das Verständnis auch in den einfacheren gesellschaftlichen Schichten von einer angebrachten Verhaltensweise im Konflikt.

Im direkten Vergleich mit dem heutigen Unterscheidungsgebot wird deutlich, dass die verschiedenen Schutzaufträge des Ritterkodex, ebenso wie Immunitäten im *Pax Dei,* keinen oder lediglich einen untergeordneten humanitären Charakter besaßen. Es ging vielmehr darum, die Personen zu schützen, welche von Nutzen für die Gesellschaft waren und deren Tod oder Schädigung gleichzeitig die damalige wirtschaftlich-soziale Ordnung hätte schwächen können. Man könnte aber behaupten, dass der ritterliche Kodex und die darauf aufbauenden Ideen des *Honoré Bonet* ein Konzept des unbeteiligten Schutzes hervorbrachten, welches weit über das hinausging, was die Kirche im 12. und 13. Jahrhundert zu versuchen bereit war.[159] Während die katholische Kirche Immunität an ein Konstrukt von religiöser Schuld und Unschuld knüpfte, um ihre sozialökonomische Stellung in der mittelalterlichen Gesellschaft zu behalten, wurden im ritterlichen Kodex und in *Honoré Bonets* Ausführungen weitestgehend überwunden und an verschiedene Tugenden wie Ehre und Tapferkeit der Ritter sowie an ein tatsächliches militärisches Erfordernis und Nutzen geknüpft. Man muss sich jedoch immer wieder vor Augen führen, dass diese beiden Richtungen des Schutzes im Mittelalter immer noch sehr eng miteinander verwoben waren, wie beispielsweise zwei Lehrmeinungen, welche eine identische Grundlage besitzen, sich jedoch in zwei verschiedene Richtungen entwickeln. Deshalb war die mittelalterliche Idee von Immunität als solche stets an das wechselseitige Verhältnis hierarchischer Privilegien zwischen Adel und Kirche gebunden, welches seinerseits wiederum nur örtlich auf das westliche Europa Anwendung fand und Immunität somit ebenfalls an das Konzept von Zivilisation gebunden war. Die Verbindung von Immunität und Zivilisation wird nirgendwo so deutlich wie anhand der Kreuzzüge.

159 Kaeuper, Richard, *Chivalry and Violence in Medieval Europe,* 226; Keen, Maurice, *Nobles, Knights, and Men-at-Arms in the Middle Ages,* Kapitel 1; Johnson, James Turner, *Just War Tradition,* 133.

b) Die Kreuzzüge

„Deus Io Vult!"

– Antwort der Menschenmenge nach der Verkündung des ersten Kreuzzuges durch Papst Urban II[160]

Die bisher ausgeführten Überlegungen und Gedanken zum Ursprung des Unterscheidungsgebotes, so nah sie manchmal auch an unser heutiges Verständnis heranreichen, hatten einen großen und entscheidenden Unterschied: Die Vorstellungen von Schutz und Immunisierung galten ausschließlich für Christen. Nirgendwo wurde dies offensichtlicher als in den Kreuzzügen, in denen die oben ausgeführten ritterlichen sowie kirchlichen Ideale und Verpflichtungen des Respekts und des Schutzes der am Konflikt Unbeteiligten abgelegt wurden, wenn der Krieg gegen nichtchriste Ungläubige anderer Religion geführt wurde.[161]

Die Kreuzzüge, waren Kriege welche von Gott höchstpersönlich befohlen und von Christen zur Bestrafung der religiösen Feinde ausgeführt wurden. Sie verliehen dem Teilnehmer, unabhängig von seinem Verhalten während der Kreuzzüge, eine besondere religiöse und göttliche Gunst. Folglich: In der damaligen Vorstellung war es eine von der Kirche ausgerichtete heilige Aktivität um die Sünden des einzelnen zu entschuldigen, indem Ungläubige vernichtet wurden.[162]

Der Aufruf zu den Kreuzzügen auf dem Konzil von Clermont 1095 heiligte, im wahrsten Sinne des Wortes, die schonungslose Gewalt gegen Ungläubige, da im Konzil die Rolle der Kirche sowie der Ritter als die rechtmäßige, geistliche sowie weltliche Autorität legitimiert wurde.[163] Dies geschah sogar auf einer, für die damaligen Verhältnisse, starken historischen und rechtlichen Basis. Der Kirchengelehrte *Augustinus von Hippo* war aufgrund der sündigen Seele solcher Menschen in seinen Schriften gleichermaßen bereit, Barbaren und Ungläubige zur unterschiedslosen Vernichtung zu verurteilen.

> *„within the context of a holy war, in which the Franks were conditioned to see their enemy as sub-human, Christian piety prompted not clemency, but rather, an atmosphere of extreme brutality and heightened savagery"*[164]

---

160 Kotzur, Hans-Jürgen, *Die Kreuzzüge*, S. 63.

161 Fulcher of Chartres, *Gesta Francorum Jerusalem Expugnantium*, in: Krey, August C., Duncalf Frederic; *Parallel Source Problems in Medieval History*, S. 109–114.

162 Wilhelm Grewe, *The Epochs of International Law*, S. 192.

163 Ibid.

164 Asbridge, Thomas, *The Crusades*, S. 14; in: Kinsella, Helen M, *The Image before the Weapon: A critical history of the distinction between combatant and civilian*. Fn. 116.

Der Aufforderung von *Papst Urban II* lehnte sich demnach lose an die augustinischen Prinzipien des gerechten Krieges an: Eine legitime Autorität, ein gerechter Grund und eine rechtschaffende Intention.[165] Er rief seine Zuhörer dazu auf:

> „*You should be moved especially by the holy grave of our Lord and Savior which is now held by unclean peoples, and by the holy places which are treated with dishonor and irreverently befouled with their uncleanness*“[166]

Neben vielschichtiger Motive war ein zentraler Punkt der Ansprache *Papst Urban II* war die Dehumanisierung des Islams: Ein heiliger Krieg gegen die Verbrechen und Barbarei der Sarazenen, Menschen unvorstellbarer Grausamkeit und Gewaltlust.[167] Zweck dieser Dehumanisierung war eine Legitimation unterschiedsloser Gewalt, ähnlich eines totalen Krieges. Sie sollte durch fingierte Verbrechen des Islam eine Explosion an rachegefüllten Emotionen in den Kreuzfahrern hervorrufen, um die eigenen Kriegsbemühungen zu verstärken.[168] Zwar wurden die Kreuzzüge als ein christliches Unterfangen beworben die Muslime zu missionieren, jedoch ging es *Papst Urban II* im Kern darum, christliche Gebiete wiederzuerlangen und zu schützen.[169]

Ohne diese äußere Unterscheidung zwischen Christen und Ungläubigen würde die innere Unterscheidung der damaligen europäischen Gesellschaftsordnung eine primäre Rechtfertigung verlieren. Diese sozial-ökonomische Ordnung stützte sich grundlegend auf die Unterscheidung zwischen den adeligen Rittern als Streitmacht, der Kirche, welche die ausgeübte Gewalt überwachte, und den Bauern, die das Land bestellten.[170] Da die Immunität der eigenen Landsleute auf einer religiösen Basis beruhte, musste sie innerhalb der augustinischen Lehre des gerechten Krieges zwangsweise auf der Unmöglichkeit der Immunität für Andersgläubige gestützt werden, um dem Krieg einen gerechten Grund zu verleihen.[171] Die Immunität der europäischen Christen wurde gegenüber der Schuld derer, gegen welche die Kreuzzüge geführt wurden, geschaffen und gefestigt, weil die Annahme einer vorherigen Schuld für einen gerechten

165 Asbridge, Thomas, *The Frist Crusade: A New History*, S. 32.
166 Spielvogel, Jackson J., *Western Civilization: Volume* I: To 1715, S. 291.
167 Asbridge, Thomas, *The Frist Crusade: A New History*, S. 32.
168 Ibid.
169 Ibid.
170 Ibid.
171 Wilhelm Grewe, *The Epochs of International Law*, S. 198.

Krieg grundlegend war. Blutiger Krieg und heilige Gnade wurden durch die autoritäre päpstliche Entscheidung über die Schuld des Feindes versöhnt.[172]

Das radikal binäre Bild der Unterscheidung zwischen Christen und Ungläubigen während der Kreuzzüge unterstreicht noch einmal die Bedeutung von Zivilisation für die Etablierung von Immunität. Wie bereits anhand des Beispiels des Deuteronomiums aufgeführt, liegen die Anfänge der Immunität in einer theologisch motivierten Abgrenzung religiöser Schuld und Unschuld. Diese religiöse Exklusivität diente als Hauptgrund für die Rechtfertigung von Immunität und Gewalt.

5) Zwischenergebnis

Die frühen Auseinandersetzungen mit dem Immunitaskonzept, von der Spätantike bis hinein ins Mittelalter, waren ein sehr langwieriger Prozess. Sie stellten keine fortlaufende Entwicklung humanitärer Gründe dar, sondern wurden vielmehr aus dem praktischen Gedanken heraus geboren, eigene Kriegsbemühungen zu rechtfertigen und aus dem eigenen Umfeld wegzulenken.

Diese Entwicklung lässt sich auf eine elementare Unterscheidung zurückführen, auf deren Grundlage weitere Überlegungen getroffen wurden. Zum einen die Unterscheidung „nach Innen" sowie die Unterscheidung „nach Außen". Die Unterscheidung „nach Innen" wurde innerhalb des europäischen *Corpus Christianum* getroffen und galt ausschließlich für die Anhänger der christlichen Gemeinschaft. Ausgehend von der Lehre des gerechten Krieges des *Augustinus von Hippo* entwickelten sich verschiedene Lehren wie und wann der gerechte Krieg unter den Christen zu führen ist. Innerhalb Europas manifestierten sich diese Gedanken verstärkt durch die religiöse Unterfütterung im *Pax Dei* sowie *Treuga Dei,* um die Gewalt innerhalb Europas und der Christen untereinander zu begrenzen sowie die sozial-ökonomische Ordnung des Feudalwesens aufrechtzuerhalten. *Thomas von Aquin* verschärfte diese Gedanken weiter hinsichtlich der Schutzbedürftigkeit bestimmter Individuen sowie um einzelne humanitäre Grundgedanken. Er erkannte ebenfalls, dass es zum Wohle der christlichen Bevölkerung innerhalb eines Konfliktes gewisse Grenzen geben muss. *Augustinus von Hippo* als auch *Thomas von Aquin* waren jedoch mehr um die Gerechtigkeit des Krieges besorgt, als um das Verhalten der einzelnen Soldaten. Erst *Honoré Bonet* kommentierte mit seinem Werk „*L'Abre des Batailles*" spezifische Sachverhalte des Konflikts. Neu war, dass *Honoré Bonet* eine Unterscheidung anhand

172 Ibid.

eines tatsächlichen militärischen Nutzens durchführte, wie die Fähigkeit in der Lage zu sein zu kämpfen oder taktisch-militärische Unterstützung in Form von Beratung zu leisten. Er löste sich somit weiter von der inner-christlichen Unterscheidung in Sünder und Unschuldige und stellte das militärische Erfordernis in den Mittelpunkt. Da die Unterscheidung streng an Religion und Zivilisation geknüpft war, ergibt sich für die Unterscheidung „nach außen" ein anderes Bild. Wie das Beispiel der Kreuzzüge zeigt, wurde die Immunität des eigenen Volkes mit der absoluten Schutzlosigkeit und Dehumanisierung anderer Völker begründet. Unterschiedslose Gewalt gegen Ungläubige wurde schonungslos und bedingungslos durch religiöse sowie zivilisatorische Motive legitimiert. Völker, welche kein Teil des *Corpus Christianum* waren, wurden als Ketzer und Sub-Menschen klassifiziert, um die eigene unterschiedslose Gewalt zu rechtfertigen.

Dies zeigt, dass die frühen Anfänge des Unterscheidungsgebots an höchstpersönliche und subjektive Faktoren geknüpft wurden, etwa an Volk und Zivilisation. Im Gegensatz zu heute wurde der Wert und die Schutzwürdigkeit einer Person nicht bedingungslos gewährt, sondern von gesellschaftlichen Nutzen, Zugehörigkeit zu einer Religion und von Volkszugehörigkeit abhängig gemacht.

III) Frühe Neuzeit

Die Zeitspanne zwischen dem 16. und 18. Jahrhundert war eine turbulente Zeit, voller großer Veränderungen, Entdeckungen und Umwälzungen. Es wurde ein modernes Staatensystem etabliert, europäische Königshäuser expandierten und die europäische Einheit des sogenannten *Corpus Christianum* erschöpfte sich durch Spaltungen innerhalb des Christentums. Die frühe Neuzeit markierte jedoch auch eine entscheidende Veränderung in der Rezeption des Rechts über das Verhalten im Konflikt und der damit intrinsischen Vergabe von Immunitäten.[173]

1) Die Publizisten der frühen Neuzeit

Internationale Verträge und das Völkergewohnheitsrecht stellen heutzutage die primären Quellen des humanitären Völkerrechts dar, welches durch einen stetig wachsenden Körper von Rechtsprechung sowie internationalen und nationalen Rechts interpretiert wird. In einer Zeit in welcher es jedoch noch kein übergeordnetes internationales System von nationalen Staaten und somit auch keine

173 Draper GIAD, *Development of the Law of War*, S. 49 in: Meyer, Michael A, McCoubrey, Hilaire, *Reflections on Law and Armed Conflict*.

multilateralen Verträge zur Einschränkung des Rechts und der Gebräuche im Konflikt gab, bestanden die primären Quellen des heutigen humanitären Völkerrechts in der Arbeit von Publizisten und Philosophen, welche durch kumulierte intellektuelle und moralische Arbeit Konzepte und Praktiken des frühen humanitären Völkerrechts entwickelten. Insbesondere dem Naturrecht kommt in dieser Zeit eine zentrale Bedeutung zu. Aufgrund ihres maßgeblichen Einflusses, insbesondere in der Entstehungsphase des Kriegsrechts, hatten diese Publizisten und Philosophen einen großen Einfluss auf die Bildung des heutigen Rechts bewaffneter Konflikte.[174]

Ein solcher Publizist war *Francisco de Vitoria*, ein spanischer Scholastiker und Dominikaner des 16. Jahrhunderts, welcher 1532 *„De indis noviter inventis“*[175] und sieben Jahre später *„De jure belli“*[176] schrieb. Seine Schriften stellen einen Abriss des damaligen „Völkerrechts“ dar, weshalb Vitoria eine besondere historische Bedeutung für die rechtliche Reglementierung des Krieges zukommt.[177]

Fast ebenso bedeutsam wie *Francisco de Vitoria* war *Pierino Belli* (1502–1575), entstammend aus einer adeligen italienischen Familie.[178] Er war nicht nur Soldat, sondern auch Jurist und Militärrichter in den Armeen von *Karl V.* und *Philipp II.* Nachdem Belli mehrere diplomatische Ämter bekleidet hatte, schrieb er 1563 *„De re militari et de Bello Tractatus“*. Damit bot Belli fast siebzig Jahre vor Grotius' bahnbrechenden Werk *„De Jure Belli ac Pacis“* eine systematische Behandlung der damaligen Gebräuche im Krieg an.[179]

Ebenfalls, wie *Francisco de Vitoria,* ein Angehöriger der Schule von Salamanca[180] war *Balthazar Ayala* (1548–1584), ein belgisch-spanischer Militärrichter und politischer Theoretiker. Ayala veröffentlichte 1582 *„De Jure de Officiis Bellicis et Disciplina Militari Libri Tres“*, ein drei Bände umfassendes Werk, welches sich mit militärischer Disziplin sowie dem gerechten und ungerechten Kriegen auseinandersetzte.[181] Die Arbeit von Ayla zur Idee des gerechten Krieges ist dabei sehr stark an *Francisco de Vitoria* angelehnt. Das entscheidende Kriterium

---

174 Solis, Garry D., *Law of armed Conflict,* S. 17.

175 Übersetzt: Über die kürzlich entdeckten Indianer.

176 Übersetzt: Über die Kriegsgesetze.

177 Ibid.

178 Nutting, Herbert C., *Pierino Belli: A treatise on Military Matters and Warfare,* S. 25–29.

179 Ibid.

180 Die Schule von Salamanca beschreibt eine juristische Auslegungsmethode des spätscholastischen Naturrechts, welche besonderen Wert auf Internationalität legt.

181 Draper GIAD, *Development of the Law of War,* S. 49 in: Meyer, Michael A, McCoubrey, Hilaire, *Reflections on Law and Armed Conflict.*

eines gerechten Krieges in Ayalas Denken war die Autonomie eines Souveräns, eines „*summus princeps*".[182] Nur einer souveränen Autorität würde die Macht zuerkannt, Krieg zu führen. Jeder Krieg, der von einer solchen Autorität geführt würde, war mithin gerecht. Auf der anderen Seite waren laut Ayala Rebellen und Aufständische als nicht staatliche Akteure keine legitime Autorität, da sie kein *ius belli* besitzen, und ein von diesen Akteuren initiierter und geführter Krieg konnte allein schon aus diesem Grund kein gerechter Krieg sein.[183]

Ihm folgte *Hugo Grotius* (1585–1645), welcher 1604 „*De jure praedae*" und 1625 „*De jure belli ac pacis libri tres*"[184] veröffentlichte.[185]

Das Leben von Grotius war so ereignisreich, dass es eine Vorlage für einen Roman oder Film sein könnte. Schon mit elf Jahren wurde er an der Universität Leiden immatrikuliert und begann mit fünfzehn Jahren ein Jurastudium in Orléans.[186] Nach seinem Studium wurde Grotius zum Generalstaatsanwalt der Provinz Holland ernannt, aber später wegen seiner religiösen Überzeugungen inhaftiert.[187] Nach fast drei Jahren Gefangenschaft gelang Grotius schließlich die Flucht, indem er es schaffte, sich in einer Büchertruhe zu verstecken und so aus dem Gefängnis zu entkommen.[188] Im Exil in Paris wurde er schließlich zum schwedischen Botschafter in Frankreich ernannt, eine äußerst außergewöhnliche Ernennung für einen Niederländischen Flüchtling, welche Grotius sich dadurch verdiente, dass seine Schriften beim schwedischen König *Gustav II. Adolf* großen Anklang fanden.[189]

> „*Adolphus was sufficiently impressed with Grotius De Jure Belli ac Pacis that he is said to have slept with a copy under his pillow while fighting in Germany and to have ordered that Grotius be employed in the service of Sweden.*"[190]

---

182 Grewe, Wilhelm Georg, *The Epochs of International Law*, S. 208.

183 Ibid. S. 202; Nussbaum, A, *Geschichte des Völkerrechts*, S. 102.

184 Übersetzt: Über die Gesetze des Krieges und des Friedens

185 Kinsella, Hellen M., *Civilization and Empire*, S. 54; Grewe, Wilhelm Georg, *The Epochs of International Law*, S. 208.

186 Solis, Garry D., *Law of armed Conflict*, S. 18; Von Friedenburg, Robert, *Europa in der frühen Neuzeit*, S. 54.

187 Wesel, Uwe, *Geschichte des Rechts: Von den Frühformen bis zur Gegenwart*, S. 369.

188 Ibid.

189 von Bernstroff, Jochen/Venzke, Ingo, *Ehtos, Ehtics and Morality in International Relations*, C-1, https://opil.ouplaw.com/view/10.1093/law:epil/9780199231690/law-9780199231690-e936?prd=MPIL (Letzter Aufruf 21.02.2020 15:36).

190 Hershey, Amos S, *History of International Law since the Peace of Westphalia*, (6 AJIL 1912) S. 31.

Mit den Konzepten der staatlichen Souveränität, der Gleichheit souveräner Staaten, der Theorie des gerechten Krieges und der Betonung des selbstzerstörerischen Charakters des Krieges legte Grotius' Werk *„De Jure Belli ac Pacis"* die Grundlagen des modernen Völkerrechts, auf welcher spätere Autoren aufbauten. Obwohl seine Doktrin des gerechten Krieges erst lange nach seinem Tod breite Akzeptanz fand, blieb das Konzept bestehen.[191]

Andere durchaus nennenswerte Publizisten und Philosophen, welche sich mit der Theorie des gerechten Krieges befassten, waren *Francisco Suarez* (1548–1617), *Alberico Gentili* (1552–1602) und *Emmerich de Vattel* (1714–1767). Zwar befassten sich diese Gelehrten mit der Theorie des gerechten Krieges, jedoch hatten ihre Werke für das Unterscheidungsgebot und somit auch für diese Arbeit, keine besondere oder außerordentliche Konsequenz.

Von den aufgeführten Publizisten haben vor allem zwei Gelehrte die Kodifizierung der Rechte und Gebräuche im Krieg in Bezug auf das Unterscheidungsgebot stark beeinflusst, da sie selbst darum kämpften, die komplexen Veränderungen der frühen Neuzeit zu begreifen, um die Beziehungen zum einen unter den Völkern Europas und zum anderen die Beziehungen zu den Völkern der Neuen Welt Übersee zu konzeptualisieren.[192] *Francisco de Vitoria* und *Hugo Grotius* gelten in der breiten Literatur des Völkerrechts als die bedeutsamsten Quellen für die Weiterentwicklung der Lehre des gerechten Krieges, vielleicht sogar die wichtigsten Figuren in der Entwicklung dieser Lehre von ihrer mittelalterlichen bis zu ihrer modernen Form.[193] Darüber hinaus sind die Werke von Vitoria und Grotius ein beliebter und fruchtbarer Boden für zeitgenössische Theorien des Völkerrechts und der internationalen Beziehungen, welche versuchen, die aktuellen Dilemmata in der Praxis dieser Disziplinen neu zu beleuchten.[194] Die herausragende Bedeutung dieser beiden Personen für diese Arbeit ergibt sich aus ihrem Engagement für die Transformation von Krieg und Politik in einer neuzeitlichen Welt. Die Werke von *Francisco de Vitoria* und *Hugo Grotius* liefern wichtige Einsichten in die Art und Weise, wie der weltliche *status quo*, welcher seit dem Mittelalter bestand, neu gedacht und transformiert wurde.

---

191 Villa, Sergio M., *The Philosophy of International Law Suarez Grotius and Epigiones*, (Int Law Rev. Octo 1997) S. 324; Draper, GIAD, *Development of the Law of War*, S. 49 in: Meyer, Michael A, McCoubrey, Hilaire, *Reflections on Law and Armed Conflict.*

192 Van Dülmen, Richard, *Die Entdeckung des Individuums. 1500–1800*, S. 19; Von Friedenburg, *Europa in der frühen Neuzeit*, S. 29; Villa, Sergio M., *The Philosophy of International Law Suarez Grotius and Epigiones*, (Int Law Rev. Octo 1997) S. 324.

193 Ibid.

194 Ibid.

2) *Francisco de Vitoria* und der Humanismus

Zu den wichtigsten Errungenschaften der Neuzeit, welche die weitere Entwicklung der Lehre vom gerechten Krieg und damit auch der Unterscheidung im Konflikt prägten, gehörte eine gesellschaftliche und politische Säkularisierung, die heute als Humanismus bezeichnet wird.[195] Diese neue Art zu Denken bezeichnete eine Abwendung von dem kirchlich geprägten Klima des Mittelalters. Dies führte zu einem umfassenden sozialen, kulturellen und wissenschaftlichen Wandel.[196] Die frühe Neuzeit war vor allen von einer Neuentdeckung und Wiederentdeckung der antiken Kulturen geprägt, deren Sprache, Geisteshaltung und Kunst einen herausragenden Anklang fanden.[197] Im Zuge dieses Wandels des gesellschaftlichen Denkens nahm *Francisco de Vitoria* in seinen beiden oben genannten Schriften, Stellung zu der politischen Praxis der übermächtigen spanischen Krone bezüglich der Aneignung der unter Christoph Kolumbus entdeckten Territorien der Neuen Welt.[198]

a) Das neue Naturrecht und Vitorias Konzeption der sozialen Ordnung

Die größte Veränderung unter *Francisco de Vitoria* und dem säkularisierten Naturrecht war der Gedanke, dass die Völker außerhalb des *Corpus Christianum* nicht mehr bloß als „Barbaren" oder „Sub-Menschen" angesehen wurden, sondern dass ebendiese auch ein Teil der natürlichen Gesellschaft und Gemeinschaft des Menschengeschlechts waren.[199]

Im 16. und 17. Jahrhundert erlangte vor allem der Begriff der Barbarei eine spezifische Bedeutung in Bezug auf die Entdeckung Amerikas. Mit dem Verständnis von Barbarei schwang stets eine intrinsische Bedeutung von Minderwertigkeit mit, da dieser Begriff die Unfähigkeit voraussetzt, die Sprache einer europäischen Hochkultur zu sprechen, welche sich selbst als die Vertreter der Menschheit definierten.[200] Die Unfähigkeit die Sprache einer europäischen

195 Rüegg, Walter, *Die Humanismusdiskussion*, S. 311–317, in: Opermann, Hans, *Humanismus*, S. 310–321.

196 Fuhrmann, Manfred, *Bildung. Europas kulturelle Identität*, S. 20.

197 Ibid.

198 Davenport, Frances Gardiner, *European Treaties bearing on the History of the United States and its Dependencies to 1648*, S. 56, 71.

199 Grassi, Ernesto, *Einführung in die humanistische Philosophie*, S. 13.

200 Borst, Arno, *Barbaren, Geschichte eines europäischen Schlagwortes*, S. 24, in: Borst, Arno, *Barbaren, Ketzer und Atheisten. Welten des Mittelalters.*

Hochkultur zu sprechen war nicht nur eine einfache Differenzierung, sondern entstammte dem Ursprung des Wortes selbst. Das altgriechische Wort „*bárbaros*“ diente als Bezeichnung für alle nicht Griechisch und somit unverständlich sprechenden Völker.[201] Diese Unfähigkeit zu sprechen, bedeutete im antiken Verständnis ebenfalls eine Unfähigkeit zur Vernunft und mithin zur vollen Menschlichkeit.[202] Ferner waren die Fähigkeit, Sprache zu gebrauchen und die Fähigkeit Zivilgesellschaften zu bilden, die deutlichsten Anzeichen für die Vernunftkraft des Menschen und allen voran das, was den Menschen von Tieren unterschied.[203] Eigenschaften wie Sprache und Vernunft zu gebrauchen sowie die Unterscheidung des Menschen von den Tieren, sind zentral für das Verständnis von *Francisco de Vitorias* Arbeit.

Das Recht des 16. Jahrhunderts wurde von Diskursen von Zivilisation und Barbarei durchdrungen, welche die Entwicklung des damaligen Völkerrechts durch die Kolonialisierungs- und Eroberungsprozesse der katholisch-spanischen Monarchien beherrschten. Das aufstrebende Kolonialprojekt Spaniens in Südamerika zeichnete sich dadurch aus, dass es sich auf das Gesetz als grundlegendes Mittel zur Artikulation und Legitimation von Besitz und Eroberung verließ.[204] Das außergewöhnlichste dieser Rechtsinstrumente war das „*Requerimiento*“[205], welches den südamerikanischen Eingeborenen vorgelesen wurde, sobald sie von den Eroberern „entdeckt“ wurden.[206]

> *„Wenn ihr es aber nicht tut oder es in boshafter Weise aufschiebt, so tue ich euch kund, dass ich mit der Hilfe Gottes mit Gewalt eindringen werde gegen euch und euch bekriegen werde in jeder Art und Weise, wie ich kann, und euch unterwerfen werde unter das Joch und den Gehorsam der Kirche und ihrer Hoheiten. Und eure Personen und eure Frauen und Kinder werde ich gefangen nehmen und zu Sklaven machen und als solche sie verkaufen und über sie verfügen, wie seine Hoheit es gebietet, und werde euch eure Güter nehmen und euch allen Schaden und Böse antun, wie ich kann, … und ich erkläre, dass die Tötungen und*

201 Ibid.

202 Kinsella, Hellen M., *Civilization and Empire*, S. 59.

203 Brett, Annabel, *VI People in Portrait, Francisco de Vitoria (1483–1546) and Francisco Suarez (1548–1617)*, https://opil.ouplaw.com/view/10.1093/law/9780199599752.001.0001/law-9780199599752-chapter-47?rskey=kEtkG7&result=1&prd=OPIL (Letzter Aufruf 21.10.2019 13:18).

204 Ibid.

205 Spanisch für „Aufforderung“ oder „Mahnung“; Anghiem Antony, *Imperialism, Sovereignty, and the Making of International Law*, S. 8.

206 Kinsella, Hellen M., *Civilization and Empire*, S. 58.

Schäden, die sich daraus ergeben werden, zu euren Schulden gehen und nicht zu denen seiner Hoheit noch der Herren, die mit mir gekommen sind."[207]

Dieses Instrument forderte die Eingeborenen auf, die doppelte Überlegenheit des göttlichen Reiches des Christentums und des weltlichen Reiches Spaniens anzuerkennen und sich diesen bedingungslos zu unterwerfen.[208] Wie sich die Herrscher Spaniens vorstellten, war das „*Requerimiento*" eine rechtliche Eroberungskonvention, die, wenn sie den Indios bei Erstkontakt vorgelesen wurde, als Legitimation für die Eroberung Anwendung fand.[209] Es war mithin nichts geringeres als ein vollständig ritualisiertes Protokoll zur Kriegserklärung, denn wenn die Indianer sich weigerten, die Spanier als rechtmäßige Träger göttlicher Autorität zu akzeptieren, der durch die päpstliche Bulle *Inter Cetra* bestimmt und benannt wurde, hatten die Spanier das Recht, die „barbarischen Nationen" zu erobern.[210] Das „*Requerimiento*" zeichnet ein sehr deutliches Bild vom damaligen Verständnis des Unterscheidungsgebots und der Vergabe von Immunität in der Praxis: Es stellt eine ausdrückliche Verbindung von Immunität mit christlicher Bekehrung und Zivilisation dar, mit der spanischen Krone als Verkörperung einer christlichen Zivilisation. Das Recht, jemanden von Gewalt zu befreien oder zu begnadigen, wurde einem Souverän und hier ausschließlich einem christlichen, zivilisierten Souverän, verliehen. Immunität blieb ein Geschenk, ein Ausdruck der Barmherzigkeit, eine Befreiung von Gewalt, welche vom göttlich legitimierten Souverän auf den Vasallen ausgedehnt wurde. Die Unterscheidung und Immunisierung im Konflikt war in diesem Verständnis kein Recht, sondern ein Geschenk, das nicht frei gegeben wurde.

b) *Die Werke von* Francisco de Vitoria

Auf dieser Grundlage müssen die Schriften von *Francisco de Vitoria* betrachtet werden, insbesondere seinen beiden Werken „*De Indis Noviter Inventis*" und „*De Jure Belli*". Vitoria ist aus mehreren Gründen für die Entwicklung des Unterscheidungsgebot von besonderer Bedeutung, wie im Folgenden erläutert wird.

---

207 Rheinhard, Wolfgang, *Die Unterwerfung der Welt: Globalgeschichte der europäischen Expansion*, S. 312.

208 Ibid.; Kinsella, Hellen M., *Civilization and Empire*, S. 58.

209 Fitzpatrick, Peter, "Terminal Legality: Imperalism and the (de) composition of law," in: *Law, History, Colonialism: The Reach of Empire*, S. 10–12.

210 Horst, Ulrich, *Leben und Werke Francisco de Vitorias*, S. 16–20, in: Horst, Justenhoven, Stüben, *Francisco de Vitoria: Vorlesung (Relectiones) Völkerrecht, Politik, Kirche*.

aa) Einschränkungen des Verhaltens im Konflikt

Die konkreten Überlegungen von *Francisco de Vitoria* zu einer Einschränkung des Verhaltens im Konflikt, welche Vitoria in seinem Werk *De Jure Belli* niederschrieb, unterschieden sich nicht sehr von denen *Thomas von Aquins*. Vitoria erhielt seine philosophisch-theologische Ausbildung ab 1508/1509 in Paris im Rahmen seines Ordensstudiums. Während dieses Studiums war die dortige Lehre stark vom Thomismus geprägt, mit der ordenseigenen *Summa Theologiae* des *Thomas von Aquin* als Hauptwerk.[211] Es ist deshalb nicht verwunderlich, dass die Überlegungen von Vitoria und Aquin so nah zusammenliegen.

Vitoria unterscheidet wie Aquin zwischen der gewollten und ungewollten Tötung von Unbeteiligten im Konflikt.[212] Vitoria spricht sich dabei ebenfalls deutlich gegen eine direkte und gewollte Tötung von Unschuldigen im Rahmen von militärischen Operationen aus.[213]

> *„Es ist niemals erlaubt, an sich und (zwar) beabsichtigt einen Unschuldigen zu töten ... Also darf man die Unschuldigen, die sich unter den Feinden befinden, auch nicht für das Unrecht töten, das die Übeltäter unter ihnen verübten."*[214]

Wie Aquin war Vitoria ebenfalls der Ansicht, dass die Tötung von Unschuldigen zwar eine tragische, aber dennoch unumgängliche Begleiterscheinung der Kriegsführung ist, welche nur dann moralisch vertretbar sein kann, wenn sie nicht vorsätzlich ist.[215] Dies bedeutet im Folgeschluss, dass Vitoria den Unbeteiligten grundsätzlich eine Immunität im Konflikt zugesprochen hat. Jedoch galt diese Immunität nur solange, bis die militärische Erforderlichkeit etwas Gegenteiliges verlangte.[216]

> *„Es ist aber in manchen Fällen erlaubt, akzidentiell auch wissentlich Unschuldige zu töten, z.B. wenn eine Burg oder eine Stadt gerechtermaßen bestürmt wird, in der sich aber, wie feststeht, viele Unschuldige aufhalten, und Kriegsmaschinen oder anderes Geschütz nicht abgeschossen oder die Gebäude nicht in Brand gesteckt werden könnten, ohne daß auch Unschuldige vernichtet werden würden."*[217]

---

211 Brieskorn, Norbert, *Spanische Spätscholastik: Francisco de Vitoria*, S. 175.

212 Vitoria, Francisco De, *De iure belli*, IV (Teil II)/1.

213 Ibid.

214 Ibid.

215 Gasparevic, Matija, *Die Lehre vom gerechten Krieg und die Risiken des 21. Jahrhunderts*, S. 87.

216 Scott, James Brown, *The Spanish Origins of International Law: Francisco De Vitoria and His Law of Nations*, S. 212.

217 Deckers, Daniel, *Gerechtigkeit und Recht. Eine historisch-kritische Untersuchung der Gerechtigkeitslehre des Francisco de Vitoria*. S. 38. Ibid.

Vitoria erkannte genau wie Aquin, dass es zum Wohle der Bevölkerung innerhalb eines Konfliktes gewisse Grenzen geben muss. Die von *Thomas von Aquin* aufgestellten Gedanken und Überlegungen galten bisher jedoch nur innerhalb der Christlichen Gemeinschaft. Vitoria schaffte es jedoch ebendiese Überlegungen in ein frühes Stadium eines universellen Rechts zu heben, losgelöst von religiösen Einschränkungen.

bb) Säkularisierung und Internationalisierung des Rechts

Francisco de Vitoria wird der Verdienst zugeschrieben, den eisernen Griff der Kirche auf das Recht gelockert zu haben, welcher im päpstlichen Rom als primärer Maßstab für die Auslegung und Legitimierung des internationalen Rechts artikuliert und durchgesetzt wurde.[218] Er tat dies, indem er das frühe internationale Recht als verwurzelt im gemeinsamen Korpus selbstverständlicher menschlicher Prinzipien, dem Naturrecht, hervorhob, welche, so argumentierte er, von allen vernünftigen Menschen anerkannt und befolgt wurden.[219] Seine Ausführungen zum Verhältnis zwischen dem Naturrecht und dem Recht der Nationen eröffnete die Möglichkeit, dass aufgrund der gemeinsamen Grundlage alle Menschen der Vernunft,[220] dem Recht der Nationen unterworfen sind.[221] Dieses Recht wurde definiert als eine Reihe von Geboten, die von der Macht der ganzen Welt, welche laut Vitoria ein großer gemeinsamer Corpus ist, erlassen wurden.[222]

> *„This was the body of those laws which could be said to be what Vitoria termed a set of precepts enacted by the power of the 'whole world, which is in a sense a commonwealth"*[223]

Vitoria hat somit die Grundlage für das moderne Recht als ein säkulares Recht gelegt, welches sich aus den Beziehungen zwischen einer Gemeinschaft von Nationen, dem *Jus Gentium*, ableitet. *Francisco de Vitoria* bearbeitete und veränderte dabei den römischen Terminus *Jus Gentium*, welcher die antiken römischen Beziehungen des *Imperium Romanum* normierte.[224] Vitorias Begriff des

218 Grassi, Ernesto, *Einführung in die humanistische Philosophie*, S. 13.

219 Ibid.; Borst, Arno, *Barbaren, Geschichte eines europäischen Schlagwortes*, S. 24, in: Borst, Arno, *Barbaren, Ketzer und Atheisten. Welten des Mittelalters.*

220 Diejenigen, welche keine Barbaren sind.

221 Von Friedenburg, *Europa in der frühen Neuzeit*, S. 30.

222 Horst, Ulrich, *Leben und Werke Francisco de Vitorias*, S. 16–20, in: Horst/Justenhoven/Stüben, *Francisco de Vitoria: Vorlesung (Relectiones) Völkerrecht, Politik, Kirche.*

223 Pagden, Anthony/Lawrence, Jeremy, *Vitoria: Political Writings*, S. XV.

224 Scharf, P. Michael, *Aut dedere aut iudicare*, B-1, https://opil.ouplaw.com/view/10.1093/law:epil/9780199231690/law-9780199231690-e758 (Letzter Aufruf 09.04.2020 15:37).

natürlichen Völkerrechts und der universalen Rechtsgültigkeit seiner Gesetze in zwischenstaatlichen Beziehungen stellt die Grundlage für ein säkularisiertes System von moralischen Richtlinien und juristischen Direktiven der internationalen Beziehungen.[225]

> *„Also ist die Gemeinschaft bzw. das Gemeinwesen vollkommen, das von sich aus ein Ganzes bildet, in dem kein Teil eines anderen Gemeinwesens liegt, das aber über eigene Gesetze, eine eigene Ratsversammlung sowie über eigene Beamte verfügt.“*[226]

Vitoria begriff die zwingende Notwendigkeit, Beziehungen zwischen den souveränen Staaten mit juristischen, natürlichen und moralischen Gesetzen zu normieren, sowohl im Krieg als auch im Frieden.[227]

cc) Legitimation der spanischen Eroberungen in Südamerika

Ebenfalls wandte sich Vitoria sehr ausführlich den Rechten und Gebräuchen im Krieg zu, um seine Auffassungen über den Umgang mit den südamerikanischen Indios und die christliche Autorität der spanischen Krone zu diskutieren. Man muss sich noch einmal vor Augen führen, dass die Kriegsgesetze im 16. Jahrhundert in erster Linie eine Sammlung von Formulierungen, Einschränkungen und Normen war, welche im Mittelalter unter der Schirmherrschaft Kirche in der Frage nach einem gerechten Krieg entwickelt wurden. Der Kerngedanke des gerechten Krieges während des 16. Jahrhunderts war seine Führung unter der Prämisse, dass er defensiv geführt werden sollte. Ein gerechter Krieg war einer, der eigene Verletzungen und Unrecht zu vergelten suchte. Entsprechend seinem christlichen Ursprung wurde der gerechte Krieg ausschließlich zu dem Zweck geführt, den Frieden zu erreichen und eine göttliche Ordnung (wieder) herzustellen.[228] Alle in diesem Kontext entstandenen Einschränkungen und Immunitäten galten ausschließlich für die christliche Gemeinschaft der damaligen Zeit.[229]

Francisco de Vitoria war jedoch auf der Grundlage seiner naturrechtlichen Überlegungen der Ansicht, dass die neu entdeckten Indios trotz ihres barbarischen, nichtchristlichen Charakters, im vollen Besitz ihrer Ländereien, Rechte

---

225 Ibid.

226 Ibid.

227 Grawert, Rolf, *Francisco de Vitoria. Naturrecht – Herrschaftsordnung – Völkerrecht.* (Der Staat 39/2000) S. 117.

228 Nussbaum, Arthur, *A Concise History of the Law of Nations*, S. 62; Holmes, Arthur F., *Francisco de Vitoria “The Law of War”*, S. 118–119, in: *War and Christian Ethics.*

229 Siehe B) II).

und sonstigen Angelegenheiten waren und nicht einfach aufgrund ihrer barbarischen Existenz oder ihrer Weigerung, sich gewaltsam durch das „*Requerimiento*" bekehren zu lassen, ein Unrecht gegenüber der spanischen Krone begangen hätten.[230] Dieser Gedankengang hebelte das komplette „recht-unrecht" Kriegskonzept des Mittelalters aus seinen Angeln, da die Indios nun trotz ihres Status als Nichtchristen als Teile des Menschengeschlechts anerkannt werden mussten und ihnen deshalb auch ein Mindestmaß an Einschränkungen und Immunität im Konflikt zugesprochen wurde.

Für die Legitimation der spanischen Eroberungen und Christianisierung in Südamerika musste deshalb ein neuer Grund gefunden werden, da für Vitoria die Eroberung auf Grundlage des „*Requerimiento*" keine ausreichende Basis für die Gerechtigkeit der Eroberung darstellt. Zum einen gab es bei den Optionen, welche das „*Requerimiento*" vorsah keine Wahlmöglichkeit. Die Unterwerfung und zwanghafte Annahme des „*Requerimiento*" sei laut Vitoria eine „falsche" Entscheidung, da sie aus Angst vor körperlicher Gewalt getroffen wurde und Angst die Wahlfreiheit des Menschen beeinträchtige und ebendiese Wahlfreiheit muss bei der Annahme des „*Requerimiento*" und des Christentums eine führende Rolle spielen.[231]

> „*The decision is made in fear and ignorance, factors, which vitate any freedom of election, but which played a leading part in this particular choice and acceptance. The barbarians do not realize what they are doing; perhaps indeed they do not even understand what it is the Spaniards are asking of them. Besides which, the request is made by armed men who surround a fearful and defenceless crowd*"[232]

Laut *Francisco de Vitoria* hatten die Indios außerdem bereits ihre eigenen Herren und Fürsten, weshalb sie sich nicht ohne einen vernünftigen Grund neue suchen könnten.

> „*by what right were the barbarians subjected to Spanish rule?*"[233]

Die von Vitoria an der spanischen Eroberungspolitik aufgeführte Kritik hatte jedoch auch ihre Grenzen. Wie Vitoria selbst bemerkt, war seine Intention lediglich über das Vorgehen in Südamerika zu unterrichten und sich nicht der spanischen Autorität zu widersetzen.[234]

---

230 Kinsella, Hellen M., *Civilization and Empire*, S. 63.

231 Purdy, Jedediah, Review: The ethics of Empire, Again, California Law Review 9 (2005), S. 1783.

232 Ibid.

233 Pagden, Anthony/Lawrence, Jeremy, *Vitoria: Political Writings*, S. 275.

234 Kinsella, Hellen M., *Civilization and Empire*, S. 62.

Vitoria kritisierte somit zwar die Art und Weise, wie die Indios erobert wurden, er kritisierte jedoch nicht die Eroberungspolitik der spanischen Krone selber.[235]

dd) Anwendung der Rechte und Gebräuche im Krieg mit den Indios

Doch wie genau wurden von *Francisco de Vitoria* nun die Gedanken um Immunitäten im Krieg auf die südamerikanischen Indios angewendet und warum konnten diese laut Vitoria überhaupt Träger dieser Rechte sein?

Vitoria erkannte: Solange die politischen Entscheidungen von religiös-konfessionellen Motiven durchdrungen wurden, blockierte dies die Entwicklung eines echten Rechts zum Schutze der Unbeteiligten im Konflikt.[236] Weder die Völkerrechtstheorie noch die Staatspraxis konnten sich laut Vitoria in dieser religiösen Ausrichtung weiterentwickeln. Deshalb wurden von Vitoria die mittelalterlichen Vorstellungen aufgegeben, welche vorsahen, dass das religiöse Unrecht an sich eine gerechte Ursache sei, Krieg zu führen. Damit wich Vitoria erheblich von den Positionen der Machthaber seiner Zeit ab. Wie Vitoria betonte:

> *„Causa iusti belli non est diversitas religionis“*[237]

Vitoria entwickelte einen neuen theoretischen Ansatz, welcher die philosophischen und juristischen Prinzipien der Eroberung begründen sollte.[238]

Er arbeitete deshalb sehr nah an der von *Thomas von Aquin* aufgestellten Definition des Naturrechts als Teilnahme an einem ewigen Gesetz durch rationale Geschöpfe.[239] Laut Aquin war das Naturrecht ein Korpus von selbstverständlichen Prinzipien, die von Gott in die Herzen der Menschen eingepflanzt wurden und ausschließlich für das Gemeinwohl bestimmt waren.[240] Nach Aquin ist das Naturrecht daher der Existenzrahmen, welcher die Beziehung des Menschen zur Welt um ihn herum untermauert und die Praxis innerhalb der menschlichen

---

235 Brieskorn, Norbert/Stiening, Gideon, *Francisco de Vitorias „De Indis“ in interdisziplinärer Perspektive*, S. 41.

236 Grewe, Wilhelm Georg, *The Epochs of International Law*, S. 218.

237 Schirrmacher, Jonas, *Die Politik der Sklaverei: Praxis und Konflikt in Kastilien und Spanisch-Amerika im 16. Jahrhundert*, S. 33.

238 Ibid.

239 Ibid.

240 Bröchler, Anja, *Was uns das Recht unseres Glaubens erlaubt zu tun. Kriegsgreuel in den Eroberungen Amerikas*, S. 138, in: Neitzel, Sönke/Hohrath, Daniel, *Kriegsgreuel. Die Entgrenzung der Gewalt in kriegerischen Konflikten vom Mittelalter bis ins 20. Jahrhundert.*

Gesellschaft beherrscht.[241] Das Naturrecht ist laut Vitoria daher der grundlegende Kompass der Rechte, mit denen die Spanier ihre Besitzansprüche in Südamerika erheben sollten. Für Vitoria war die Reglementierung der Angelegenheiten der Nationen durch die wegweisende Ordnung des Naturrechts bedingt.

> *„Sprechen, also als etwas, das zum göttlichen Gesetz gehört, bedeutet, dass die Sache der gesamten Struktur der Schöpfung innewohnt. Wenn die indische Frage als Teil des göttlichen Gesetzes betrachtet werden sollte, dann wurde sie per Definition zu einer Angelegenheit, die das Wesen des Menschen und die Metaphysik der sozialen Ordnung selbst berührt“*[242]

In seinen Arbeiten stellt Vitoria eine Beziehung zwischen der göttlichen Hierarchie, der sozialen Ordnung sowie der Natur des Menschen her. Indem er die Natur des Menschen und seine Daseinsberechtigung selbst berührte, war Vitoria gezwungen, im Widerspruch zu den vorherrschenden Argumenten seiner Zeit und vor allem der Lehren des Mittelalters festzustellen, dass die südamerikanischen Indios ebenfalls vollwertige Menschen waren und somit rationale Geschöpfe Gottes und keine natürlichen Barbaren oder „Sub-Menschen“. Deshalb mussten Indios ebenfalls in den Anwendungsbereich der Rechte und Gebräuche im Krieg fallen. Ihnen konnte mithin die Anerkennung als rationale Geschöpfe Gottes nicht einfach verweigert werden.

Vitorias Bereitschaft, Indios als „richtige“ Menschen zu betrachten, ist daher von großer Bedeutung.[243] Ihn beschäftigte die Frage, inwieweit und bis zu welchem Grad die Indios nun Menschen waren. Vitoria kam schließlich zum Schluss, dass die Indios zwar Mitglieder der Menschheitsfamilie und damit der internationalen Gesellschaft sind, sie innerhalb der Menschheitsfamilie jedoch Kinder seien.[244] Dies bedeutete, dass die Indios nur Kinder der Vernunft waren, während der Spanier als Mitglied einer Hochkultur ein vollwertiger Erwachsener war. Nur durch die erwachsene Vernunft konnte man das Privileg erhalten, das Naturrecht zu definieren oder gar zu identifizieren.[245] Die Indios waren in

---

241 Ibid.

242 Baranzke, Heike, *Menschenwürde zwischen Pflicht und Recht. Zum ethischen Gehalt eines umstrittenen Begriffs*, S. 12, https://www.zeitschriftfuermenschenrechte.de/open-access/zfmr_1_2010.pdf (Letzter Aufruf: 12.06.2019 15:39).

243 Kinsella, Hellen M., *Civilization and Empire*, S. 64.

244 Brieskorn, Norbert/Stiening, Gideon, *Francisco de Vitorias „De Indis“ in interdisziplinärer Perspektive*, S. 41.

245 Ibid.

diesem wirren Eltern-Kind Bildnis daher verpflichtet, sich in allen Dingen an die Spanier zu wenden, um Anleitung und Führung zu erhalten.[246] Vitoria schaffte es zwar die gemeinsame Menschlichkeit der Indios und Spanier losgelöst von religiösen Motiven zu begründen, er tat dies jedoch indem er ein erneutes Subordinationsverhältnis zwischen den beiden Kulturen fundamentierte. Die Universalität des Naturrechts und die gemeinsame Menschlichkeit aller Wesen wurden durch die Zuweisung eines untergeordneten Status an die Indios begründet.

Das Ergebnis von Vitorias Schlussfolgerung bestand darin, dass die Indios zwar eigentlich im vollen Besitz ihrer Rechte waren, diese jedoch nur teilweise oder begrenzt die ausüben dürfen, da sie bis zur richtigen Unterweisung durch die Spanier unfähig zur vollen Ausübung waren.

> *„weder als Bürger noch als Sklaven, sondern als ein Volk, das nicht nur körperlich, sondern auch geistig als einfache Vasallen des Kaisers eingegliedert ist“*[247]

Vitoria formte die spezifischen Regeln des christlichen Europas zu neuen universellen Regeln einer Gesellschaft der Nationen um, dessen Grundlage im Naturrecht zu finden war und für alle Menschen galt. Folglich mussten die Ansprüche der spanischen Krone an Südamerika mit dem Naturrecht vereinbar sein und durch den Nachweis, dass die einheimische Bevölkerung durch ihre eigenen Handlungen ihre Ansprüche verwirkt hatte, geltend gemacht werden.[248] Der Nachweis, dass die Indianer ihre Rechte durch Ablehnung oder Verletzung des Völkerrechts verwirkt hatten, war ein Scheinakt, da dieses neue Recht von den Spaniern konstruiert und kontrolliert wurde, konnten sie diese leicht für verletzt erklären.

> *„All that was required was evidence that the Indians had forfeited their rights through a rejection or transgression of the law of nations, and because the Spaniards were the one who professed and policed that law, they could easily hold the Indians to be in violation“*[249]

Für die spanische Eroberungspolitik gab es jedoch mehrere rechtfertigende Argumentationen. So fand *Sebastian de Corvarrubias* (1539–1613) andere

---

246 Ibid.

247 Bröchler, Anja, *Was uns das Recht unseres Glaubens erlaubt zu tun. Kriegsgreuel in den Eroberungen Amerikas*, S. 138, in: Neitzel, Sönke/Hohrath, Daniel, *Kriegsgreuel. Die Entgrenzung der Gewalt in kriegerischen Konflikten vom Mittelalter bis in 20. Jahrhundert.*

248 Brieskorn, Norbert/Stiening, Gideon, *Francisco de Vitorias „De Indis“ in interdisziplinärer Perspektive*, S. 41.

249 Kinsella, Hellen M., *Civilization and Empire*, S. 64.

Argumente, um die spanische Kolonisierung zu rechtfertigen. Abweichend von Vitoria bezog er sich zum Beispiel nicht auf eine naturrechtliche Legitimation, sondern auf das Recht der christlichen Herrscher, unschuldigen Menschen zu Hilfe zu kommen, die sonst den heidnischen Göttern geopfert werden würden und zum anderen eine sichere Missionierung unter den Nichtchristen zu ermöglichen.[250]

Sobald die Indios somit, nach Auffassung der Spanier, in irgendeiner Art und Weise das Recht verletzt hatten, nahmen die Spanier jedes Recht in Anspruch, gegen die Indios einen gerechten Krieg zu führen. Den Spaniern wurde alles erlaubt, was im Krieg notwendig war, um diese Rechte vollständig zu verteidigen und zu sichern. Die einzige Voraussetzung war, dass die Spanier, bevor sie einen solchen Krieg führten, durch vernünftige Verhandlungen die Indios, welche deren Annahme nach von Natur aus feige, töricht und unwissend waren, davon überzeugen mussten, dass die Spanier friedlich unter sie gekommen waren.[251]

> *„But if the barbarians deny the Spaniards what is theirs by the law of nations, they commit an offence against them. Hence if war is necessary to obtain their rights (ius suum), they may lawfully go to war. But I should remark that these barbarians are by nature cowardly, foolish, and ignorant besides. However much the Spaniards may wish to reassure them and convince them of their peaceful intentions, therefore the barbarians may still be understandably fearful of men whose customs seem so strange and who … are armed and much stronger that themselves.“*[252]

ee) Zwischenergebnis

Wenn man Vitorias Überlegungen zur Anwendung des Völkerrechts auf die Indios zusammenfasst, ergibt sich folgendes: Zum einen ist der Widerstand der Indios gegen die Bekehrung ein Grund, Krieg zu führen, da dieser zwar nicht gegen das göttliche Gesetz, sondern gegen das vom Souverän verwaltete *Jus Gentium* verstößt.

Zum anderen seien Barbaren, obwohl sie erkennbar menschlich sind und daher gleichermaßen vom Naturrecht regiert werden, nicht zur vollen Kapazität der Vernunft fähig, welche notwendig wäre, um das Gesetz der Nationen zu erkennen und zu lenken.[253]

---

250 Grewe, Wilhelm Georg, *The Epochs of International Law*, S. 215.
251 Pagden, Anthony/Lawrence, Jeremy, *Vitoria: Political Writings*, S. 282.
252 Ibid. MPEPIL – Natural Law and Justice, https://opil.ouplaw.com/view/10.1093/law:epil/9780199231690/law-9780199231690-e730 (Letzter Aufruf 21.03.2020 13:15).
253 Schrey, Heinz-Horst, *Die Wiedergeburt des Naturrechts*, S. 157–159.

Außerdem kann das Recht der Nationen nur von einem Souverän verwaltet werden und dem barbarischen Menschen fehle schlicht das Wissen dazu, einen solchen Souverän hervorzubringen. Wenn der höchste Ausdruck von Souveränität das Recht darstellt, einen gerechten Krieg zu führen und dem barbarischen Menschen diese Souveränität fehlt, dann könne der barbarische Mensch im Umkehrschluss niemals einen gerechten Krieg führen und über Immunitäten im Konflikt entscheiden. Die Entscheidung über die Gerechtigkeit eines Krieges und über die Immunitäten im Konflikt müssen von einem legitimen Souverän, für den barbarischen Menschen getroffen werden

> *„In Vitorias view each and every ruler had the power of a judge only if his cause were just, and that his support of an unjust cause stripped him at once so far international law was concerned, of any power to pass on the right or wrong."*[254]

Francisco de Vitoria begibt sich somit in eine äußerst widersprüchliche Position. Zum einen erweitert er maßgeblich den Anwendungsbereich der Lehre des *Thomas von Aquin* zur Einschränkung des Verhaltens im Konflikt und spricht sich in seinem Werk *De Jure Belli* ausdrücklich zu einer schonenden Behandlung der Unschuldigen aus, welche als Naturrecht und *Jus Gentium* für alle menschlichen Wesen gelten muss. Zum anderen stellt er die barbarischen Völker in ein Subordinationsverhältnis zu den europäischen Hochkulturen, die auf die Vernunft dieser Hochkulturen angewiesen sind. Es zeichnet sich somit wieder ein ambivalentes Bild. Im fortschrittlichen Gegensatz zum Mittelalter gab es zwar keine Unterscheidung mehr „nach außen" und „nach innen", da Vitoria durch die Säkularisierung des Rechts allen Menschen, unabhängig von der Religion, grundlegende Rechte zusprach. Jedoch zögerte Vitoria nicht, trotzdem eine Unterscheidung „nach innen" durchzuführen und verschiedene Kulturen in eine simple Dichotomie und somit ein Über- und Unterordnungsverhältnis zu stellen, mit der eigenen europäischen Hochkultur an der Spitze.

3) *Hugo Grotius* und De Jure Belli ac Pacis

> *„Men rush to arms for slight causes, or no cause at all, and once taken up there is no longer any respect for law, divine or human."*
>
> **– Hugo Grotius – *De Jure Belli ac Pacis* – Prolegomena 28. (1625)**

---

254 Scott, James Brown, *The Spanish Origin of International Law: Francisco de Vitoria and his Law of Nations,* S. 212.

Huig de Groot (1583–1645), besser bekannt unter seinem lateinischen Namen *Hugo Grotius,* war ein niederländischer Jurist und Humanist, dessen Naturrechtsphilosophie die Entwicklung des politischen Denkens des 17. Jahrhunderts und die Moraltheorien der Aufklärung maßgeblich beeinflusste.[255] Seine Arbeiten über staatliche Souveränität, internationale Handelsrechte und seine Ausarbeitung konkreter Normen des gerechten Krieges prägten die frühen Theorien einer internationalen Rechtsordnung.[256]

Grotius wurde stark von der klassischen Philosophie, vor allem von Aristoteles, Euripides und Cicero, sowie von der zeitgenössischen humanistischen Tradition und den spätmittelalterlichen Scholastikern beeinflusst. Grotius einflussreichstes Werk[257] *De Jure Belli ac Pacis* teilt das breite politische und theoretische Ziel seiner früheren Arbeiten, welches darin bestand, die internationale Ordnung durch die Entwicklung und Systematisierung eines Rechts zwischen den Völkern zu etablieren und zu regulieren.

a) Grotius' Konzeption der sozialen Ordnung

Ein thematischer Schwerpunkt von *De Jure Belli ac Pacis* lag auf der Bildung einer Rechtsordnung durch eine Synthese aus göttlichem Recht, Naturrecht und Völkerrecht, welche dazu dienen sollte, die Mittel und Wege der Kriegsführung zu regulieren und zu beschränken.[258] Grotius' Regulierung des bewaffneten Konflikts beruht grundlegend auf einer dreifachen Unterscheidung. Es wird immer wieder diskutiert, welches konfliktspezifische Verhalten für Christen zulässig ist, gegenüber dem, was für Nichtchristen zulässig ist und, was nach Grotius' Ansicht für „Barbaren" zulässig ist. *De Jure Belli ac Pacis* ist so gegliedert, dass innerhalb der verschiedenen Bücher, einzelne Fragen zur Rechtmäßigkeit des Krieges oder des spezifischen Verhaltens im Konflikt diskutiert werden und sich die genannte religiöse Unterscheidung in der Diskussion der einzelnen Fragen niederschlägt. Beispielsweise:

255 Dumbauld, Edward, *The Life and Legal Writings of Hugo Grotius*, S. 24.

256 Ibid. S. 30.

257 Ebenfalls sehr einflussreich war Grotius' Werk *Mare Liberum*, eine Doktrin über die Freiheit der Meere, welche als Vorläufer und Inspiration des modernen Seerechts gilt.

258 Keene, Edward, *Beyond the Anarchical Society: Grotius, Colonialism and Order in World Politics*, S. 67; Brett, Annabel, *Natural Right and Civil Community: "The Civil Philosophy of Hugo Grotius*, in: *The Historical Journal (45/01)* S. 34.

> „*In our times, the right of making prisoners* (damit sprach Grotius von der Praxis des Postliminum[259]), *except in war, has been abolished not only among Christian states, but even among the greater part of Mahometans, those bands of society, which nature designed to establish amongst men, being in some measure restored.*“[260]

Der Unterschied zwischen diesen Gruppierungen zur Mäßigung im Krieg wird an deren „Vertrautheit“[261] mit dem christlichen Konzept zur Nächstenliebe von Grotius verdeutlicht.

> „*For the law of nature regards not only the principles of strict justice, but comprises other virtues also, as temperance, fortitude, and discretion, making the observance of them in certain cases, binding as well as honourable. To observe these we are bound also by the law of charity*“[262]

Er legt eine Hierarchie an Einschränkungen und Mäßigungen fest, welche auf einer Hierarchie der Religionen beruht. Dieses gedankliche Bild wiederholt die bereits vorgestellte Formulierung von Barbaren als Menschen ohne Vernunft und Selbstkontrolle und damit ohne die Vernunft, welche den europäischen Hochkulturen eigen ist.[263].

> „*Grotius considered a war against 'barbarians', the 'adherents of a reprehensible and vicious religion' who were 'more animals than human beings*“[264]

Grotius distanziert sich in seiner Denkweise und seinem naturrechtlichen Verständnis deutlich von den Ansichten seines Vorgängers *Francisco de Vitoria*. Im Gegensatz zu Vitoria argumentiert er nicht, dass Christen oder andere Hochkulturen Mäßigung zeigen müssen sobald sie mit barbarischen Menschen konfrontiert werden, da alle Mitglieder des Menschengeschlechts sind. Vielmehr stellt für Grotius die barbarische Lebensweise ein Verbrechen gegen die Natur

---

259 Mit Postliminum wurden Kriegsgefangene bezeichnet, denen jegliche Rechte entzogen wurden.

260 Grotius, Hugo, *On the Law of War and Peace – Translated by A.C Campbell, A.M*, S. 317.

261 "*Thus the virtues of humility, patience, and charity are required of Christians in a more perfect manner than of the Jews ... because the promises of heaven are more clearly laid before us in the Gospel*" – Grotius, Hugo, *On the Law of War and Peace – Translated by A.C Campbell, A.M*, S. 17.

262 Grotius, Hugo, *On the Law of War and Peace – Translated by A.C Campbell, A.M*, S. 66.

263 Grewe, Wilhelm Georg, *The Epochs of International Law*, S. 219.

264 Ibid.

dar, was für Grotius wiederum einen rechtfertigenden Grund zur Kriegsführung darstellt.[265]

> *„So far this opinion agrees with that of Innocentius and others, who maintain all war to be lawful against those who have renounced the ties and law of nature. An opinion directly the reverse is held by Victoria, Vasquez, Azorius, Molina, and others"*[266]

In seiner Arbeit stellt Grotius wiederholt fest, dass trotz der im Naturrecht und im Völkerrecht gewährten grundlegenden Rechte, es gerade die christlichen Länder sind, die aufgrund der Kraft der Nächstenliebe gegen ihre Feinde milder vorgehen.[267] Infolgedessen sind es, so sehr nichtchristliche Soldaten und Souveräne es auch versuchen mit der notwendigen Mäßigung handeln zu können, gerade christliche Soldaten und Souveräne aufgrund deren Identität und Religion, diese am ehesten in der Lage, solche Einschränkungen zu erkennen und den mäßigenden Einfluss der christlichen Nächstenliebe umzusetzen.[268]

Der von Grotius aufgestellte Imperativ zur Mäßigung des Verhaltens im Krieg ergibt sich jedoch nicht, wie bei Vitoria, aus religiösen und zivilisatorischen Unterscheidungen, sondern unmittelbar aus der moralischen Verurteilung des Verhaltens, welches in *De Jure Belli ac Pacis* konkret aufgeführt ist. Das Auffallende an den Kriegen zu Grotius' Lebzeiten ist, dass diese hauptsächlich von und unter Christen geführt wurden. Grotius stellte somit zum einen fest, dass Christen am ehesten zu einer Mäßigung im Konflikt fähig sind, zum anderen kritisiert er offen deren konkretes Verhalten innerhalb eines bewaffneten Konflikts.

> *„throughout the Christian world I observed a lack of constraint in relation to war, such as even barbarous races should be ashamed of"*[269]

Die Hierarchie zwischen Christen, Nichtchristen und Barbaren hat somit eine zentrale Präsenz in Grotius' Werk *De Jure Belli ac Pacis*. Sie zeichnet ein Bild von Grotius' Konzeption der sozialen Ordnung. Hervorzuheben ist, dass Grotius die Christen an die Spitze seiner Sichtweise der sozialen Ordnung stellt und

---

265 Blom, Andrew, *Hugo Grotius*, https://www.iep.utm.edu/grotius/ (letzter Aufruf 27.03.2020 12:29).

266 Grotius, Hugo, *On the Law of War and Peace – Translated by A.C Campbell, A.M*, S. 207; Grewe, Wilhelm Georg, *The Epochs of International Law*, S. 216.

267 Kinsella, Hellen M., *Civilizatioån and Empire*, S. 74.

268 Ibid.

269 Grotius, Hugo, *On the Law of War and Peace – Translated by A.C Campbell, A.M*, S. 209: Kinsella, Hellen M., *Civilizatioån and Empire*, S. 71.

gleichzeitig offen deren Verhalten kritisiert. Nach Grotius Aussagen verhalten sich Christen sogar wie oder gar noch schlimmer als Barbaren:

> „*Confronted with such utter ruthlessness many men, who are the very furthest from being bad men, have come to the point of forbidding all use of arms to the Christian, whose rule of conduct above everything else comprises the duty of loving all men*"[270]

Um deshalb nicht wieder in einen Zustand der Barbarei zu verfallen, musste für Grotius das Verhalten im Konflikt grundlegend reguliert werden. Das Verständnis von Grotius' Auffassung der sozialen Ordnung ist deshalb von besonderer Bedeutung, da es uns den immer wiederkehrenden Wunsch nach sozialer Evolution aufzeichnet, sich von barbarischen Verhaltensweisen abzugrenzen. Gleichzeitig beweist Grotius ein Gespür für die Zukunft, zumal der Gedanke sich von unzivilisiertem Verhalten und Barbarei zu distanzieren, grundlegend für die weitere Entwicklung des Unterscheidungsgebotes war und auch vom deutsch-amerikanischen Juristen *Francis Lieber* 200 Jahre später immer wieder aufgegriffen wurde.

> „*Civilized nations look with horror upon offers of rewards for the assassination of enemies as relapses into barbarism.*"[271]

b) Temperamenta Belli

Das Ineinandergreifen von Grotius' Konzeption der sozialen Ordnungen sowie den Prinzipien von Gerechtigkeit und Menschlichkeit ist besonders ausgeprägt in seinen Ausführungen zum rechtmäßigen Verhalten im Konflikt, in Buch III des *De Jure Belli ac Pacis*.[272]

Immer darauf bedacht, den Grad der Unterschiede innerhalb der gewünschten sozialen Ordnung zu analysieren und im ständigen Bewusstsein, dass eine Fortführung der damaligen Kriegspraxis nicht uneingeschränkt weiterbestehen kann, ist *Hugo Grotius* in seinem Werk *De Jure Belli ac Pacis*, ebenso wie *Francisco de Vitoria*, darauf bedacht, die Autorität und das Recht Krieg zu führen, auf die als öffentlich und souverän identifizierten Entitäten zu beschränken.[273] Krieg,

---

270 Grotius, Hugo, *Prolegomena – Translated by Francis W. Kelsey – De Jure Belli Ac Pacis Libri Tres*, S. 20.

271 General Order No. 100 – Art. 148 https://avalon.law.yale.edu/19th_century/lieber.asp#sec2 (letzter Aufruf 27.08.2019 13:57).

272 Blom, Andrew, *Hugo Grotius*, https://www.iep.utm.edu/grotius/ (letzter Aufruf 01.03.2020 17:49).

273 Ibid. (letzter Aufruf 02.12.2019 18:01).

obwohl er selbst zu Grotius' Zeiten unter Umständen immer noch die Form eines Duells oder einer Privatfehde annehmen konnte, sollte seiner Ansicht nach ausschließlich als Auseinandersetzung zwischen souveränen Machthabern durchgeführt werden können, um folgend den legalen Rückgriff auf Krieg, als Mittel politischer Auseinandersetzungen, in öffentlichen Händen zu konzentrieren.[274]

Hierbei stellt das Naturrecht für Grotius, ähnlich wie für Vitoria, den richtigen Faktor zur Ausleuchtung des Verhaltens innerhalb der Kriegsführung dar.

> *„Now all these matters may be viewed in the light of privileges resulting simply from the law of nature … It is evident therefore that we may justly avail ourselves of those means, provided they be lawful, which are necessary to the attainment of any right*"[275]

Wenn man das Recht besaß, Krieg zu führen, dann besaß man ebenfalls das Recht, diesen Krieg mit allen Mitteln zu führen, die notwendig waren, um siegreich aus dem Konflikt hervorzugehen.[276]

Diese naturrechtliche Grundlage sieht Grotius für seine Überlegungen zwar als wesentlich, hält sie jedoch gleichzeitig aus zwei Gründen für unbefriedigend, um das Verhalten im Konflikt zu regulieren.[277] Zum einen legitimiert diese naturrechtliche Argumentation einen Blankoscheck durch kriegerische Gewalt, unmenschliche und maßlose Handlungen durchzuführen, durch diejenigen, die unter einem gerechten Grund kämpfen. Und zum anderen bot diese naturrechtliche Überlegung keinerlei Anleitung zur Verhaltensweise für diejenigen, die einen ungerechten Krieg führten.[278]

Dieses Defizit versucht Grotius mit dem *Temperamenta Belli*[279] und dem damit einhergehenden Bestreben nach Ehre zu korrigieren.[280] Das, was nach Grotius' Verständnis Könige und Völker zur erstrebten Ehre verhalf, war die Einhaltung dieses *Temperamenta Belli*.[281] Innerhalb dieses Konzepts sollten

---

274 Yamauchi, Susumu, *The Ambivalence of Hugo Grotius: State Sovereignty and Common Interests of Mankind*, Hitotsubashi Journal of Law and Politics (22) 1993, S. 4–6.

275 Grotius, Hugo, *On the Law of War and Peace – Translated by A.C Campbell, A.M*, S. 250.

276 Draper, GIAD, *Grotius' Place in the Development of Legal Ideas about War*, S. 179.

277 Ibid.

278 Yamauchi, Susumu, *The Ambivalence of Hugo Grotius: State Sovereignty and Common Interests of Mankind*, Hitotsubashi Journal of Law and Politics (22) 1993, S. 10.

279 Wortwörtlich: Mäßigung in der Kriegsführung.

280 Grotius, Hugo, *Prolegomena – Translated by Francis W. Kelsey – De Jure Belli Ac Pacis Libri Tres*, S. 78.

281 Draper, GIAD, *Grotius' Place in the Development of Legal Ideas about War*, S. 177–180.

Mäßigung und Zurückhaltung im Konflikt eine zentrale Rolle bei der Durchführung eines gerechten Krieges einnehmen.[282] Diese Zurückhaltung entsprang dem Respekt vor den Prinzipien der Menschlichkeit und Gerechtigkeit als solches, indem die Kriegsmittel auf das zur Erreichung der Ziele notwendige Maß beschränkt werden, ähnlich der Marten'schen Klausel 274 Jahre später.[283] Mit dieser humanen Idee sollte versucht werden, die negativen Auswirkungen des Krieges auf Unschuldige und weiter noch auf diejenigen, die auf der gegnerischen Seite kämpfen, zu mildern.

> *„Though there may be circumstances, in which absolute justice will not condemn the sacrifice of lives in war, yet humanity will require that the greatest precaution should be used against involving the innocent in danger, except in cases of extreme urgency and utility.“*[284]

Und:

> *„Although it does not fall within the province of this treatise to inquire into the utility of war in all its various branches, but only to regulate its practices by confining them within due and lawful bounds“*[285]

oder auch:

> *„The right of seizing the goods of the innocent subject of an enemy seems to have been introduced, in order to compel the original aggressor, or debtor to grant redress for the injury he had done: and although his falling on the innocent may be no way repugnant to what is legally right, it is in some measure a departure from the principles of humanity“*[286]

Das Konzept *Temepramenta Belli* hatte darüber hinaus eine zukunftsorientierte Komponente inne: So diskutiert Grotius in den Kapiteln XXI bis XXV des Buches III zum Beispiel den Erlass von Strafen, Kriegsschulden oder sogar, dass es nach einem Konflikt bevorzugt ist, die lokale Souveränität wiederherzustellen, anstatt dem Verlierer eine fremde Herrschaft aufzuerlegen.[287] Diese Überlegungen

---

282 Ibid.; Blom, Andrew, *Hugo Grotius*, https://www.iep.utm.edu/grotius/ (letzter Aufruf 09.03.2020 12:42); Kinsella, Hellen M., *Civilisation and Empire*, S. 74.

283 Ticehurst, Rupert, The Martens Clause and the Laws of Armed Conflics, International Review of the Red Cross 317 (1997), S. 130–134; Meron, Theodor, *The Martens Clause, Principles of Humanity, and Dictates of Public Conscience*, (AJIL) (94/1/200) S. 80–82.

284 Grotius, Hugo, *On the Law of War and Peace – Translated by A.C Campbell, A.M*, S. 321.

285 Ibid. S. 327.

286 Ibid. S. 330.

287 Preiser, Wolfgang, *History of International Law, Ancient Times to 1648*, S. F. 70, https://opil.ouplaw.com/view/10.1093/law:epil/9780199231690/law-9780199231690-e716?rskey=FcnPzk&result=9&prd=MPIL (letzter Aufruf 03.04.2020 11:58).

dienten dazu die Grundlage und den guten Glauben für eine gemäßigte zwischenstaatliche Beziehung nach dem Krieg zu erhalten, da der Frieden immer das endgültige Ziel sein musste und je besser dieser Frieden zustande kommen konnte, durch gute Diplomatie oder durch den gemäßigten Einsatz von Gewalt, desto mehr Ehre konnte durch das *Temperamenta Belli* erlangt werden.[288]

> *„In the very heat of war the greatest security and expectation of divine support must be in the unabated desire, and invariable prospect of peace, as the only end for which hostilities can be lawfully begun. So that in the prosecution of war we must never carry the rage of it so far, as to unlearn the nature and dispositions of men.*
> *These and these alone would be sufficient motives for the termination of war, and the cultivation of peace. But apart from all considerations of humanity, the interests of mankind would inevitably lead us to the same point. In the first place it is dangerous to prolong a contest with a more powerful enemy. In such a case some sacrifices should be made for the sake of peace, as in a storm goods are sometimes thrown overboard to prevent a greater calamity, and to save the vessel and the crew.“*[289]

Für den ungerechten Krieg und dessen Regulierung von Gewalt fand Grotius seine Lösung in einer simplen aber heute absolut grundlegenden Überlegung: Grotius erkannte zwar, dass kein Krieg von Natur aus auf beiden Seiten gerecht sein kann, ein gerechter Grund auf einer Seite sollte jedoch einen gerechten Grund auf der anderen Seite nicht mehr grundlegend ausschließen.[290] Er erkannte ebenfalls, dass die meisten Staaten, von Ausnahmefällen abgesehen, die Ungerechtigkeit ihrer Sache nicht ohne weiteres zugeben und den Kampf einfach einstellen würden.[291] Je länger Nationen mit einer solchen Moral Krieg führten, desto weniger Ehre und desto mehr Gewalt und Ungerechtigkeit häufen sie an, indem sie sich der gerechten Partei widersetzen. Grotius fürchtete, dass es bald keine Grenzen mehr gäbe, die damit einhergehende Gewalt einzugrenzen.[292] Er schlug deshalb vor, dass die Nationen in Anerkennung der Gefahren dieser Situation den Brauch einführen, beide Parteien in einem Krieg

288 Ibid. F. 71.

289 Grotius, Hugo, *On the Law of War and Peace – Translated by A.C Campbell, A.M*, S. 373–374.

290 Ibid. S. 284.

291 Haakonssen, Knud, *Hugo Grotius and the History of Political Thought*, Political Theory (13) 1997, S. 243–246; Draper, GIAD, *Grotius' Place in the Development of Legal Ideas about War*, S. 177–180; Blom, Hans, *Causality and Morality: the rise of naturalism in Dutch seventeenth-century political thought*, Ph. D. Thesis (Utrecht) S. 67–70.

292 Ibid.

gleichberechtigt auf dem Schlachtfeld zu behandeln.[293] Dies bedeutete, dass das von Grotius aufgestellte Recht der Nationen beiden Seiten, unabhängig von der Gerechtigkeit ihrer Sache, alle Handlungen erlaubt, welche das Naturrecht sowie *Temperamenta Belli* dem gerechten Teilnehmer ebenso erlauben würde.[294]

Mit dieser Überlegung löste Grotius sich von der schon im Deuteronomium beschriebenen Dichotomie von Schuld und Unschuld und teilt das Recht im Konflikt in die zwar auf einander basierenden aber dennoch selbständigen Teile des *Jus ad Bellum* sowie *Jus in Bello*. Damit wurde das von Grotius aufgestellte Verhältnis zwischen dem Recht im Krieg und dem Recht der (zivilisierten) Souveränität einen Krieg zu beginnen, wechselseitig konstitutiv.

c) Über Unterscheidung

Obwohl es naheliegend erscheint aus der dargestellten Entwicklung direkt abzuleiten, dass die tatsächliche Ausübung und Praxis des Krieges durch Armeen und erkennbare Vertreter einer souveränen Macht auf jene beschränkt sein sollte, ist es schwierig, in Grotius' Arbeit eine einheitliche Definition von Kriegsparteien oder Kombattanten zu finden, welche bei einer Unterscheidung im Konflikt helfen könnte.[295] Diese Ambivalenz wird durch Grotius' Ansicht noch widersprüchlicher, dass trotz seiner Vorstellung von christlicher Nächstenliebe und Barmherzigkeit nach seinen Ausführungen zum Verhalten innerhalb eines Konflikts und dem Naturrecht alle Einwohner einer feindlichen Nation, das Ziel eines Angriffes werden konnten.[296]

> „*this right of doing what is permissible has a wide application. … It extends not only to those who actually bear arms, or are subjects of him that stirs up the war, but in addition to all persons who are in the enemy's territory.*"[297]

Und

> „*according to the law of nations anyone who is an enemy may be attacked anywhere. As Euripides says: The law permits to harm a foe where'er he may be found*"[298]

---

293 Ibid.

294 Ibid.

295 Koskenniemi, Martti, *Methodology of International law*, B. 2. 12., https://opil.ouplaw.com/view/10.1093/law:epil/9780199231690/law-9780199231690-e1440?rskey=FcnPzk&result=10&prd=MPIL (letzer Aufruf 07.07.2019 12:00).

296 Ibid.

297 Grotius, Hugo, *On the Law of War and Peace – Translated by A.C Campbell, A.M*, S. 282.

298 Ibid. S. 285.

Die Logik dieser Behauptung beruht auf der einfachen Überlegung, dass selbst von normalen Zivilisten, auch Frauen und Kindern, ein Angriff erwartet werden konnte und deshalb die Möglichkeit bestehen musste, sich gegen solche Angriffe zur Wehr zu setzen.[299]

> „*how far this right to inflict injury extends may be perceived from the fact that the slaughter even of infants and of women is made with impunity and that this is included in the law of war.*"[300]

Grotius liefert in *De Jure Belli ac Pacis* keine ausdrückliche Unterscheidung zwischen den Personengruppen, die im Konflikt verschont werden müssen, und denjenigen, welche das Ziel eines Angriffes sein können.[301]

Der niederländische Jurist *Frits Kalshoven* bestätigt, dass *Hugo Grotius* nicht dahingehend interpretiert werden kann, dass von Ihm erwartet werden konnte, ausdrückliche Beschränkungen der Kriegsführung, welche mit den Anforderungen der modernen Regel im humanitären Völkerrecht vergleichbar sind, wie den Grundsatz der Verhältnismäßigkeit oder das heutige Unterscheidungsgebot, zu entwerfen.[302] Dennoch ist für Grotius das, was in einem Krieg zulässig ist, wie bereits durch *Temperamenta Belli* erläutert, keineswegs ohne moralische Grenzen. So enthält zum Beispiel Kapitel XI des Buch III eine konkrete moralische Vorgabe sich selbst innerhalb eines rechtmäßigen Konflikts im Verhalten zu mäßigen.[303]

> „*[n]ot even in a lawful war ought we to admit that which is said in the line, He, who refuses what is just, yields all.*"[304]

Konkret auf die Unbeteiligten des Konflikts bezogen merkt Grotius an, dass es das Gebot der christlichen Barmherzigkeit und Nächstenliebe vorsieht, dass, außer aus gewichtigen militärischen Gründen, keine Handlungen unternommen werden sollten, durch welche Unschuldige mit Gewalt bedroht werden könnten.[305]

---

299 Kinsella, Hellen M., *Civilisation and Empire*, S. 75.

300 Grotius, Hugo, *On the Law of War and Peace – Translated by A.C Campbell, A.M*, S. 320.

301 Kalshoven, Fritz, *Grotius' Jus in Bello with Special Reference to Ruses of War and Perfidy*, S. 327–329.

302 Ibid.

303 Ibid. S. 370.

304 Grotius, Hugo, *On the Law of War and Peace – Translated by A.C Campbell, A.M*, S. 319.

305 Draper, GIAD, *Grotius' Place in the Development of Legal Ideas about War*, S. 68.

> „*It is the bidding of mercy, if not of justice, that, except for reasons that are weighty and will affect the safety of many, no action should be attempted whereby innocent persons may be threatened with destruction*“[306]

Die Regulierung der Kriegsführung in Grotius' *De Jurre Belli ac Pacis* erweist sich somit als äußerst freizügig und nahezu ambivalent. In seinem Werk versucht Grotius eine Lösung gegen die unkontrollierte Ausbreitung von Gewalt - oder wie Grotius es in seinem *Prolegomena* treffenderweise durch „*Rabie*“ bezeichnete – [307], der damaligen Kriege zu entwickeln, indem er versuchte einen Mittelweg zu finden zwischen den Extremen „nichts ist im Konflikt zulässig“ und „alles ist im Konflikt zulässig“.[308]

Das, was für *Hugo Grotius* maßgeblich das Erfordernis einer Mäßigung im Konflikt untermauerte, war der Wunsch und der Glaube an das Naturrecht sowie an eine höhere Macht.[309] So begründete er die Notwendigkeit einer Mäßigung im Krieg durch Unterscheidung und Diskriminierung von Kriegshandlungen und kriegführenden Personen gemäß den im Christentum am häufigsten artikulierten Regeln und Prinzipien von Barmherzigkeit und Nächstenliebe. Grotius versucht somit zum einen festzuhalten, was seiner Ansicht nach im Konflikt zulässig ist, und zum anderen, was nicht nur zulässig, sondern auch moralisch richtig ist.

> „*the law of nature the standard of what is right, and legal authority, the standard of what is lawful*“[310]

In der langen Geschichte über die Gerechtigkeit des Krieges werden von Grotius somit weitere Facetten zur Unterscheidung im Konflikt eingeführt. In *De Jure Belli ac Pacis* fordert er das natürliche Recht und die Moral eines jeden Einzelnen dazu auf, Grenzen zu ziehen zwischen Kriegshandlungen, die nach dem Recht der Nationen zulässig sind, und Handlungen, welche, obwohl sie vielleicht innerhalb des Völkerrechts noch zulässig sind, ohne moralische Gerechtigkeit ausgeführt werden.

---

306 Grotius, Hugo, *On the Law of War and Peace – Translated by A.C Campbell, A.M*, S. 373–374.

307 „Rabie“ lat. für Raserei; Ibid. S. 241.

308 Kalshoven, Fritz, *Grotius' Jus in Bello with Special Reference to Ruses of War and Perfidy*, S. 327–329.

309 Ibid.

310 Grotius, Hugo, *On the Law of War and Peace – Translated by A.C Campbell, A.M*, S. 373–374, S. 283.

„No one can be justly killed by design, except by way of legal punishment, or to defend our lives, and preserve our property, when it cannot be effected without his destruction. For although in sacrificing the life of man to the preservation of perishable possessions, there may be nothing repugnant to strict justice, it is by no means consonant to the law of charity.“[311]

Diese Unterscheidung zwischen dem Zulässigen und dem Gerechten wird durch *Temperamenta Belli* vom Gebot der Ehre und Anstand umschlossen. Für Grotius war das Recht einen Feind zu töten nicht einfach nur ein Recht, welches ungehindert ausgeführt werden durfte, sondern es musste sich ebenfalls innerhalb moralischer Grenzen bewegen.

„Consider not what you may do, but that of which the doing will honor bring.“[312]

Oder um es mit den Worten von *Gary D. Soli* knapp 400 Jahre später zu sagen:

„We cannot allow ourselves to become what we are fighting … because we cannot be heard to say that we fight for the right while we are seen to commit wrongs“[313]

4) Zwischenergebnis

Die Schriften von *Francisco de Vitoria* und *Hugo Grotius* stellen jeweils für sich, einen bedeutsamen Punkt in der fortlaufenden Entwicklung des Unterscheidungsgebots dar. Beide Publizisten wandten sich einem Diskurs über Gerechtigkeit, Religion sowie Schuld und Unschuld zu, um ihre Gedanken über die Unterscheidung in diesem Diskurs zu verankern. Sie sahen die Unterscheidung im Konflikt als einen Indikator für fortgeschrittene Zivilisation und stellten gleichzeitig fest, dass nur die zivilisierten Nationen dazu in der Lage sind, solch eine Unterscheidung treffen zu können. Sowohl Vitoria als auch Grotius versuchten sich deshalb durch eine neue humanistisch-naturrechtliche Interpretation des bestehenden Rechts von der seit Jahrhunderten existierenden Kriegspraxis zu lösen und nicht nur die Ausübung von Gewalt auf einen staatlichen Souverän zu beschränken, sondern ebenfalls durch eine Säkularisierung und einen breiteren Anwendungsbereich des Rechts sowie eine schärfere Ausgestaltung der Rechte und Gebräuche im Krieg, die Ausübung von Gewalt zu mäßigen und eine damit einhergehenden Unterscheidung zu etablieren.

Was jedoch nach der Analyse von Vitorias und Grotius' Texten festzustellen ist, ist dass Grotius und in deutlich geringerem Maße auch Vitoria mit der

311 Ibid. S. 319.
312 Ibid. S. 320.
313 Solis, Garry D., *Law of armed Conflict*, S. 10.

Prämisse begannen, dass durch das Naturrecht grundsätzlich alle Individuen im Krieg unterschiedslos getötet werden können. Beide nahmen diese Feststellung jedoch nicht einfach hin, sondern versuchten sie durch unterschiedliche Ansätze für eine Unterscheidung und Mäßigung im Konflikt fruchtbar zu machen. Für Vitoria war zwar der Widerstand der südamerikanischen Indios gegen die christliche Bekehrung ein Grund, Krieg zu führen, da der Widerstand gegen das vom Souverän verwaltete *Jus Gentium* verstieß, jedoch mussten nach Vitorias Ansicht die Indios als Mitglieder des Menschengeschlechts und nicht mehr als Barbaren behandelt werden. Mithin mussten sie unter den Anwendungsbereich der Lehren des *Thomas von Aquin* fallen und ihnen somit grundlegende Rechte zugesprochen werden. Für Grotius wiederum wurde das Naturrecht durch *Temperamenta Belli*, den christlichen Prinzipien von Barmherzigkeit und Nächstenliebe sowie einem Bestreben nach Ehre in eine moralisch-gerechte Richtung korrigiert. Die konkrete Aufteilung des Kriegsrechts in das *Jus ad Bellum* sowie *Jus in Bello*, welche unabhängig von der Frage nach der Legitimität eines Krieges existierten, stellte ferner einen grundlegenden rechtlichen Rahmen für alle Kriegsteilnehmer auf und durchbrach die lange existierende Dichotomie von Schuld und Unschuld, so dass eine rechtliche Gleichheit auf beiden Seiten des Konflikts herrschen konnte, um die unkontrollierte Ausübung von Gewalt weiter einzudämmen.

Die dargestellten Ideen von *Francisco de Vitoria* und *Hugo Grotius* über die fortschrittliche soziale Konzeption von Zivilisation, Barbarei, Humanismus und Religion bieten den geeigneten Rahmen diese Genealogie des Unterscheidungsgebots über das 19. und 20. Jahrhundert letztendlich mit seiner modernen Artikulation in Art. 48 AP I zu verknüpfen.

IV) Das 19. Jahrhundert

„The roots of the modern law of war lie in the 1860s“

– Burrus M. Carnahan „Lincoln, Lieber and the Laws of War“

Das 19. Jahrhundert wird von den meisten Historikern als eine sogenannte „Sattelzeit“ bezeichnet, da dieser Zeitraum die europäische Neuzeit mit der Moderne verbindet und sozusagen „umsattelt“.[314] Diese Zeit ist besonders für die Kriegs- und Militärgeschichte interessant, weil unter anderem durch die Haager Friedenskonferenz 1899 und die Marten’sche Klausel wichtige Grundsätze

314 Fulda, Daniel, *Sattelzeit: Historiographiegeschichtliche Revisionen*, S. 1–2.

des humanitären Völkerrechts entwickelt wurden. Ein Zeitraum fällt jedoch, insbesondere für die Entwicklung des Unterscheidungsgebots, besonders ins Auge: 1860–1870. In diesem bedeutenden Jahrzehnt entstanden in Europa wie auch in den frühen Vereinigten Staaten, nicht nur unter den Bemühungen von *Henry Dunant* das erste Genfer Abkommen, sondern es wurde 1868 ebenfalls mit der *„Declaration Renouncing the Use, in Times of War, of Explosive Projectiles Under 400 Grammes Weight“* der erste multilaterale Vertrag über das Verbot einer bestimmten Waffe unterzeichnet sowie durch die Feder von *Francis Lieber* die *„General Order No. 100 – Instructions for the Government of Armies of the United States in the Field“*, besser bekannt als Lieber-Code, geschaffen.[315] Die Feststellung eine deutliche Unterscheidung zwischen Zivilisten und Kombattanten vorzunehmen oder, dass die zur Verfügung stehenden Kriegsmittel, um den Feind zu schädigen, nicht unbegrenzt sind und zwar militärisch effektiv sein können, aber dennoch so grausam, dass dessen Einsatz untersag werden muss. Dies war für das damalige Verständnis revolutionär und ist heute zu einem festen Bestandteil des humanitären Völkerrechts geworden.

1) *Francis Lieber* – Neue Konzeption der Rechte und Gebräuche im Krieg

Francis „Franz“ Lieber wurde um 1798 oder um 1800 in Berlin in eine Händlerfamilie geboren[316], wo er 1806 als kleiner Junge die Ankunft der französischen Besatzungstruppen Napoleons miterlebte.[317] Im Alter von 15 Jahren, mit stetig wachsender Frankophobie, verpflichtete sich Lieber zum Beitritt in die Preußische Armee und wurde in das Colbersche Grenadier-Regiment befohlen, mit welchem er in den Napoleonischen Kriegen kämpfte.[318] Nach einer schweren Verletzung 1815 in Namur und seiner Entlassung aus der Armee studierte er Recht und Politik an mehreren deutschen Universitäten und promovierte schließlich in Jena.[319] Als junger Mann hegte Lieber einen tiefen Idealismus,

---

315 Miles, James R., *Francis Lieber and the Law of War*, Revue de Droit Militaire et de Droit de la Guerre (XXIX/1990) S. 256.

316 Die Quellen unterscheiden sich, da Lieber sein Alter „ändern“ musste, um 1815 an der Schlacht von Waterloo teilnehmen zu können.

317 Solis, Garry D., *Law of Armed Conflict*, S. 39; Preuß, Hugo, *Francis Lieber, ein Bürger zweier Welten*, S. 37.

318 Miles, James R., *Francis Lieber and the Law of War*, Revue de Droit Militaire et de Droit de la Guerre (XXIX/1990) S. 256.

319 Ibid. S. 258.

welcher ihn stark mit den Ideen von *Friedrich Ludwig Jahn*[320] sympathisieren lies.[321] Seine Reisen sowie und kritischer Charakter erweckten schnell das Aufsehen und den Verdacht der Regierung und führten 1824 zu seiner Verhaftung.[322] Wegen Aufruhrs angeklagt und mehrere Monate lang inhaftiert, war Lieber bei seiner Freilassung mittellos. Er war noch nicht dreißig, hatte bereits in mehreren Kriegen gekämpft, promoviert und ein starkes Misstrauen gegenüber staatlichen Autoritäten entwickelt. Er entschied sich daraufhin seine Heimat Deutschland zu verlassen und emigrierte 1826 nach London.[323] Schon ein Jahr später verließ er, mit einem Lehrangebot in der Hand, England in Richtung Boston.[324] In den USA angekommen nahm Lieber neben der Lehre eine Vielzahl von Schreibaufträgen an, um damit seine stetig wachsende Familie zu versorgen.[325] Eine dieser Unternehmungen war beispielsweise die Übersetzung des dreizehnbändigen Brockhaus-Lexikons.[326] Auf der Suche nach einer größeren finanzieller Sicherheit als gelegentlichen Schreibaufträgen, wurde er Professor für Geschichte und politische Ökonomie an der Universität von South Carolina.[327]

Da er sich im Süden der Vereinigten Staaten nie wohl fühlte und sich ebenfalls aktiv gegen die Sklaverei positionierte, zog Lieber 1856 nach New York, um dort am Columbia College zu unterrichten.[328] Bei Ausbruch des amerikanischen Bürgerkriegs 1861 war Lieber ein einigermaßen prominenter politischer Philosoph und aufgrund seiner einflussreichen Schriften und Vorlesungen über Militärrecht ein häufiger Berater der Unionsregierung. Der amerikanische Bürgerkrieg sollte ihm dann zu seinem bedeutsamsten Werk verhelfen.

320 Besser bekannt als Turnvater Jahn.

321 Solis, Garry D., *Law of Armed Conflict*, S. 39–40; Schäfer, Peter, *Franz Lieber und die deutsch-amerikanischen Beziehungen im 19. Jahrhundert*, S. 58–60.

322 Ibid.

323 Ibid.

324 Ibid.

325 Ibid.

326 Ibid.

327 Ibid.

328 Ibid.

a) *General Order No. 100 – Instructions for the Government of Armies of the United States in the Field*

> *„Short but pregnant and weighty like some stumpy Dutch Woman when in the family way with coming twins“*[329]
>
> **– Francis Lieber über seine eigene General Order No. 100**

Die *„General Orders No. 100 – Instructions für the Government of Armies of the United States in the Field“*[330], wurde im April 1863 als Anweisungen für die Armeen der Vereinigten Staaten veröffentlicht.[331] Als zutiefst moralischer und religiöser Mann sowie Traditionalist der *„Just War“*-Lehre arbeitete Lieber nah an den Schriften und Werken der europäischen Publizisten der frühen Neuzeit, wie beispielsweise *Hugo Grotius* und *Francisco de Vitoria.*[332] So lässt sich beispielsweise das, was Grotius als *Temperamenta Belli* bezeichnete, in Artikel 15 des Lieber-Codes als konkrete Vorgabe wiederfinden:

> *„Men who take up arms against one another in public war do not cease on this account to be moral beings, responsible to one another and to God.“*[333]

Ausgehend von diesen Ideen schuf Lieber die erste integrative Dienstvorschrift für bewaffnete Konflikte, auf das sich künftige Generationen des Rechts stützen sollten,[334] wie beispielsweise das Haager Recht von 1899 und 1907 als erste internationale Verträge zur Regelung der Kriegsführung.[335] Nach Ansicht des bedeu tenden Völkerrechtlers *Frederic de Martens*, der Namensgeber der Marten'sche Klausel, zeugte der Lieber Code vor allem wegen seiner sorgfältigen Evaluierung des angemessenen Gleichgewichts von Menschlichkeit und Brutalität im Krieg, von einem politischen Verständnis und einem moralischen Gewissen.[336]

---

329 Hartigan, Richard S., *Lieber's Code and the Law of War*, S. 1.

330 Folgend nur noch „Lieber-Code“ oder „General Order No. 100“.

331 Labuda, Patryk, *Lieber Code*, B 2, https://opil.ouplaw.com/view/10.1093/law:epil/9780199231690/law-9780199231690-e2126?prd=MPIL (letzter Aufruf 08.04.2020 09:21).

332 Ibid.

333 Lieber Code, Article 15, https://avalon.law.yale.edu/19th_century/lieber.asp (Letzter Aufruf 02.02.2020 17:04).

334 Ibid. B 3.

335 Witt, John Fabian, *Lincoln's Code: The Laws of War in American History*, S. 9.

336 Kinsella, Hellen M., *General Order 100, Union General Sherman's March to Atlanta, and the Sand Creek Massacre*, S. 84.

Es war das erste Mal in der modernen Geschichte, dass durch Recht das Verhalten, die moralischen Erwartungen und die Verpflichtungen einer Konfliktpartei verbindlich kodifiziert wurden. Man muss jedoch stets beachten, dass der Lieber Code exklusiv für die Unionsstreitkräfte verfasst wurde und es sich bei diesem Werk eher um eine militärische Anordnung, als um ein allgemein gültiges Gesetz handelt.[337] Die General Order No. 100 war jedoch weit über die Unionsstreitkräfte hinaus bekannt und obwohl sie von den Konföderierten erst als irritierend und veraltet bezeichnet wurde, nutzten sie die General Order No. 100 später selber für die eigenen Soldaten und Kommandeure.[338] Nicht nur in den Vereinigten Staaten fand der Lieber Code großen Anklang. So wurde er als Grundlage für ähnliche militärische Anweisungen in mehreren europäischen Ländern genutzt und kurioserweise von einer militärischen Anweisung für einen nicht-internationalen Bürgerkrieg zur Grundlage des Rechts international bewaffneter Konflikte.[339]

Beachtlich ist, dass die General Order No. 100 in den Vereinigten Staaten erst 1956 formell vom Field Manual 27–10 „*The Law of Land Warfare*" ersetzt wurde, ein Indiz für die große Strahlkraft des Lieber-Codes, welcher durch einfache und klare Regeln die Unsicherheit auf dem Schlachtfeld minimierte.[340] Selbst heute sind in den verschiedenen militärischen Handbüchern immer noch verweise auf den Lieber Code zu finden. Beispielsweise im „*The Joint Service Manual of the Law of Armed Conflict*"[341] des Vereinigten Königreichs oder auch in der ZDv 15/2, dem Handbuch, welches das durch Deutschland anwendbare humanitäre Völkerrecht zusammenfasst.[342]

> *„Der ‚Lieber-Code' entwickelte sich zum Vorbild einer ganzen Reihe militärischer Handbücher von Streitkräften anderer Staaten und beeinflusste die weitere Entwicklung des Völkerrechts wesentlich"*[343]

337 Ibid. S. 86.

338 Solis, Garry D., *Law of Armed Conflict,* S. 41.

339 Ibid.

340 Carnahan, Burrus M., *Lincoln, Lieber and the Laws of War: The Origins and Limits of the Principle of Military Necessity,* S. 213–215.

341 United Kingdom, *Manual of the Law of Armed Conflict,* S. 7.

342 Humanitäres Völkerrecht In Bewaffneten Konflikten – Handbuch – ZDv 15/2, Rn. 116.

343 Ibid.

b) Unterscheidung auf dem Schlachtfeld

Francis Lieber beschäftigte sich ausführlich mit der Problematik, wie die konföderierten Soldaten, die weder einfache Bürger noch Angehörige einer fremden Nation waren, zu kategorisieren und folglich zu behandeln seien. Sollten sie als legitime Konfliktteilnehmer eines umstrittenen souveränen Staates oder als aufrührerische Bürger, welche der Union der Vereinigten Staaten untergeordnet waren, identifiziert und behandelt werden?

Lieber hatte sich mit dieser Statusfrage bereits im Ansatz in einer früheren Veröffentlichung „*Guerilla Parties Considered with Reference to the Law and Usages of War*" auseinandergesetzt.[344] In dieser Abhandlung versucht Lieber eine Abgrenzung zwischen einem Mitglied nationaler Streitkräfte sowie formellen, aber, wie er es bezeichnet, „irregulären" Konfliktteilnehmern, wie Guerillas, Partisanen und Rebellen zu etablieren. Nach Liebers Ansicht wird die Kampfführung durch diese „Irregulären" mehr als nur problematisch, da sich nach damaliger allgemeiner Auffassung diese Konfliktteilnehmer nicht an klassische Ideale wie Ehre, Gnade oder Barmherzigkeit halten, sondern wie unzivilisierten „Barbaren" kämpften.

> „*Stories preceding the Missouri guerrillas, as well as their behavior in Texas, soon convinced these* (Union) *generals that they were not dealing with Christian gentlemen … but certainly we cannot, as a Christian people, sanction a savage, inhuman warfare, in which men are to be shot down like dogs, after throwing down their arms and holding up their hands supplicating for mercy*"[345]

Darüber hinaus war es während des amerikanischen Bürgerkriegs üblich, dass solche irregulären Konfliktteilnehmer die militärische Uniform der anderen Seite trugen, was eine Unterscheidung weiter erschwerte, da jederzeit mit einem Angriff gerechnet werden musste und es folglich nicht mehr möglich war, zwischen den eigenen Männern, Irregulären und Zivilsten zu unterscheiden.[346]

> „*Guerrillas depended upon this sort of terror-inducing surprise. They used any possible ruse to give them the edge in a short, sharp fight. It was quite common for them to dress in*

344 Carnahan, Burrus M., *Lincoln, Lieber and the Laws of War: The Origins and Limits of the Principle of Military Necessity*, S. 213–215.

345 Fellmann, Michael, *Inside War: The Guerilla Conflict in Missouri During the American Civil War*, S. 104.

346 Kinsella, Hellen M., *General Order 100, Union General Sherman's March to Atlanta, and the Sand Creek Massacre*, S. 85.

Union uniforms to fool Union troops as well as civilians. Many of them are clothed in our uniforms and are often mistaken for our men.

(…) This trick infuriated Union commanders; most of them let their men know it would be a good thing to shoot guerrillas disguised that way on the spot, wearing Union uniforms being deemed sufficient grounds for killing them. (…) I hate their getting the clothing worst of all for now we cannot tell them from our own men.“[347] In Artikel 63 der General Orders No. 100 stellt Lieber deshalb unmissverständlich fest, dass, um eine Unterscheidung auf Ebene der Kombattanten gewährleisten zu können, diejenigen, welche in einer Uniform der gegnerischen Konfliktpartei ohne gesondertes Identifikationsmerkmal kämpften, kein Pardon erwarten können, da die Verwendung fremder Farben und Insignien zu trügerischen Zwecken perfide ist.

„*Troops who fight in the uniform of their enemies, without any plain, striking, and uniform mark of distinction of their own, can expect no quarter.*“[348]

Deshalb betonte Lieber in mehreren Artikeln, was schließlich zum grundlegenden Identifikationsstandard für Kombattanten wurde: Uniformen und Waffen.[349]

Auffällig ist, dass Lieber trotz einer deutlichen Unterscheidung auf Ebene der Kombattanten, kein Schema zur Unterscheidung zwischen regulären Konfliktteilnehmern und unbewaffneten Bürgern findet. Er geht zwar in Artikel 155 und 156 der General Order No. 100 von einer grundlegenden Aufteilung in „*combatants and noncombatants, or unarmed citizens of the hostile government*“[350] aus, aufgrund des Konflikttypus des amerikanischen Bürgerkrieges als nicht-international bewaffneter Konflikt, war Lieber jedoch keineswegs so naiv zu behaupten, dass diese unbewaffneten Bürger entweder harmlos oder sofort als „Irreguläre“ identifizierbar seien.[351] *Francis Lieber* folgt deshalb genau dem gleichen gedanklichen Weg wie seine Vorgänger *Francisco de Vitoria* und *Hugo Grotius* und stellt in Artikel 21 fest, dass grundsätzlich von den Bürgern einer

347 Fellmann, Michael, *Inside War: The Guerilla Conflict in Missouri During the American Civil War*, S. 165.5.

348 Lieber Code, Article 63, https://avalon.law.yale.edu/19th_century/lieber.asp (Letzter Aufruf 12.04.2020 11:14).

349 Lieber Code, Article 63, 64, 81, 83, 99.

350 Lieber Code, Article 155, 156, https://avalon.law.yale.edu/19th_century/lieber.asp (Letzter Aufruf 12.04.2020 12:04).

351 Fellmann, Michael, *Inside War: The Guerilla Conflict in Missouri During the American Civil War*, S. 105; Carnahan, Burrus M., *Lincoln, Lieber and the Laws of War: The Origins and Limits of the Principle of Military Necessity*, S. 214.

feindlichen Nation ein Risiko ausgehe und diese als Feinde zu klassifizieren sind.[352]

> *„The citizen or native of a hostile country is thus an enemy, as one of the constituents of the hostile state or nation, and as such is subjected to the hardships of the war"*[353]

Lieber belegte diesen Gedanken jedoch mit einem neuen, von Vitoria und Grotius unabhängigen, Korrektiv. Er behauptet, dass auf der Ebene des zivilen, unbewaffneten Bürgers selbst noch einmal eine Unterscheidung getroffen werden muss und diese Bürger nach ihrer Loyalität klassifiziert werden müssen.[354] Lieber unterteilt demnach die unbewaffneten Zivilisten in drei Kategorien: Sie können entweder vollständig loyal, illoyal oder offenkundig unloyal sein.[355]

> *„All enemies in regular war are divided into two classes (…) that is to say, into combatants and noncombatants, or unarmed citizens of the hostile government. The military commander (…) distinguishes between the loyal citizen (…) and the disloyal citizen. The disloyal citizen may further be classified into those citizens know to sympathize with the rebellion without positively aiding it, and those who, without taking up arms, give positive aid and comfort to the rebellious enemy without being bodily forced thereto"*[356]

Jede dieser Kategorien von unbewaffneten Zivilisten stellt eine wachsende Stufe der Bedrohung dar, welche in Artikel 156 der General Order No. 100 mit verschiedenen möglichen Gegenmaßnahmen versehen ist, wobei die schärfsten Maßnahmen die offenkundig illoyalen Bürger treffen. *Francis Lieber* unterscheidet somit nicht nur binär zwischen Kombattanten und Nichtkombattanten, obwohl diese Unterscheidung durch das Führen von Waffen und Tragen einer Uniform, deutlich angezeigt werden kann, sondern führt mit dem unloyalen sowie offenkundig illoyalen Bürger eine dritte Kategorie von Konfliktteilnehmer ein. Heute würde man diese dritte Kategorie, abhängig vom tatsächlichen

---

352 Labuda, Patryk, *Lieber Code*, B-2, https://opil.ouplaw.com/view/10.1093/law:epil/9780199231690/law-9780199231690-e2126?prd=MPIL (letzter Aufruf 012.04.2020 10:29).

353 Lieber Code, Article 21, https://avalon.law.yale.edu/19th_century/lieber.asp (Letzter Aufruf 12.04.2020 11:14).

354 Labuda, Patryk, *Lieber Code*, D-2, https://opil.ouplaw.com/view/10.1093/law:epil/9780199231690/law-9780199231690-e2126?prd=MPIL (letzter Aufruf 12.04.2020 11:53).

355 Kinsella, Hellen M., *General Order 100, Union General Sherman's March to Atlanta, and the Sand Creek Massacre*, S. 85.

356 Lieber Code, Article 155, 156, https://avalon.law.yale.edu/19th_century/lieber.asp (Letzter Aufruf 12.04.2020 11:57).

Konfliktbeitrag, wahrscheinlich in das Konzept der *Direct Participation in Hostilities* einordnen.

In Bezug auf den loyalen, harmlosen Bürger konkretisiert Lieber sein Korrektiv zu Artikel 21 noch genauer und stellt in Artikel 22 fest, dass es das Konzept von Zivilisation gebietet, unbeteiligten Individuen eine Immunität zu gewährleisten, welche so weitreichend ist, wie es die Erfordernisse des Krieges zulassen.

> „*Nevertheless, as civilization has advanced during the last centuries, so has likewise steadily advanced, especially in war on land, the distinction between the private individual belonging to a hostile country and the hostile country itself, with its men in arms. The principle has been more and more acknowledged that the unarmed citizen is to be spared in person, property, and honor as much as the exigencies of war will admit.*"[357]

Die in Artikel 22 der General Order No. 100 aufgestellte Immunität wird durch Artikel 23 weiter konturiert:

> „*Private citizens are no longer murdered, enslaved, or carried off to distant parts, and the inoffensive individual is as little disturbed in his private relations as the commander of the hostile troops can afford to grant in the overruling demands of a vigorous war.*"[358]

Francis Liebers Überlegungen zur Immunität von Unbeteiligten im Konflikt werden durch die Artikel 24 und 25 abgerundet, welche man auch als einen gemeinsamen Artikel zusammenlesen könnte. Lieber distanziert sich von der Konzeption vergangener Rechte und Auffassungen über Immunität im Konflikt, indem er anhand des Fortschritts der Zivilisation feststellt, dass das, was früher die Norm war, heute zu einer Ausnahme geworden ist.

> „*The almost universal rule in remote times was, and continues to be with barbarous armies, that the private individual of the hostile country is destined to suffer every privation of liberty and protection, and every disruption of family ties. Protection was, and still is with uncivilized people, the exception. In modern regular wars of the Europeans, and their descendants in other portions of the globe, protection of the inoffensive citizen of the hostile country is the rule; privation and disturbance of private relations are the exceptions.*"[359]

Liest man die Artikel 21 bis 25 der General Order No. 100 direkt hintereinander, lässt sich ein deutlicher Zusammenhang erkennen. Lieber stellt, wie Vitoria

---

357 Lieber Code, Article 22, https://avalon.law.yale.edu/19th_century/lieber.asp (Letzter Aufruf 12.04.2020 13:05).

358 Lieber Code, Article 23, https://avalon.law.yale.edu/19th_century/lieber.asp (Letzter Aufruf 12.04.2020 13:21).

359 Lieber Code, Article 24, 25, https://avalon.law.yale.edu/19th_century/lieber.asp (Letzter Aufruf 12.04.2020 13:43).

und Grotius, grundlegend fest, dass neben den Soldaten ebenfalls alle Bürger der gegnerischen Nation als Feinde zu klassifizieren sind. Das moderne Verständnis von Zivilisation und die Abkehr von der Barbarei gebieten es jedoch, unbeteiligte Bürger, soweit es möglich ist, von den negativen Konsequenzen des Krieges zu verschonen und zu immunisieren. Diese Immunität wird anschließend als neue, grundlegende Norm des modernen Krieges festgesetzt und verankert. Eine Errungenschaft in der Geschichte des humanitären Völkerrechts, die sich bis heute nicht geändert hat.

Man muss jedoch im Blick behalten, dass der, wahrscheinlich von *Friedrich Ludwig Jahn* vermittelte, Nationalismus für *Francis Lieber* einen überragenden Wert besaß und mithin der dargestellte humanitäre Impuls des Lieber Codes, stets einer militärischen Notwendigkeit und dem Erfordernis nach einem Sieg unterordnet und nicht wie heute gleichwertig, war.[360]

> „*To save the country is paramount to all other considerations*“[361]

c) Schutz von Objekten

In der General Order No. 100 führte Lieber ebenfalls Regulierungen zur Behandlung ziviler Objekte und zivilen Eigentums ein. Eines der Hauptprobleme der heutigen Interpretation des Unterscheidungsgebots wurde somit schon 1863 in den Fokus der Rechte und Gebräuche im Konflikt gerückt. Bei der Differenzierung von Eigentum unterschied Lieber zwischen öffentlichen oder privaten Eigentum, welches grundsätzlich immunisiert werden sollten sowie Kulturgütern. Das zivile Eigentum sowie Objekte unterliegen jedoch der gleichen Beschränkung wie der Schutz von Zivilisten und sind demnach stets der militärischen Notwendigkeit untergeordnet.

> „*Private property, unless forfeited by crimes or by offenses of the owner, can be seized only by way of military necessity, for the support or other benefit of the army or of the United States. If the owner has not fled, the commanding officer will cause receipts to be given, which may serve the spoliated owner to obtain indemnity.*“[362]

360 Labuda, Patryk, *Lieber Code*, D-1, https://opil.ouplaw.com/view/10.1093/law:epil/9780199231690/law-9780199231690-e2126?prd=MPIL (letzter Aufruf 12.04.2020 14:13).

361 Lieber Code, Article 5, https://avalon.law.yale.edu/19th_century/lieber.asp (Letzter Aufruf 01.03.2020 10:11).

362 Lieber Code, Article 38, https://avalon.law.yale.edu/19th_century/lieber.asp (Letzter Aufruf 13.04.2020 12:51).

Leider trifft *Francis Lieber*, wie bei der Unterscheidung zwischen Kombattanten und Zivilisten, keine genaue Einordnung, ab wann ein Objekt als „zivil“ oder „militärisch“ zu klassifizieren ist. Alleine die Idee, ziviles Eigentum und Objekte generell zu schützen, ist jedoch als enormer Fortschritt zu verstehen und zeigte Liebers nachhaltigen Einfluss auf die Entwicklung des humanitären Völkerrechts.

2) *Henry Dunant* und *Friedrich Martens* – Eine Erinnerung an Solferino, die Genfer Abkommen und Haager Friedenskonferenzen

Neben *Francis Lieber* in den jungen Vereinigten Staaten fand fast zeitgleich in Europa eine ähnliche Entwicklung statt.

Die Schlacht von Solferino 1859 war eine bedeutende Schlacht innerhalb eines relativ unbedeutenden Konflikts, dem Sardinischen Krieg zwischen Österreichs und Piemont, das heute als Königreich Sardinien bekannt ist, und Frankreich.[363] Der Konflikt dauerte nur vier Monate, von April bis Juli 1859, für einen Konflikt seiner Zeit nicht unüblich.[364] Die Schlacht von Solferino wurde am 24. Juni 1859 am Fluss Mincio zwischen Mailand und Verona ausgetragen. In dieser Schlacht mit insgesamt mehr als 20.0000 Mann wurde die österreichische Armee unter Kaiser Franz-Josef von den piemontesisch-französischen Truppen unter dem Kommando Napoleon III besiegt.[365] Obwohl die Verluste von Bericht zu Bericht unterschiedlich sind, zählte die Schlacht von Solferino etwa 17.200 französische und 22.000 österreichische Opfer,[366] zu diesem Zeitpunkt mehr Tote und Verwundete als in jeder europäischen Schlacht seit Waterloo.[367]

Der damaligen militärischen Praxis entsprechend wurden die Verwundeten, die nicht mehr in der Lage waren mit ihrer marschierenden Armee Schritt zu halten, auf dem Schlachtfeld zurückgelassen.[368] Die Schlacht wurde vom damals 31-jährigen *Henry Dunant*, einem wohlhabenden Schweizer Geschäftsmann, beobachtet.[369] Dunant war über den Anblick der Kampfhandlungen und über die Schreie der Verwundeten entsetzt.

---

363 Nagel, John A., *Learning to Eat Soup with a Knife*, S. 16.

364 Moorehead, Caroline, *Dunant's Dream*, S. 3; Amann, Hans, *Henri Dunant: Das Appenzellerland als seine zweite Heimat*, S. 18–19.

365 Ibid.

366 Ibid.

367 Solis. Gary D., *The Law of Armed Conflict*, S. 47.

368 Ibid.

369 Amann, Hans, *Henri Dunant: Das Appenzellerland als seine zweite Heimat*, S. 18–19.

> *„Here is a hand-to-hand struggle in all its horror and frightfulness; Austrians and allies trampling each other under foot, killing one another on piles of bleeding corpses, felling their enemies with their rifle butts, crushing skulls, ripping bellies open with saber and bayonet. No quarter is given; it is a sheer butchery; a struggle between savage beasts, maddened with blood and fury. Even the wounded fight to last gasp. When they have no weapon left, they seize their enemies by the throat and tear them with their teeth"*[370]

Von den Grausamkeiten und dem Anblick der unversorgten Soldaten erschüttert, verzögerte Dunant seine Abreise aus Italien, um die nächste Woche damit zu verbringen, die Versorgung der verwundeten Soldaten beider Seiten sicherzustellen.[371]

Drei Jahre nach der Schlacht von Solferino, unfähig, den Schrecken dieser Woche zu vergessen, schrieb Dunant sein einflussreiches Werk *„Un Souvernir de Solfernio"*, ein Augenzeugenbericht über die Schlacht und ihre Nachwirkungen, welcher vor allem durch Dunants sehr detaillierte Beschreibungen die europäische Bevölkerung schockierte.[372]

> *„The operating surgeon had removed his coat … With one knee in the ground and the terrible knife in his hand, he threw his arms round the soldier's tigh, and with a single movement cut the skin round the limb. A piercing cry rang through the hospital"*[373]

Auf den letzten Seiten des *„Souvenir de Solferino"* findet sich der Keim einer Idee für die Bildung eines neutralen Hilfskomitees in Friedenszeiten. Dieses Hilfskomitee sollte Freiwillige ausbilden, die in Kriegszeiten die Verwundeten behandeln, um solche Zustände wie nach der Schlacht von Solferino künftig zu vermeiden.[374] Besonders hervorzuheben ist jedoch, dass sich Dunants Idee ausschließlich auf die verwundeten Soldaten beschränkte und einen Schutz von unbeteiligten Zivilisten außer Betracht ließ.

Im Februar 1863 in Genf, drei Jahre und acht Monate später, gründeten *Henry Dunant* und vier weitere Genfer Aristokraten, alle Mitglieder der Genfer Gesellschaft für öffentliche Wohlfahrt, schließlich das *„International Committee for Relief to the Wounded"*:[375] Ein politisch neutrales Gremium, welches Dunants

---

370 Dunant, Henry, *A Memory of Solferino*, S. 19.

371 Solis. Gary D., *The Law of Armed Conflict*, S. 48.

372 Thürer, Daniel, *Dunant's Pyramid: Thoughts on the "Humanitarian Space"*, Int. Review of the Red Cross 865 (2007), S. 50.

373 Dunant, Henry, *A Memory of Solferino*, S. 90–91.

374 *From the Battle of Solferino to the Eve of the First World War*, www.icrc.org/web/eng/siteengo.nsf/html/57JNVP (Letzter Aufruf 11.09.2019 14:45).

375 Ibid.

Ideen über die Versorgung verwundeter Soldaten in die Praxis umsetzen sollte. Die Schweizer Regierung erklärte sich bereit die Schirmherrschaft für eine diplomatische Konferenz zu übernehmen, und im August 1864 versammelten sich Delegierte aus 16 Ländern in Genf, um die Grundprinzipien für die junge Organisation festzulegen. 1864 wurde aus dem „*International Committee for Relief to the Wounded*“ das „*International Committee of the Red Cross*“ (ICRC) mit seinem distinktiven Erkennungszeichen, der Schweizer Fahne mit umgekehrten Farben[376].[377] Die aus dieser internationalen Konferenz entstandene Genfer Konvention von 1864 markierte den Beginn der Genfer Tradition des humanitären Völkerrechts.

Neben der Genfer Tradition, welches sich zunächst nur auf Konfliktteilnehmer, Kriegsgefangene erstrecke, entwickelte sich in Den Haag ab 1899 ein weiterer Ansatzpunkt im humanitären Völkerrecht:[378] Durch die industrielle Revolution verlagerte sich die Waffentechnik von langen Vorderladermusketen zu Repetierbüchsen hin zum Maschinengewehr und von hölzernen Segelschiffen zu stählernen Zerstörern.[379] Die industrielle Revolution führte nicht nur zu einer stärkeren Interaktion zwischen den Staaten, durch Investitionen und Warenaustausch, sondern auch zu einem florierenden Waffenhandel. Neue Waffen und Technik konnten in Massenproduktion hergestellt und durch verbesserte Infrastruktur nahezu überall hin geliefert werden. Als Antwort auf diese Entwicklung wurde auf Drängen des russischen Zars Nikolaus II und der niederländischen Königin Wilhelmina 1899 eine internationale Konferenz in Den Haag einberufen.[380]

376 Im Gegensatz zu Art. 38 des I. Genfer Abkommen von 1949 „*As a compliment to Switzerland, the heraldic emblem of the red cross … formed by reversing the Federal colours, is retained as the emblem and distinctive sign*“, gibt es keine Aufzeichnungen, welche belegen, dass die Delegierten 1864 tatsächlich die schweizer Flagge im Sinn hatten.

377 *From the Battle of Solferino to the Eve of the First World War*, www.icrc.org/web/eng/siteengo.nsf/html/57JNVP (Letzter Aufruf 11.09.2019 14:59).

378 Gardam, Judith, *Necessity, Proportionality and the Use of Force by States*, S. 50.

379 Aldrich, George H., *From the St. Petersburg Declaration to the Modern Law of War*, in: Borsinger, Nicolas, *125th Anniversary of the 1868 Declaration of St. Petersburg*, S. 50, 51.

380 Düffler, Jost, *Regeln gegen den Krieg? Die Haager Friedenskonferenzen 1899 und 1907 in der internationalen Politik*, S. 12–15.

„The present moment would be very favorable for seeking, by means of international discussion, the most effective means of ensuring to all peoples the benefits of a real and lasting peace, and, above all, of limiting the progressive development of existing armaments“[381]

Die aus dieser Konferenz entstandene Haager Landkriegsordnung war eine Anlage zu dem während der ersten Friedenskonferenz in Den Haag beschlossenen zweiten Haager Abkommen von 1899 *„betreffend die Gesetze und Gebräuche des Landkriegs“*, welches 1907 im Rahmen der Nachfolgekonferenz als viertes Haager Abkommen in leicht geänderter Fassung erneut angenommen wurde. Die Haager Landkriegsordnung befasste sich größtenteils mit der Regulierung des Einsatzes bestimmter Waffen wie Hohlmantelgeschosse, „Dum-Dum“ Munition oder explodierenden Projektilen. Viele Regelungen der Haager Abkommen sind bis heute verbindlich geblieben und lassen sich vor allem im ersten Zusatzprotokoll zu den Genfer Abkommen wiederfinden.[382] Die vielleicht wichtigste dieser Erklärungen ist in der Präambel der zweiten Konvention von 1899 festgehalten. Die dort formulierte Marten'sche Klausel, die nicht nur ausdrücklich zwischen Konfliktteilnehmern und Zivilisten unterscheidet, sondern ebenfalls verdeutlicht, dass die durch Jahrhunderte lange Entwicklung entstandenen Konzepte von Zivilisation und Menschlichkeit für das Recht im Krieg absolut grundlegend sind und gebieten, dass Schonung und Schutz die oberste Priorität besitzen.

„The high contrasting Parties think it right to declare that in cases not included in the Regulations adopted by them, populations and belligerents remain under the protection and empire of the principles on international law, as they result from the usage established between civilized nations from the laws of humanity and the requirements of the public conscience“[383]

Die außerordentliche Bedeutung dieser Erklärung wird besonders deutlich, wenn man sich vor Augen führt, dass die Marten'sche Klausel in allen vier Genfer Abkommen von 1949 enthalten ist und heute immer noch bei grundlegenden Fragen im humanitären Völkerrecht herangezogen wird – wie auch in dieser Arbeit.[384]

---

381 Scott, James Brown, *The Hague Conventions and Declarations of 1899 and 1907*, S. 14.

382 Dinstein, Yoram, *Legitimate Military Object under the current Jus in Bello*, International Law Studies, Vol. 78 S. 148.

383 Scott, James Brown, *The Hague Conventions*, S. 101–102.

384 Pustogarov, Vladimir V., *Fyodor Fyodorovich Martens (1845–1909) – A Humanist of Modern Times*, 1966 Int. Review of the Red Cross, S. 312.

V) Neuorientierung und Herausbildung des modernen humanitären Völkerrechts

Das 20. Jahrhundert war das „Zeitalter der Extreme“.[385] Die Entwicklung des Völkerrechts in dieser Zeit wurde entscheidend von den epochalen Ereignissen zweier Weltkriege sowie vom Aufstieg und Untergang faschistischer und kommunistischer Diktaturen in Europa sowie Asien geprägt.[386] Das Ende der beiden Weltkriege sowie die Gründung des Völkerbundes und der späteren Vereinten Nationen stellten einen bedeutenden Umbruch und Neuanfang für das damalige Völkerrecht dar.[387]

Der erste und der zweite Weltkrieg waren die ersten großangelegten bewaffneten Konflikte der Welt. Kriege um alle Kriege zu beenden, aus deren Durchführung jedoch das Konzept eines totalen Krieges entspringen sollte.[388] Vor den Weltkriegen gab es wenig Bedarf für eine verbindliche vertragliche Kodifizierung des Unterscheidungsgebots, da die Zivilbevölkerung sowie zivile Objekte relativ wenig unter dem Waffengebrauch der kämpfenden Armeen litten, es sei denn, Zivilisten oder zivile Objekte befanden sich direkt auf dem Schlachtfeld. Die Weltkriege änderten diese Situation jedoch mit dem Einsatz von weitreichender Artillerie, Bombardements aus der Luft und Repressalien, die direkt auf Städte und die dortige Zivilbevölkerung gerichtet waren.[389]

> „*War no longer exists (…) war is now a battle in a field between men and machinery, war as a massive deciding event in a dispute in international affairs*“[390]

Nach dem zweiten Weltkrieg bildete sich deshalb 1949 ein Konsens innerhalb der Staatengemeinschaft über die grundlegendsten Grausamkeiten des Krieges, die durch internationale Verträge verboten werden mussten.[391] Das Ende des Zweiten Weltkriegs, gemessen an Verwüstung und politischer Transformation, leitete einen umfassenden Paradigmenwechsel über die Auffassung sowie Art und Weise, wie bewaffnete Konflikte durchgeführt werden, ein.[392] Die Taktiken

---

385 Hobsbawm, Eric, *Das Zeitalter der Extreme*, Weltgeschichte des 20. Jahrhunderts 1998.

386 Meron, Theodor, *International Law in the Age of Human Rights*, S. 24.

387 Ibid.

388 Neff, Stephen, *War and the Law of Nations: A General history*, S. 65.

389 ICRC Commentary on the Additional Protocols Rn. 1866.

390 General Smith, Rupert, *The Utility of Force: The Art of War in the Modern World*, S. 3.

391 Morgenthau, Hans, *Politics Among Nations: The Struggle for Power and Peace*, S. 391–393.

392 Ibid.

des Terrors, die während des Krieges sowohl von Alliierten als auch von Achsenmächten praktiziert wurden, von Luft- und Atombombenangriffen bis hin zu Konzentrations- und Internierungslagern, stellten die im Mittelalter und der Frühen Neuzeit aufgestellten Überlegungen zur sozialen Evolution von Zivilisation und Barbarei in den Schatten.[393] Inmitten dieses menschlich-moralischen Ruins bestand die Aufgabe der Vertragskonferenzen zu den Genfer Konventionen von 1949 vor allem darin, ein gewisses Maß an Zivilisation zu rehabilitieren.[394] Eine Neuordnung und Anpassung der Normen über die konkrete Durchführung von Feindseligkeiten, dem Haager Recht, wurde jedoch aus der damaligen politischen Diskussion ausgeklammert.[395] Der Grund für diesen thematischen Ausschluss lag aller Wahrscheinlichkeit darin, die Verhandlungen zu den Abkommen zu beschleunigen, welche mit vier Monaten fast schon blitzartig erscheint.[396] Diese Anpassung über die Durchführung von Feindseligkeiten, welche in den Verträgen von 1949 unerfüllt geblieben ist, wurde 28 Jahre später, nach vierjähriger Verhandlungsdauer, nachgeliefert. Dies geschah in Form des ersten Zusatzprotokolls zu den Genfer Abkommen über den Schutz der Opfer internationaler bewaffneter Konflikte und des zweiten Zusatzprotokolls zu den Genfer Abkommen über den Schutz der Opfer nicht-internationaler bewaffneter Konflikte. Diese zwei Verträge ergänzten die Abkommen von 1949, indem sie bestehende Regeln stärkten und neue Schutzbestimmungen einführten. Vor allem fügten die Protokolle eine Reihe von Regeln über die Durchführung von Feindseligkeiten und des Verhaltens in Konflikten hinzu, die seit den Haager Konventionen von 1907 unangetastet geblieben sind. Insbesondere sollte mit den Zusatzprotokollen ein verbindliches Unterscheidungsgebot eingeführt werden.[397]

Im Zuge der Expertentreffen in den 1960er und 1970er Jahren sowie in den Vorbereitungskonferenzen zu den Protokollen von 1977 waren die Positionen der Experten zu solch einem Unterscheidungsgebot gespalten. Es sei, so ein Experte: „*(impossible), in practice, to distinguish between civilians and persons*

393 Kinsella, Hellen M., *The Algerian Civil War and the 1977 Protocols Additional*, Note. 43.

394 Cassese, Antonio, *The Prohibition of Indiscriminate Means of Warfare*, in: Gaeta/Tappala, *The Human Dimension of International Law: Selected Papers*, S. 173.

395 Ibid.

396 Cassese, Antonio, *Weapons Causing Unnecessary Suffering: Are They Prohibited*, in: Gaeta/Tappala, *The Human Dimension of International Law: Selected Papers*, S. 193–195.

397 Forsythe, David P, *Humanitarian Politics: The International Committee of the Red Cross* S. 173.

engaged in military operations".[398] *Herr Bindeschedler*, der Vertreter der Schweiz, hingegen bemerkte: „*the distinction between armed forces and civilians (is) a basic element of the law of armed conflict and an essential principle of civilization, without which there would be a return to barbarism*".[399] Trotz gegensätzlicher Ansichten schafften es die Delegierten sich auf ein verbindliches Prinzip der Unterscheidung zu einigen. Sie erkannten, dass die Unterscheidung im Konflikt weiterhin den Unterschied zwischen Zivilisation und Barbarei markierte.[400] Das Unterscheidungsgebot ist integraler Bestandteil eines bestimmten Verständnisses davon, was es bedeutet, zivilisiert zu sein und wie dieses Kapitel gezeigt hat, auch eine Form des Verständnisses davon, was es bedeutet menschlich zu sein.[401]

---

398 International Committee of the Red Cross (ICRC), *Conference of Government Experts on the Reaffirmation and Development of International Humanitarian Law Applicable in Armed Conflicts,* Report on the Work of the Conference, S. 142.

399 Bindschedler, Schweiz, aus "Opening Comments," in CDDH, SR. 13: 137–38, vol. 5.

400 Johnson, James Turner Johnson, "*Grotius' Use of History and Charity in the Modern Transformation of the Just War Idea,*" Grotiana 4, no. 1 (1983), 32.

401 Ibid.

Kapitel 2: Das moderne Unterscheidungsgebot und der kontemporäre Targeting-Prozess

„– *Hitting the target – for centuries the principal military skill*“

– John Keegan – The Face of Battle: A Study of Agincourt, Waterloo, and the Somme (1983)

A) Das Unterscheidungsgebot im 21. Jahrhundert

Nach einer langen Entstehungsgeschichte und den Grausamkeiten des zweiten Weltkriegs wurden mit den Genfer Konventionen von 1949 und den ergänzenden Zusatzprotokollen 1977 die heute maßgebenden Regelwerke zum Verhalten im Konflikt und zum ausdrücklichen Schutze von zivilen Individuen und Objekten im Konflikt geschaffen. Die Genfer Abkommen heben sich, im Vergleich zur Vergangenheit, vor allem dadurch ab, dass zwischen internationalen sowie nicht-internationalen Konflikten unterschieden wird und mit den gemeinsamen Art. 2 und 3 der Genfer Konventionen I.–IV. für alle vier Konventionen geltende Regeln geschaffen wurden, welche sowohl den rechtlichen Anwendungsbereich der Genfer Abkommen bestimmen, als auch Mindeststandards an Schutz für Konfliktteilnehmer sowie zivilen Personen und Objekten bereitstellen.[402] Da die Abkommen zwischen einem international bewaffneten Konflikt zwischen zwei Staaten sowie einem nicht international bewaffneten Konflikt zwischen einem Staat und einer sogenannten „*Non State Armed Group*" unterscheiden, kann sich das geltende Recht im Konflikt, je nach Typus des Konflikts, verändernd.[403] Gemäß dem gemeinsamen Art. 2 der Genfer Abkommen gelten die Genfer Konventionen I–IV nur im Rahmen eines international bewaffneten Konflikts, und die dort statuierten Bestimmungen sind folglich nur in einem solchen anwendbar.[404]

Für den nicht-international bewaffneten Konflikt gilt auf Grundlage des gemeinsamen Art. 3 der Genfer Konventionen, dass ab einem gewissen Grad der Intensität an Gewalt, ein Mindeststandard für den Schutz von Personen und Objekten, die nicht unmittelbar an den Feindseligkeiten beteiligt sind, gelten muss.[405]Da vor allem im nicht-international bewaffneten Konflikt die Grenzen zwischen zivilen Personen und Mitgliedern einer „*Non State Armed Group*"[406]

402 ICRC Opinion Paper 2008, How is the Term „Armed Conflict" Defined in International Humanitarian Law?. https://www.icrc.org/eng/assets/files/other/opinion-paper-armed-conflict.pdf. (Letzter Aufruf 14.04.2020 11:26).

403 Ibid.

404 *Solis*, The Law of Armed Conflict, S. 519.

405 *Solis*, The Law of Armed Conflict, S. 519; ICRC – The Geneva Conventions, https://www.icrc.org/eng/war-and-law/treaties-customary-law/geneva-conventions/overview-geneva-conventions.htm. (letzter Aufruf 01.03.2018 14:30).

406 Nachfolgend nur noch „NSAG".

nicht deutlich erkennbar sind, wurden beispielsweise in Artikel 4 Nr. 2 des III. Genfer Abkommens Merkmale statuiert, welche die Unterscheidung erleichtern sollen und dessen Anforderungen ebenfalls in einem nicht-internationalen Konflikt als Indiz zur Unterscheidung herangezogen werden können.[407] Neben einer Ebene aktiver Konfliktteilnehmer wie Kombattanten im international bewaffneten Konflikt oder „*Non State Armed Actors*" für den nicht-international bewaffneten Konflikt, wird im kontemporären humanitären Völkerrecht die Kategorie der zivilen und militärischen Objekte zunehmend bedeutsamer.[408]

I) Art. 48 des ersten Zusatzprotokolls zu den Genfer Abkommen – Unterscheidung

Die heutige Notwendigkeit einer Unterscheidung zwischen Kombattanten und Zivilisten sowie zwischen militärischen und zivilen Objekten ist in Art. 48 des ersten Zusatzprotokolls zu den Genfer Abkommen[409] klar normiert.

> „*In order to ensure respect for and protection of the civilian population and civilian objects, the Parties to the conflict shall at all times, distinguish between the civilian population and combatants and between civilian objects and military objectives and accordingly shall direct their operations only against military objectives*"[410]

Die Positivformulierung in Art. 48 AP I ist heute eine der fundamentalen Grundlagen der Gesetze und Gebräuche des Krieges und entspringt der in Kapitel 1 dargestellten Genealogie der Immunität. Dieser Grundpfeiler des humanitären Völkerrechts wurde vom International Court of Justice, neben der Vermeidung unnötiger Leiden, als einer der beiden Hauptgrundsätze des humanitären Völkerrechts hervorgehoben.[411] In Anbetracht der Aussage des International Court of Justice hat die International Law Commission zudem erklärt, dass das heutige

---

407 *Dörmann*, *The legal situation of „unlawful/unprivileged combatants"*, Int. Review of the Red Cross No. 849 S. 45, 46.

408 Dinstein, Yoram, *Legitimate Military Object under the current Jus in Bello*, International Law Studies, Vol. 78 S. 148; Henderson, Ian, *Contemporary Law of Targeting*, S. 43.

409 Folgend "AP I".

410 Artikel 48, Protocol Additional to the Geneva Conventions of 12 August 1949, and relating to the Protection of Victims of International Armed Conflicts (Protocol I), 8 June 1977, 1125 UNTS 3.

411 1996 ICJ 226 (para 78). Advisory opinion on the legality of the Threat or use of Nuclear Weapons.

Unterscheidungsgebot als *Jus Cogens* und somit als zwingendes Völkerrecht anzuerkennen ist.[412]

Dieser humanitär-völkerrechtliche Grundsatz ist somit bei jeder militärischen Operation und jedem militärischen Handeln im Konflikt zugrunde zu legen und hat den Vorteil, dass er im Gegensatz zu seinen Vorläufern aus der Vergangenheit, heute eindeutig und klar die Regel festlegt, dass immer zwischen der zivilen Bevölkerung und Kombattanten auf der einen Seite und zwischen zivilen und militärischen Objekten auf der anderen Seite unterschieden werden muss.[413]

1) Begriffsbestimmungen des Art. 48 AP I

Bevor genauer auf die heutige Problematik des Unterscheidungsgebots eingegangen wird, bedürfen die Formulierung des Art. 48 AP I und die damit einhergehenden Herausforderungen des Unterscheidungsgebots jedoch einer genaueren Betrachtung. Zwar erscheint das Unterscheidungsgebot auf den ersten Blick sehr eindeutig, die modernen Veränderungen der Mittel und Methoden der Kriegsführung fordern die Formulierung des Art. 48 AP I aber immer wieder auf ein Neues heraus. Als, wie bereits dargestellt, im 19. Jahrhundert das Grundgerüst des heutigen Unterscheidungsgebots formuliert wurde, waren die unterscheidenden Merkmale zwischen Zivilisten und Kombattanten noch deutlich klarer.[414] Damals wurde der Krieg noch zwischen uniformierten Formationen zweier Armeen auf einem abgelegenen Schlachtfeld ausgetragen. Heute hingegen besitzt ein Großteil der bewaffneten Konflikte einen nicht-internationalen Charakter, was zum einen die Unterscheidung erschwert und sich zum anderen der militärisch-operative Fokus solcher Konflikte eher in bewohnten Gebieten befindet als auf einem entfernten Schlachtfeld.[415] In modernen Konflikten unterscheiden sich Kombattanten deshalb immer weniger von Zivilisten, so zum Beispiel bei verdeckten militärischen Operationen[416] oder bei Guerilla-Kämpfern, welche zwar tagsüber beispielsweise als Bauer auf einem Feld arbeiten, in der

412 International Law Commission, Report on State Responsibility, Yearbook of International Law Commission 2001, vol. II, Part Two, Draft Article 40, Commentary 112.

413 ICRC Commentary on the Additional Protocols Rn. 1872.

414 Siehe Kapitel 1.

415 Melzer, Nils, *The Principle of Distinction between Civilians and Combatants*, Oxford Handbook of Int. Law in Armed Conflicts, S. 297.

416 Zu den sogenannten „Covert Operations" siehe: https://www.heise.de/tp/features/Hybride-Kriegsfuehrung-verdeckte-Operationen-und-geheime-Kriege-3374228.html?seite=all (Letzter Aufruf 04.04.2020 11:58).

Nacht jedoch zu einer Waffe greifen und an Kampfhandlungen beteiligt sind.[417] Durch die starke und immer schneller werdende Veränderung der modernen Kriegsführung drohen zunehmend mehr Zivilisten gefährdet zu werden und die durch jahrhundertelange Entwicklung hart erkämpften Errungenschaften des humanitären Völkerrechts drohen zu unterlaufen. Gerade deshalb ist eine genaue Konturierung der bestehenden Begriffe des Art. 48 AP I so bedeutsam.

Das Vertragswerk verwendet in der englischen Sprache die Formulierung „*respect for and protection of the civilian population and civilian objects*“[418], wohingegen die deutsche Übersetzung die Wörter „Schonung und Schutz“ gebraucht. Hervorzuheben ist, dass im I. Genfer Abkommen von 1949 diese Begriffe exklusiv für Verwundete, Kranke, medizinische Einrichtungen und medizinisches Personal verwendet wurden und nicht für Zivilisten.[419]

Betrachtet man den Wortlaut des Art. 48 AP I genauer, dann lässt sich feststellen, dass das Wort „*respect*“ vorgibt, die Immunität bestimmter Personen und Objekte zu achten und nicht anzugreifen. Dieser Gedanke wird anschließend durch das Wort „*protection*“ zu einem Akt positiver Hilfe konstituiert.[420] Die Vorgaben des Art. 48 AP I mit Blick auf die Zivilbevölkerung und zivile Objekte sind somit etymologisch weiter als eine einfache Schutzaufforderung gefasst und man kann sogar von einer doppelten Schutzwirkung sprechen.[421] Diese doppelte Schutzwirkung drückt sich folgendermaßen aus: Zum einen wird nicht nur die Achtung der immunisierten Individuen und Objekte als solche gefordert, die Vertragsstaaten sind darüber hinaus ausdrücklich zu einer aktiven Verteidigung des Immunisierten aufgefordert.[422]

Bezüglich des Begriffes der Zivilbevölkerung lässt sich in Art. 50 I AP I eine Definition finden:

> „*A civilian is any person who does not belong to one of the categories of persons referred to in Article 4 A (1), (2), (3) and (6) of the Third Convention and in Article 43 of this*

417 Ibid.

418 Article 48, Protocol Additional to the Geneva Conventions of 12 August 1949, and relating to the Protection of Victims of International Armed Conflicts (Protocol I), 8 June 1977, 1125 UNTS 3.

419 ICRC Commentary on the Additional Protocols Rn. 1872.

420 ICRC Commentary on the Additional Protocols Rn. 1873.

421 Ibid.

422 Ibid.

Protocol. In case of doubt whether a person is a civilian, that person shall be considered to be a civilian.“[423]

Als Parallele zu Art. 50 I AP I sind in Art. 43 II AP I Kombattanten als Mitglieder der Streitkräfte mit Ausnahme des medizinischen und geistlichen Personals normiert.

„*Members of the armed forces of a Party to a conflict (other than medical personnel and chaplains covered by Article 33 of the Third Convention) are combatants, that is to say, they have the right to participate directly in hostilities.*“[424]

Für beide Gruppen existiert mithin eine einheitliche Definition zur Unterscheidung auf dem Schlachtfeld, was die über *Hugo Grotius* bis *Francis Lieber* bestehende Tradition, dass normale Bürger grundsätzlich als Feind anzuerkennen waren, schlussendlich aufgibt und den generellen Schutz von Unbeteiligten bedingungslos anerkennt.

Folglich besteht Art. 48 AP I aus drei Teilen: Es muss bei jedem militärischen Handeln zwingend eine Unterscheidung zwischen militärischen und zivilen Personen sowie Objekten vorgenommen werden und der geplante Angriff darf sich nur gegen Kombattanten und/oder militärische Objekte richten. In der Praxis sind diese drei Teile des Art. 48 AP I eng miteinander verwoben und nicht so deutlich zu trennen. Sie stützen sich jedoch gegenseitig um den größtmöglichen Schutz gewährleisten zu können.[425]

2) Anwendungsbereich des Art. 48 AP I

Im Gegensatz zu den Genfer Konventionen I.–IV., die mit 195 Vertragsparteien weltweit Anwendung findet, ist das erste Zusatzprotokoll nur von 173 und das zweite Zusatzprotokoll von 167 Staaten ratifiziert.[426] Dies hat auf den ersten Blick einen humanitär-völkerrechtlichen Flickenteppich zur Folge, in welchem

---

423 Article 50, Protocol Additional to the Geneva Conventions of 12 August 1949, and relating to the Protection of Victims of International Armed Conflicts (Protocol I), 8 June 1977, 1125 UNTS 3.

424 Article 43, Protocol Additional to the Geneva Conventions of 12 August 1949, and relating to the Protection of Victims of International Armed Conflicts (Protocol I), 8 June 1977, 1125 UNTS 3.

425 Henderson, Ian, *Contemporary Law of Targeting*, S. 44; Melzer, Nils, *The Principle of Distinction between Civilians and Combatants*, Oxford Handbook of Int. Law in Armed Conflicts, S. 297.

426 https://www.icrc.org/en/war-and-law/treaties-customary-law/geneva-conventions (Letzter Aufruf 14.04.2019 13:33).

es oft schwer ist, den Überblick über das anwendbare Recht zu behalten, welches vom IKRK ebenfalls herausgegebene Karten insbesondere verdeutlichen.[427] Der konfliktspezifische Anwendungsbereich des ersten Zusatzprotokolls erstreckt sich somit erst einmal nur auf seine Vertragsstaaten und zum anderen nur auf einen international bewaffneten Konflikt. Zwar gibt es in den Artikeln 13 ff. des zweiten Zusatzprotokolls zu den Genfer Abkommen[428] ebenfalls Schutzbestimmungen, diesen fehlt jedoch die objektbezogene Komponente des Art. 48 AP I:

> *„The civilian population and individual civilians shall enjoy general protection against the dangers arising from military operations. To give effect to this protection, the following rules shall be observed in all circumstances.“*[429]

In den Artikeln 14, 15 und 16 des AP II sind zwar Bestimmungen zum Schutz von überlebenswichtigen, besonders gefährlichen oder kulturellen Objekten vorgesehen, eine allgemeine Unterscheidung und damit einhergehender Schutz ziviler Objekte fehlt jedoch.

Deshalb ist es besonders wichtig hervorzuheben, dass der in Art. 48 AP I festgelegte Grundsatz der Unterscheidung ebenfalls völkergewohnheitsrechtlich anerkannt und somit theoretisch in beiden Konflikttypen Anwendung findet.

Der International Court of Justice bestätigte dies in seiner gutachterlichen Stellungnahme „*Legality of the Threat or Use of Nuclear Weapons*“ von 1996 und bekräftigte seinen Befund mit den Worten, dass die Prinzipien der Unterscheidung und die Vermeidung von unnötigem Leid unumstößlich seien und generelle Geltung finden sollen.[430]

> *„It laid emphasis on two cardinal principles: (a) the first being aimed at the distinction between combatants and non-combatants; States must never make civilians the object of attack and must consequently never use weapons that are incapable of distinguishing between civilian and military targets“*[431]

---

427 State Parties to the Geneva Conventions and their additional Protocols, ICRC Annual Report 2018, https://reliefweb.int/sites/reliefweb.int/files/resources/icrc-annual-report-map-conven-a3.pdf (Letzter Aufruf 05.06.2019 13:38).

428 Folgend "AP II".

429 Article 13, Protocol Additional to the Geneva Conventions of 12 August 1949, and relating to the Protection of Victims of Non-International Armed Conflicts (Protocol I), 8 June 1977, 1125 UNTS 609.

430 Advisory Opinion on the Legality of the Threat or Use of Nuclear Weapons 1996, ICJ Rep. 226, 257; https://www.icj-cij.org/en/case/95 (Letzter Aufruf 14.04.2020 17:04).

431 Ibid.

Ferner hob das IKRK den Grundsatz der Unterscheidung noch einmal deutlich hervor, indem das Unterscheidungsgebot als erste Regel der Studie zum Völkergewohnheitsrecht besonders betont wurde.

> „*Rule 1. The parties of the conflict must at all times distinguish between civilians and combatants. Attacks may only be directed against combatants. Attacks must not be directed against civilians*“[432]

Der völkergewohnheitsrechtliche Status des Unterscheidungsgebots erwuchs, wie bei den meisten Konzepten des humanitären Völkerrechts, aus einer Praxis des *Jus in Bello,* welches nach dem Einzug in Militärhandbücher und verschiedene Urteile zu Gewohnheitsrecht entwickelt wurde. So sind zum Beispiel der *Kassem Case* und der *Nuclear Weapons Case* gute Indizien dafür, dass das Unterscheidungsgebot als Rechtsüberzeugung der meisten Staaten anzusehen ist.[433]

3) Aktuelle Herausforderungen des Unterscheidungsgebots

Die moderne Konzeption des Unterscheidungsgebots in Art. 48 AP I ist in Bezug auf eine Differenzierung zwischen Kombattanten und Zivilisten relativ eindeutig und flächendeckend. Mit der zunehmenden Verlagerung bewaffneter Konflikte in dicht bewohnte, urbane Regionen oder auch den Cyberspace verlagert sich jedoch auch die Problematik seiner Interpretation. Über Jahrhunderte diskutierten Philosophen und Publizisten wie *Augustinus von Hippo*, *Thomas von Aquin*, *Fransico de Vitoria*, *Hugo Grotius* und *Francis Lieber*, was einen gerechten Krieg und ein gerechtes Verhalten ausmachte. Sie versuchten die Frage zu beantworten, wer geschützt werden sollte und warum. Heute ist die Frage der individuellen Immunität weitestgehend geklärt. Der Fokus der heutigen Problematik der Unterscheidung im Konflikt liegt vielmehr in der Differenzierung zwischen zivilen und militärischen Objekten. Deshalb muss sich neben dem „wer“ vor allem die Frage gestellt werden „was“ geschützt werden soll.

Bei der Differenzierung zwischen einem militärischen oder zivilen Objekt gelten erhöhte Anforderungen. Neben der Unterscheidung als solches muss vor jedem Angriff daher auch ein besonderes Augenmerk auf die Kernprinzipien des humanitären Völkerrechts gerichtet werden.[434] Darunter fallen die militärische Erforderlichkeit, die Vermeidung von unnötigem Leid und das Prinzip der

---

432 ICRC, *Customary International Law Study*, Rule 1.

433 https://casebook.icrc.org/case-study/israel-military-prosecutor-v-kassem-and-others; https://www.icj-cij.org/files/case-related/95/095-19960708-ADV-01-00-EN.pdf.

434 Brodwell, Percy, *The Law of War Between Belligerents: A Commentary*, S. 75.

Verhältnismäßigkeit.[435] Zwar sind diese Prinzipien selbstverständlich auch bei einem Angriff auf menschliche Ziele zu beachten, die strengeren Anforderung bei Angriffen auf Objekte ergeben sich jedoch aus den erhöhten und vor allem unvorhersehbaren Schäden, welche als Folge des Angriffes auf Objekte entstehen können.[436] Eine Besonderheit bei militärischen Objekten besteht beispielsweise darin, dass diese niemals in den Zustand „*hors de combat*"[437] gelangen können. Anders als Kombattanten. So wurde während der Operation „*Iraqi Freedom*" von U.S. Streitkräften davon abgesehen, zurückgelassene Militärfahrzeuge zu zerstören, die im späteren Verlauf des Konflikts wieder von Irakischen Truppen eingesetzt wurden.[438] Demnach können sogar zurückgelassene, reparaturbedürftige oder zerstörte militärische Vehikel ein rechtmäßiges Ziel darstellen, selbst wenn diesen nur ein geringer militärischer Nutzen zukommt.

So sind die spezifischen Regeln für einen rechtmäßigen Angriff auf Menschen oder Objekte zwar im Detail unterschiedlich, beide werden jedoch stets von der gemeinsamen Anforderung der Kernprinzipien des humanitären Völkerrechts angeführt und begleitet.[439] Dies wird vor allem durch die in Kapitel 1 vorgestellte Petersburger Erklärung von 1868 noch einmal zum Ausdruck gebracht.[440]

> „*The only legitimate object which states should endeavour to accomplish during war is to weaken the military forces of the enemy*"[441]

Diese Grundregeln in der Präambel der Petersburger Erklärung dienen im humanitären Völkerrecht immer noch als leitendes Prinzip bei der Deutung von Normen bezüglich der Zielauswahl. Heute im 21. Jahrhundert, sind jedoch eine Reihe von weiteren Faktoren hinzugetreten, die diese Aufgabe zu einem überaus komplexen Unterfangen hervorheben und die Petersburger Erklärung alleine nicht mehr ausreichend ist.

---

435 *Clapham/Gaeta*, The Oxford Handbook of International Law in Armed Conflict, S. 128.

436 Ibid.

437 Im Sinne der Artikel 41 und 42 Erstes Zusatzprotokoll zu den Genfer Abkommen „kampfunfähig" oder „außer Gefecht befindlich".

438 *Henderson*, Contemporary Law of Targeting, S. 55; *US Department of Defence*, Conduct of Persion Gulf War: Final Report to Congress, Chapter 3 Rn. 701.

439 Alexander, Amanda, *A Short History of International Humanitarian Law*, (EJIL 26 (1) 2015), S. 110–112.

440 Henderson, Ian, *Contemporary Law of Targeting*, S. 43.

441 Präambel St. Petersburger Erklärung von 1868 mit Regeln zur Beschränkung von Kampfmitteln.

Trotz des mittlerweile 45-jährigen Bestehens des ersten Zusatzprotokolls zu den Genfer Abkommen, wird, solange sich Konflikte verändern und fortentwickeln, immer ein Bedürfnis nach einer schärferen Auslegung des Unterscheidungsgebots bestehen. Dieses Bedürfnis besteht heute in der Interpretation und Auslegung der Definition von militärischen Objekten sowie im Einsatz neuer Waffentechnik wie „*Cyberweapons*", da solche Waffen oft so feingesponnen und komplex sind, dass militärische Befehlshaber meist selber nur ein eingeschränktes Verständnis davon besitzen, wie jene Waffen überhaupt funktionieren und welche Konsequenzen sie hervorrufen können.[442] Deshalb fordert insbesondere die Interpretation von militärischen Objekten in Verbindung mit „*Cyberwarfare*" unser Verständnis von bewaffneten Konflikten und der Anwendung des humanitären Völkerrechts erneut heraus und wird den weiteren Fokus dieser Arbeit darstellen.[443]

Art. 48 AP I ist eine Grundregel, welche ein Konzept der Unterscheidung und somit ein Konzept für die Rechtmäßigkeit eines Zieles bereitstellt, ohne dass letzteres genauer in seinem eigenen Wortlaut definiert wird.[444] Um festzustellen, welche Objekte das Ziel eines Angriffes sein können und welche nicht, muss klar festgelegt werden, wie sich militärische Objekte von zivilen Objekten unterscheiden. Im Jahr 2002 äußerte sich der damalige Präsident des IKRK *Jakob Kellenberger* zu diesem Problem und führte aus:

> „*(todays) challenges arising in mordern conflicts relate to the definition of military objectives*"[445]

II) Art. 52 (2) des ersten Zusatzprotokolls zu den Genfer Abkommen – Militärische Objekte

Die Formulierung „militärisches Ziel" wurde erstmals 1923 in Artikel 24 I der *Hague Rules of Air Warfare* für die Luftkriegsführung festgehalten.[446] Sie lässt

---

442 Best, Geoffrey, *War and Law since 1945*, S. 323; Alexander, Amanda, *A Short History of International Humanitarian Law*, (EJIL 26 (1) 2015), S. 115.

443 Dinstein, Yoram, *Legitimate Military Object under the current Jus in Bello*, International Law Studies, Vol. 78 S. 148; Henderson, Ian, *Contemporary Law of Targeting*, S. 43.

444 Schmitt/Widmar The Law of Targeting in: Targeting: The Challenges of Modern Warfare, S. 128.

445 Robertson, Horace *The Principle of the Military Objective in the Law of Armed Conflict, US Air Force Academy Journal of Legal Studies*, S. 46; Henderson, Ian, *Contemporary Law of Targeting*, S. 45.

446 Hague Rules of Air Warfare, 1923, Documents On The Laws of War, note 2, art. 24(1), at 139, 144.

sich ebenfalls in Artikel 19 der I. Genfer Konventionen von 1949 zum Schutz von Kriegsopfern sowie in Artikel 8 (1) der Haager Konvention von 1954 zum Schutz von Kulturgut in bewaffneten Konflikten finden.[447] In allen Dokumenten fehlte jedoch eine genaue und einheitliche Definition, was unter einem militärischen Ziel zu verstehen ist. Solch eine Definition wurde erst 1977 für das humanitäre Völkerrecht geschaffen.[448] Gemäß Art. 52 (2) des ersten Zusatzprotokolls der Genfer Konventionen von 1977 wird ein militärisches Objekt wie folgt definiert:

> *„Attacks shall be limited strictly to military objectives. In so far as objects are concerned, military objectives are limited to those objects which by their nature, location, purpose or use make an effective contribution to military action and whose total or partial destruction, capture or neutralization, in the circumstances ruling at the time, offers a definite military advantage"*[449]

1) Begriffsbestimmung des Art 52 (2) AP I

Zunächst ist zu klären, wie die unterschiedlichen Begriffe des Art. 52 (2) AP I zu verstehen sind. Der Begriff *„Attacks"* ist in Art. 49 (1) AP I festgelegt und wird wie folgt definiert: *„Acts of violence against the adversary, whether in offence or in defence."*.[450] Von Art. 49 (1) AP I erfasst sind nicht nur großangelegte Operationen, sondern ebenfalls kleinere einzelne Angriffe, wie zum Beispiel der Schuss eines Scharfschützen, und folglich, *a minori ad maius*, jeder Akt kriegerischer Gewalt.[451]

Die Begriffe *„Object"* und *„Objective(s)"* in Art. 52 (2) AP I beziehen sich unstreitig auf Objekte im Sinne körperlicher Gegenstände, jedoch werden mit dem Begriff *„Objectives"* auch Menschen in den Geltungsbereich mit einbezogen.[452] Im Lichte der Auslegung und unter Heranziehung der Artikel 31 ff. der

---

447 Dinstein, Yoram, *Legitimate Military Object under the current Jus in Bello*, International Law Studies, Vol. 78 S. 141.

448 Ibid.

449 Artikel 52, Protocol Additional to the Geneva Conventions of 12 August 1949, and relating to the Protection. of Victims of International Armed Conflicts (Protocol I), 8 June 1977, 1125 UNTS 3.

450 Artikel 48 Protocol Additional to the Geneva Conventions of 12 August 1949, and relating to the Protection of Victims of International Armed Conflicts (Protocol I), 8 June 1977, 1125 UNTS 3.

451 Dinstein, Yoram, *Legitimate Military Object under the current Jus in Bello,* International Law Studies, Vol. 78 S. 141.

452 ICRC, *Commentary on the Additional Protocols,* Rn. 2017; vgl. Präambel St. Petersburger Erklärung von 1868. mit Regeln zur Beschränkung von Kampfmitteln; Menschen fallen absolut unstreitig nicht unter den Begriff *„Object"*. Um eine Flexibilität

Wiener Vertragsrechtskonvention wird deutlich, dass das Wort „*Objective*“ eine Abkürzung des Wortes „*Objective Point*“ ist, welches gemäß des Oxford Dictionary „*something, that one's efforts or actions are intended to attain or accomplish*“[453] bedeutet. Ferner wäre die Phrase „*in so far as objects are concerned*“ überflüssig, wenn die Schöpfer des Art. 52 (2) AP I nicht hätten hervorheben wollen, dass auch menschliche Ziele unter den Begriff „*objectives*“ fallen können.

Mithin müssen nach dem Wortlaut des Art. 52 (2) AP I zwei Voraussetzungen kumulativ erfüllt werden, damit ein Ziel als ein militärisches Objekt qualifiziert werden kann: Einerseits muss das Objekt einen effektiven Beitrag zur militärischen Handlung erbringen und andererseits muss die Neutralisierung, Eroberung oder teilweise Zerstörung des Ziels einen eindeutigen militärischen Vorteil zur Folge haben.[454]

Art. 57 (2) (a) (i) AP I verlangt ferner, dass bei der Vorbereitung und Planung eines Angriffes die Konfliktparteien alles Notwendige unternehmen müssen, um eine Unterscheidung zwischen militärischen und zivilen Zielen zu gewährleisten.

> „*Do everything feasible to verify that the objectives to be attacked are neither civilian nor civilian objects*“[455]

Noch einmal besonders hervorzuheben ist, dass die genannten Definitionen und Überlegungen zu Art. 52 (2) AP I zwar wie Art. 48 AP I ebenfalls gewohnheitsrechtlich anerkannt sind, sie jedoch ebenso nur für den für das AP I festgelegten international bewaffneten Konflikt entworfen wurden. Eine grundlegende Definition für militärische Objekte im nicht-international bewaffneten Konflikt findet, wie dargelegt, im AP II der Genfer Konventionen keine Erwähnung. Für militärische Objekte im nicht-international bewaffneten Konflikt kann

---

militärischer Operationen gewährleisten zu können, soll mit „*Objectives*“ jedoch nicht ausgeschlossen werden, dass ein Mensch kein militärisches Ziel darstellen kann. So ist zum Beispiel der Präsident der Vereinigten Staaten nie aktiv an Kampfhandlungen als „*Commander in Chief*“ der US-Streitkräfte beteiligt, kann jedoch Truppenbewegungen bestimmen sowie militärische Operationen anordnen. Er ist demnach ein rechtmäßiges militärisches Ziel.

453 Robertson, Horace *The Principle of the Military Objective in the Law of Armed Conflict, US Air Force Academy Journal of Legal Studies* S. 38; ICRC Commentary on the Additional Protocols Rn. 2008; https://en.oxforddictionaries.com/definition/objective. (Letzter Aufruf 20.08.2018 15:03).

454 Downey, William, *The Law of War and Military Neccessity*, 43 AJIL 1953, S. 251–253.

455 Art. 57, Protocol Additional to the Geneva Conventions of 12 August 1949, and relating to the Protection. of Victims of International Armed Conflicts (Protocol I), 8 June 1977, 1125 UNTS 3.

jedoch neben der gewohnheitsrechtlichen Variante des Art. 52 (2) AP I eine mit Art. 52 (2) AP I wortgleiche Definition im Artikel 2 Nr. 6 des *„Amended Protocol II“* und *„Amended Protocol III“* der *„Convention on Prohibitions on the Use of Certain Conventional Weapons“* von 1980 gefunden werden. Beide genannten *„Amended Protocols“* sind auf nicht-international bewaffnete Konflikte anwendbar.[456] Dies wiederum setzt jedoch den Status als Vertragspartei zur *„Convention on Prohibitions on the Use of Certain Conventional Weapons“* voraus.

> *„‚Military objective‘ means, so far as objects are concerned, any object which by its nature, location, purpose or use makes an effective contribution to military action and whose total or partial destruction, capture or neutralization, in the circumstances ruling at the time, offers a definite military advantage“*[457]

2) Der *„Two Pronged Test“* des Art. 52 (2) AP I

Artikel 52 (2) AP I ist somit der Ausgangspunkt für jede Diskussion über militärische Ziele und Objekte. Dies ist darauf zurückzuführen, dass er nicht nur die grundlegende Definition eines militärischen Objekts im kontemporären humanitären Völkerrecht darstellt und vorgibt, sondern vor allem auf seine universelle Stellung als Völkergewohnheitsrecht.[458] Die Definition des Art. 52 (2) AP I ist keine positive Liste, welche Objekte angegriffen werden dürfen und welche nicht. Es muss durch einen Test überprüft werden, ob es sich bei dem fraglichen Ziel um ein militärisches Objekt handelt. Dieser Test besteht nach dem Wortlaut des Art. 52 (2) AP I aus zwei Elementen, dem sogenannten *„two pronged test“*.[459]

Das erste Element (*„effective contribution to military action“*) stellt fest, ob das militärische Objekt aufgrund seiner Natur, seines Standortes, seines Zwecks oder seiner Nutzung einen wirksamen Beitrag zu militärischen Handlungen

---

456 Solis, Gary D., *The Law of Armed Conflict*, S. 524; *Henderson*, Contemporary Law of Targeting, S. 43.

457 Art. 2 Nr. 6, Protocol on Prohibitions or Restrictions on the Use of Mines, Booby-Traps and Other Devices as amended on 3 May 1996 (Protocol II), 3 May 1996, 2048 UNTS 93.

458 L. Doswald-Beck, J. M. Henckaerts, International Committee of the Red Cross, *Customary International Humanitarian Law*, vol. 1 Rules 7, 8 (ICRC Customary IHL); M.N. Schmitt (ed), *Tallinn Manual on International Law Applicable to Cyber Warfare* Rule 38 (Tallinn Manual).

459 ILA Study Group, Naval War College 93, 2017, S. 345, A. Boivin, “The Legal Regime Applicable to Targeting Military Objectives in the Context of Contemporary Warfare” (CUDH/UCHL, Research Paper Series / Collection des travaux de recherche No. 2, 2006) 15–16.

leistet oder per se einen militärischen Nutzen in sich vereint.[460] Das zweite Element („*offers a definite military advantage*“) prüft anschließend, ob die Zerstörung des militärischen Objekts einen entscheidenden militärischen Vorteil mit sich bringt. Vor allem der militärische Vorteil wird dabei ex-ante unter den im betreffenden Zeitpunkt herrschenden Umständen betrachtet, „*in the circumstances rulung at the time*“. Die beiden genannten Elemente des „*two pronged test*“ sind aufeinander aufbauend. Sollte beispielsweise die Feststellung des ersten Elements ins Leere laufen, muss der Angriff abgebrochen werden.

a) Teil I – „Effective Contribution to Military Action“

Wie bereits erwähnt, besteht der erste Teil des Tests darin zu überprüfen, ob ein Objekt einen effektiven Beitrag zur militärischen Handlung leistet. Um dies zu analysieren, wird anhand der Kriterien „*nature, location, purpose and use*“ bewertet, ob dem Objekt ein militärischer Nutzen zukommt.[461]

Sollte der unwahrscheinliche Fall eintreten, dass ein Objekt nicht unter eines dieser Kriterien subsumiert werden kann, wird der eigentliche Gedanke hinter den in Art. 52 (2) AP I normierten Kriterien deutlich. Die entscheidende Frage, welche der erste Teil des „*two pronged test*“ zu beantworten versucht, liegt darin, ob ein Objekt generell einen effektiven Beitrag in einem militärischen System leistet und nicht, ob ein Objekt eines oder mehrere der vier Kriterien zwanghaft zugeordnet werden kann.[462] Demnach ist die vierfache Untertcilung der militärischen Ziele nach Natur, Zweck, Nutzung und Standort nicht so restriktiv, wie man anfangs vermuten könnte. Es wird vielmehr eine generelle Auswahl an Anknüpfungspunkten bereitgestellt. Der Völkerrechtler *Ian Henderson* stellt ebenfalls richtigerweise fest, dass die Kriterien „*nature, location, purpose and use*“ keine Limitierungen sind, sondern Richtlinien zur korrekten Einordnung und Bewertung.[463] Es ist ebenfalls zulässig, mehrere Kategorien bei der Bewertung eines Objektes in Betracht zu ziehen.[464] Ein Panzer oder Kampflugzeug ist

460 Sassoli, Marc, *Military Objectives*, B. Rn. 5, http://opil.ouplaw.com/view/10.1093/law:epil/9780199231690/law-9780199231690-e334?rskey=Txd0gv&result=4&prd=EPIL (Letzter Aufruf 20.07.2019 14:32).

461 Ibid.

462 *Blank*, Armed Conflict and Terrorism: Identification of Military Objectives, Military and Strategic Affairs – Special Issue April 2014, S. 76; *Henderson*, Contemporary Law of Targeting, S. 54.

463 Henderson, Ian, *Contemporary Law of Targeting* S. 54.

464 Ibid.

selbstverständlich für den Kampfeinsatz deutlich effektiver, wenn das Fahrzeug sich in direkter Nähe zum Konfliktgebiet befindet und nicht Kilometer weit vom Geschehen entfernt ist. In diesem Beispiel wären somit die Kriterien „*nature*" und „*location*" für die Bewertung der Fahrzeuge als rechtmäßiges Ziele relevant.

Ferner werden beide Teile des „*two pronged test*" durch die Phrase „*in the circumstances ruling at the time*" ergänzt. Es sollte deshalb im Hinterkopf behalten werden, dass zum Beispiel ein militärischer HMMWV von seiner Natur aus ein militärisches Objekt ist, sich jedoch die Rechtmäßigkeit als Ziel immer noch an den vorherrschenden Umständen im Konflikt messen muss.[465] Wird das Fahrzeug beispielsweise dazu verwendet, Zivilisten zu transportieren, verliert der HMMWV seine Eigenschaft als rechtmäßiges Ziel. Zu beachten ist außerdem, dass bei jeder Subsumption des effektiven militärischen Beitrags zwingend Art. 52 (3) AP I zu beachten ist, welcher die Vermutung in Bezug auf die Nutzung von militärischen Objekten restringiert und es sich im Zweifelsfall um ein durch Art. 48 AP I immunisiertes ziviles Objekt handelt.

> „*In case of doubt wheater an object which is normally dedicated to civilian purposes, such as a place of worship, a house or other dwelling or a school, is being sed to make an effective contribution to military action, it shall be presumed not to be so used*"[466]

aa) „Nature"

Das erste Merkmal, das sich in Art. 52 (2) AP I finden lässt, ist die Kategorie „*nature*". Der Begriff „*nature*" bezieht sich auf die objektive Eigenschaft bestimmter Objekte, die unmittelbar von bewaffneten Kräften genutzt werden, wie zum Beispiel Waffen, Truppentransporter, Kommunikationsanlagen, Bunker oder Depots.[467] Das Objekt muss demnach von Natur aus intrinsische Eigenschaften besitzen, welche einen militärischen Beitrag erbringen.[468]

Der Begriff „*nature*" ist eng mit dem Begriff „*use*" verwoben. Die Natur eines Objekts wird vor allem dann hervorgehoben, wenn die bezweckte Nutzung, „*use*"

---

465 *Steiger*, Civilian Objects, C. 1; http://opil.ouplaw.com/view/10.1093/law:epil/9780199231690/law-9780199231690-e267?rskey=X7csod&result=6&prd=EPIL. (Letzter Aufruf 11.11.2018 15:04).

466 Art. 52 Protocol Additional to the Geneva Conventions of 12 August 1949, and relating to the Protection of Victims of International Armed Conflicts (Protocol I), 8 June 1977, 1125 UNTS 3.

467 ICRC Commentary on the Additional Protocols Rn. 2020; Artikel 52 Protocol Additional to the Geneva Conventions of 12 August 1949, and relating to the Protection of Victims of International Armed Conflicts (Protocol I), 8 June 1977, 1125 UNTS 3.

468 Commentary on the HPCR Manual, Section E: Rule 22 a).

des Objekts deutlich wird.[469] Zum Beispiel kann eine Glasfabrik, welche Linsen für Jäger herstellt, in Zeiten des Friedens noch ein ziviles Ziel sein, aber mit dem Ausbruch eines bewaffneten Konflikts militärisch werden, wenn dort nicht mehr Linsen für Jäger, sondern taktische Aufsätze für Gewehre der Streitkräfte hergestellt werden.[470] Auch ein Verteidigungsministerium kann theoretisch ein militärisches Objekt nach dem Kriterium „*nature*“ sein, da das Verteidigungsministerium der Inhaber der Befehls- und Kommandogewalt der Streitkräfte ist und mithin die Spitze der Wehrverwaltung bildet.[471] Laut Kommentar des IKRK werden unter die Kategorie „*nature*“ alle Objekte gefasst, welche normalerweise im Besitz oder unter der Kontrolle des Militärs, zwecks Nutzung durch das Militär, stehen.[472]

> *„this category comprises all objects directly used by the armed forces: weapons, equipment, transports, fortifications, depots, buildings occupied by armed forces, staff headquarters, communications centres etc.“*[473]

Der Kommentar des IKRK versteht die Kategorie „*nature*“ als Objekte, welche direkt von den Streitkräften für militärische Operationen verwendet werden können.[474] Somit handelt es sich bei der Kategorie „*nature*“ um alle militärischen Objekte, welche sich im Besitz des Militärs befinden oder grundsätzlich vom Militär kontrolliert werden. Ein militärisches Transportfahrzeug würde in diese Kategorie fallen, während ein vom Militär beschlagnahmtes ziviles Fahrzeug, wie noch verdeutlicht wird, eher in die Kategorie „*use*“ fallen würde.

Die „*Natur*“ eines Objekts ist somit im Allgemeinen der einfachste Aspekt bei der Beurteilung, ob das Objekt rechtmäßig angegriffen werden kann oder nicht. Es bezieht sich auf den innewohnenden Charakter des Objekts als Teil der militärischen Streitkräfte.[475]

---

469 Bsp. nach *Solis*, Law of Armed Conflict, S. 525.

470 *Heller*, Disguising a military Object as a Civilian Object, U.S Naval War College International Law Studies S. 531; *Solis*, Law of Armed Conflict, S. 524.

471 Commentary on the HPCR Manual, Section E: Rule 22 a); https://www.bmvg.de.

472 ICRC, *Commentary on the Additional Protocols*, Rn. 2019–2020.

473 Ibid.

474 Ibid.; Henderson, Ian, *Contemporary Law of Targeting*, S. 55; Robertson, Horace *The Principle of the Military Objective in the Law of Armed Conflict, US Air Force Academy Journal of Legal Studies*, S. 46.

475 Sassoli, Marc, *Military Objectives*, B-2; https://opil.ouplaw.com/view/10.1093/law:epil/9780199231690/law-9780199231690-e334?rskey=rNqyf9&result=1&prd=MPIL (Letzter Aufruf 15.04.2020 15:33).

bb) „Location"

Unter dem Kriterium „*location*" werden Objekte und Gebiete verstanden, deren militärische Funktion sich aus der Lage und dem Ort ergibt.[476] Der Kommentar des IKRK versteht darunter Objekte wie Brücken, schmale Passagen oder strategische Punkte wie Berge oder Gebirgspässe:[477]

> „*clearly, there are objects which by their nature have no military function but which, by virtue of their location, make an effective contribution to military action. This may be, for example, a bridge or other construction, or it could also be, as mentioned above*"[478]

Bei taktischen Operationen kann es notwendig sein, bestimmte Einrichtungen zu zerstören, obwohl sie nicht für militärische Zwecke verwendet werden, um beispielsweise eine Schusslinie für die eigenen Soldaten zu schaffen oder sie zu neutralisieren und dem Feind das Gegenfeuer zu erschweren.[479]

Der eigentliche Gedanke hinter dem Kriterium „*location*" besteht darin, dass eine bestimmte Landfläche per se als ein militärisches Objekt betrachtet werden kann.[480] Es kommt mithin nicht auf die eigentliche Nutzung oder bezweckte zukünftige Nutzung des Gebietes an, sondern darauf, ob das Objekt oder Gebiet selbst die Operationen einer Konfliktpartei fördert oder absichert.[481] Zum Beispiel stellt ein Bergpass oder eine Schlucht ein militärisches Ziel im Sinne des Wortes „*location*" dar, wenn durch den Pass oder die Schlucht der Rückzug von Truppen gesichert werden soll. Demnach könnte der Pass durch Luftangriffe rechtmäßig zerstört werden, da ein militärischer Nutzen in Form des Rückzuges gezogen wurde.[482]

Der Kommentar des IKRK führt aus, dass das als militärisches Ziel ausgewiesene Gebiet von besonderer Bedeutung für die militärische Operation sein

---

476 *Dinstein*, Legitimate Military Object under the current Jus in Bello, International Law Studies, Vol. 78 S. 150.

477 ICRC Commentary on the Additional Protocols Rn. 2021; *Henckaerts/Doswald-Beck*, Customary International Humanitarian Law Vol. II Practice, S. 184, 186 Rn. 338, 350; *Henderson*, Contemporary Law of Targeting, S. 55.

478 Ibid.

479 Ibid.

480 So Bsp. *Rogers*, Law on the Battlefield, S. 38, 39.

481 Sassoli, Marc, *Military Objectives*, D-1; https://opil.ouplaw.com/view/10.1093/law:epil/9780199231690/law-9780199231690-e334?rskey=rNqyf9&result=1&prd=MPIL (Letzter Aufruf 05.04.2020 15:33).

482 Commentary on the HPCR Manual, Section E: Rule 22 b).

muss, welche sich in der Eroberung des Gebietes oder dem Rückzug des Feindes, niederschlagen kann.[483]

> *„a site which is of special importance for military operations in view of its location, either because it is a site that must be seized or because it is important to prevent the enemy from seizing it, or otherwise because it is a matter of forcing the enemy to retreat from it.*“[484]

Hervorzuheben ist, dass sich „*location*“ auf das gesamte Konfliktgebiet bezieht und nicht nur auf Gebiete in denen aktiv Kampfhandlungen stattfinden. Angenommen, ein Nachschubtrupp würde sich von einem hinteren Bereich des Konfliktgebietes in Richtung Front, durch einen schmalen Pass oder ein Gebirge bewegen.[485] Es wäre innerhalb dieses Beispiels militärisch sinnvoll, diesen Pass, welcher viele hundert Kilometer von der Frontlinie entfernt sein könnte, durch einen gezielten Angriff zu schließen.[486] Die bloße Lage eines Objekts oder Gebietes ist mithin ein ausreichender Grund zur Zerstörung.

cc) „Purpose“

Gemäß des IKRK Kommentars wird unter „*purpose*“ der intendierte zukünftige Nutzen eines Objektes verstanden.[487]

> *„the criterion of 'purpose' is concerned with the intended future use of an object, while that of 'use' is concerned with its present function*“[488]

Es wird also, anders als bei „*use*“, nicht nach der aktuellen Funktion, sondern nach dem zukünftigen geplanten Nutzen gefragt.[489] Deshalb kann ein Objekt unter das Kriterium „*purpose*“ erst fallen, nachdem sich die Natur („*nature*“) des Objektes herauskristallisiert hat und bevor dem Objekt ein tatsächlicher Nutzen („*use*“) zukommt.[490]

---

483 ICRC Commentary on the Additional Protocols Rn. 2021.

484 Ibid.

485 Sassoli, Marc, *Military Objectives*, D-1; https://opil.ouplaw.com/view/10.1093/law:epil/9780199231690/law-9780199231690-e334?rskey=rNqyf9&result=1&prd=MPIL (Letzter Aufruf 03.01.2019 10:21); *Henderson*, Contemporary Law of Targeting, S. 55.

486 Ibid.; ICRC Commentary on the Additional Protocols Rn. 2021.

487 ICRC Commentary on the Additional Protocols Rn. 2022.

488 Ibid.

489 Ibid.

490 Dinstein, Yoram, *Legitimate Military Object under the current Jus in Bello*, International Law Studies, Vol. 78 S. 148.

Beispielsweise wurde während der U.S. Invasion des Irak im März 2003 festgestellt, dass vermutlich militärische Kommunikation von der privaten Yacht Saddam Husseins gesendet wurde.[491] Daraufhin wurde das Schiff durch eine Rakete der U.S. Navy zerstört.[492] Die humanitär-völkerrechtliche Problematik in diesem Fall bestand darin, ob der eigentlich zivile Charakter des Schiffes durch den vermeintlichen Nutzen als militärische Funkbasis verdrängt wurde und sich die Yacht somit zu einem militärischen Objekt im Sinne des Art. 52 (2) AP I gewandelt hat. Eine Besonderheit des Kriteriums „*purpose*" ist, dass der Angreifer nicht warten muss, bis sich der geplante Nutzen zu einer tatsächlichen Funktion wandelt. Andernfalls würde der Begriff „*purpose*" durch „*use*" ausgehöhlt. Der entscheidende Punkt ist vielmehr, das Vorhaben der anderen Konfliktpartei anhand von Fakten zu ergründen, welche auf einen beabsichtigten Zweck schließen lassen.[493] Im genannten Beispiel wäre die Yacht ein militärisches Objekt. Welcher militärische Vorteil sich aus der Zerstörung der Yacht ergeben hat und ob dies überhaupt verhältnismäßig war, bleibt offen.

Anders als bei der Überschneidung der Kriterien „*Use*" und „*Nature*", wenn es um militärisches Material geht, wie beispielsweise der Zweck eines Panzers als Kampffahrzeug im Konflikt, ergibt sich ein entscheidender Unterschied zwischen den Kriterien „*purpose*" und „*use*". Wenn ein ziviles Objekt vom Militär benutzt wird, dann ist es in diesem Moment ein militärisches Objekt und rechtmäßiges Ziel. Sobald es jedoch nicht mehr verwendet wird, erhält es seinen Schutzstatus zurück. Ein ziviles Objekt kann durch „*purpose*" jedoch schon aufgrund des Verwendungszwecks, zu dem das Objekt eingesetzt werden kann, vor seiner ersten militärischen Verwendung angegriffen werden. „*Purpose*" und „*use*" können somit im Unterschied zu „*nature*" und „*use*" nie zusammen vorliegen. Es gibt jedoch Einschränkungen, was unter die Kategorie „*purpose*" subsumiert werden kann. Der Kommentar des IKRK stellt mit Blick auf Art. 52 (3) noch einmal klar, dass dann, wenn nicht zweifelsfrei festgestellt werden kann, ob der Zweck des Objekts militärisch ist, davon auszugehen ist, dass der Verwendungszweck zivil ist:

> *„It is clear from paragraph 3 that in case of doubt, such places must be presumed to serve civilian purposes."*[494]

---

491 *Solis*, Law of Armed Conflict, S. 526.

492 Ibid.; siehe auch *Patch*, Taking Out Saddam's Floating Pleasure Palace, U.S Naval Institute Proceedings Rn. 33; Flugzeugträger USS *Constellation* CV-16 Essex-Klasse, Rakete Typ: Cruise Missile.

493 Commentary on the HPCR Manual, Section E: Rule 22 c).

494 ICRC Commentary on the Additional Protocols Rn. 2022.

In der Praxis wird jedoch oft ein anderes Bild gezeichnet. In einem Newsletter des *Marine Judge Advocate General Corp* zum Jugoslawienkonflikt werden Angriffe der NATO auf zivile elektrische Stromnetze diskutiert und in Art. 52 (2) AP I eingeordnet.[495] Nach einer Wiedergabe des Art. 52 (2) AP I folgt folgende Aussage über das Verhältnis von „*purpose*“ und „*use*“:

> „*nor is it an issue of present use; it is its potential military use that governs*“.[496]

dd) „Use“

Unter dem von Art. 52 (2) AP I zuletzt genannten Kriterium „*use*“ wird geprüft, ob die aktuelle Funktion eines Objekts einen militärischen Nutzen mit sich bringt. Ein ziviles Objekt kann demnach von militärischen Nutzen sein, wenn es von den Streitkräften einer Konfliktpartei benutzt wird. Wird das Objekt nicht mehr für militärische Zwecke gebraucht, so wandelt es sich in ein ziviles Objekt zurück und stellt kein rechtmäßiges Ziel mehr dar.[497] Ein prominentes Beispiel sind die „*Renault Taxis de la Marne*“ oder nur „*Marn Taxis*“. Diese wurden während des ersten Weltkrieges im September 1914 dazu genutzt, um französische Truppen an die Front nach Marn zu transportieren.[498] Würde man auf diesen historischen Sachverhalt den heutigen Art. 52 (2) AP I von 1977 anwenden, dann könnte man feststellen, dass die Fahrzeuge während der Transporte einem militärischen Zweck dienten und demnach militärische Objekte im Sinne des Kriteriums „*use*“ gewesen wären. Mit der Wiederaufnahme der zivilen Fahrten hätten sie ihren Status als militärisches Objekt verloren. Der Kommentar des IKRK stellt fest, dass sich bei „*use*“ die Verwendung auf die gegenwärtige Funktion oder Aufgabe des Objekts bezieht:[499]

> „*while that of 'use' is concerned with its present function*“[500]

---

495 Henderson, Ian, *Contemporary Law of Targeting,* S. 60; Marine Judge Advocate Newsletter IV (6) 1999, sja.hqmc.usmc.mil/newsletter/1999/6_99/june.htm (Letzter Aufruf 02.05.2019 17:56).

496 Ibid.

497 Ibid.

498 http://www.bpb.de/geschichte/zeitgeschichte/geschichte-im-fluss/188929/mit-dem-taxi-an-die-marne; Dinstein, Yoram, *Legitimate Military Object under the current Jus in Bello,* International Law Studies, Vol. 78 S. 149. (Letzer Aufruf 02.05.2019 18:27).

499 ICRC Commentary on the Additional Protocols Rn. 2022.

500 Ibid.

Die Konsequenz ist, dass unter dieser Kategorie, sobald das Militär die Nutzung des zivilen Objekts einstellt, es seine Immunität wiedererlangt. Beispielsweise wenn sich feindliche Scharfschützen in einem hohen Gebäude befinden und eine Gruppe von Soldaten versucht dieses Gebäude anzugreifen oder zu zerstören, um seine weitere Nutzung zu verhindern.[501] Wichtig ist, dass es sich hier nicht um einen akzeptablen Kollateralschaden in Gestalt des Gebäudes bei einem Angriff auf die Scharfschützen handelt, sondern dass das Gebäude selbst zu einem militärischen Objekt wird. Ist die Gefahr durch die Scharfschützen beseitigt, erhält das Gebäude seinen geschützten Status zurück und kann nicht weiter angegriffen werden, wenn die Chance besteht, dass es nach dem Angriff, wieder für zivile Zwecke verwendet werden kann.[502] Natürlich muss bei der Entscheidung, ob etwas wiederverwendet wird oder nicht, ein gewisses Maß an gesundem Menschenverstand angewendet werden.[503] Wenn zum Beispiel eine kleine Gruppe von Soldaten ein ziviles Fahrzeug beschlagnahmt und es seit einigen Tagen benutzt, die Soldaten sich aber derzeit außerhalb des Fahrzeugs befinden, dann würden die Soldaten dieses Fahrzeug immer noch im Sinne der Kategorie „*use*" in Art. 52 (2) API nutzen.[504] Die Kategorie „*use*" kann auch auf Fabriken und dergleichen angewendet werden, welche militärisches Material produzieren. Zum Beispiel ist eine Stahlfabrik von Natur aus kein militärisches Ziel, aber wenn diese Stahlteile in Militärfahrzeugen verwendet werden, dann kann die Fabrik zu einem militärischen Ziel werden.[505] Zusammenfassend lässt sich die Kategorie „*use*" so umschreiben, dass unter sie die Verwendung von Objekten fällt, welche innerhalb einer Operation vom Militär genutzt werden oder die zur Erbringung eines Nutzens für das Militär von Bedeutung sind und so ein „*effective contribution to military action*" geleistet wird.[506]

b) Teil II – „A Definite Military Advantage"

Das zweite Element des „*two pronged test*", „*a definite military advantage*", sollte stets anhand einer Einzelfallbetrachtung bewertet werden. Eine kategorische oder

501 Henderson, Ian, *Contemporary Law of Targeting*, S. 58.

502 Sassoli, Marc, *Military Objectives*, D-1; https://opil.ouplaw.com/view/10.1093/law:epil/9780199231690/law-9780199231690-e334?rskey=rNqyf9&result=1&prd=MPIL (Letzter Aufruf 03.01.2019 10:21); *Rogers*, Law on the Battlefield, S. 38, 39.

503 Ibid.

504 Ibid.

505 Solis, Law of Armed Conflict, S. 526.

506 Henderson, Ian, Contemporary Law of Targeting, S. 59.

vorausschauende Klassifizierung von Objekten ist nicht zulässig.[507] Art. 52 (2) AP I gibt dabei mit den Worten „*in the circumstances ruling at the time*" eine klare zeitliche Dimension für die Bewertung vor. Da die Kategorien „*nature, location, purpose and use*" sehr offen sind und man mit geschickter Argumentation nahezu jeden Sachverhalt hierunter einordnen könnte, sind in der Praxis rechtzeitige und zuverlässige Informationen über die militärische Situation ein wichtiges Element und wesentlich für die Umsetzung und Durchsetzung des Unterscheidungsgebotes.

Dieser zweite Teil des „*two pronged test*" bezieht sich auf das Grundprinzip der militärischen Notwendigkeit als einschränkender oder auch ermöglichender Faktor für Streitkräfte bei der Durchführung von militärischen Operationen, welches erstmals durch *Francis Lieber* in Artikel 15 der General Order No. 100 kodifiziert wurde.[508]

> „*Military necessity admits of all direct destruction of life or limb of 'armed' enemies, and of other persons whose destruction is incidentally 'unavoidable' in the armed contests of the war*"[509]

Unter der modernen Variante im Art. 52 (2) AP I „*a definite military advantage*" muss festgestellt werden, ob die Neutralisierung, Eroberung oder teilweise Zerstörung eines durch im ersten Teil positiv identifizierten Objekts einen militärischen Vorteil mit sich bringt. Die Worte „*military advantage*" sollten dabei anhand der Artikel 31 ff. Wiener Vertragsrechtskonvention ausgelegt und gemäß Art. 31 III c) Wiener Vertragsrechtskonvention im Lichte der Petersburger Erklärung konturiert werden. Der militärische Vorteil muss darin in Erscheinung treten, dass die Kampfkraft des Gegners geschwächt wird.[510] Auch der Kommentar des IKRK bleibt nahe an der Petersburger Erklärung. Demnach wird in der Erläuterung zu Art. 57 AP I deutlich, dass ein militärischer Vorteil nur in der Gewinnung von Fläche oder Schwächung der feindlichen Streitkräfte bestehen kann.[511] Der militärische Vorteil muss sich dabei aus der Gesamtheit des

507 Dinstein, Yoram, *The Conduct of Hostilities under the Law of International Armed Conflict*, S. 38–40.

508 Ibid. S. 42.

509 Lieber Code, Article 15, https://ihl-databases.icrc.org/applic/ihl/ihl.nsf/Article.xsp?action=openDocument&documentId=BE901A84294414A5C12563CD00514A7D (letzter Aufruf 17.02.2019 14:00).

510 Dinstein, Yoram, *The Conduct of Hostilities under the Law of International Armed Conflict*, S. 61.

511 ICRC Commentary on the Additional Protocols Rn. 2218.

Angriffes ergeben. Eine isolierte Betrachtung einzelner Stufen ist nicht zulässig, um eine Operation zu legitimieren.[512] Dies wird insbesondere deutlich, wenn Art. 8 (2) (b) (iv) des Römischen Statutes als Vergleich herangezogen wird. Demnach ist jeder Angriff ein Kriegsverbrechen, der in Bezug auf den angestrebten militärischen Vorteil unverhältnismäßig erscheint.

> „*[…] which would be clearly excessive in relation to the concrete and direct overall military advantage anticipated*“[513]

Es muss daher noch eine abschließende Überprüfung erfolgen, ob ein militärischer Vorteil auch nach eventuell aktualisierten Fakten oder Umständen einer Operation vorliegt. Dies kann zu erheblichen Schwierigkeiten bei der Bestimmung der Rechtmäßigkeit eines Ziels führen, da die Umstände in einem bewaffneten Konflikt erheblichen Fluktuationen unterliegen. Um dem entgegenzuwirken, hat die Praxis verschiedene Lösungen gefunden. So hat beispielsweise der ehemalige Soldat und Völkerrechtswissenschaftler *Michael Schmitt* ein sechsstufiges Targeting-Modell entwickelt,[514] anhand dessen eine Operation so schonend und aktuell wie möglich vorgenommen werden soll.[515]

Gerade deshalb sind die vielleicht bedeutendsten Worte in Artikel 52 (2) AP I „*military advantage*“. Es ist für das humanitäre Völkerrecht von grundlegender Bedeutung, dass Angriffe auf Objekte nur dann durchgeführt werden dürfen, wenn ein Angriff auf dieses Objekt einen militärischen Vorteil bietet. Damit es einen militärischen Vorteil gibt, muss sich der Angriff direkt oder indirekt auf die Schwächung der Streitkräfte des Feindes beziehen. Der Punkt hier ist das Wort indirekt. Es ist nicht nur zulässig, feindliche Kämpfer direkt anzugreifen, sondern auch Objekte anzugreifen, die einen ausreichenden Bezug zur Schwächung der Kampf- oder Verteidigungsfähigkeit dieser Streitkräfte aufweisen. Die Schwächung der militärischen Kapazität des Feindes beschränkt sich somit nicht nur auf die direkte physische Schwächung des feindlichen, menschlichen Personals oder Materials, sondern beinhaltet auch die nicht-kinetische Schwächung der Kriegsführungs- und Verteidigungsfähigkeit des Feindes. Um es mit den Worten der Völkerrechtlerin *Francoise Hampsons* zu sagen:

---

512 Solis, Gary D., Commentary on the HPCR Manual, Section A: Military Advantage Rn. 6.

513 Art. 8 (2) (b) (iv) Rome Statute of the International Criminal Court, 17 July 1998, 2187 UNTS 3.

514 Das Targeting-Modell wird in Kapitel 2 B) näher erläutert.

515 Solis, Gary D., *Law of Armed Conflict*, S. 530; Schmitt, Michael N., *Precision Attack and International Humanitarian Law*, Int. Review of the Red Cross 2005, 445, 450.

„it is not enough that the object makes an effective contribution to military action; its destruction or other debilitation must offer a definite military advantage“[516]

Zu klären bleibt schließlich noch, welche Sichtweisen zur Bewertung des militärischen Vorteils herangezogen werden und ob somit der militärische Vorteil anhand dessen bewertet werden muss, ob subjektiv auf die Sichtweise des befehlsgebenden Kommandanten der angreifenden Konfliktpartei abgestellt wird oder alternativ darauf, wie objektiv ein vernünftiger sowie billig und gerecht denkender Kommandant unter den gleichen Umständen gehandelt hätte.[517] Ob ein Angriff auf ein Ziel einen militärischen Vorteil bietet, ist die entscheidende Frage im *„two pronged test“* des Art. 52 (2) AP I. Wenn die Antwort auf diese Frage „ja“ lautet, dann kann das Objekt zum Gegenstand eines rechtmäßigen Angriffs werden. Das Problem ist, dass die eigentliche Feststellung, was nun einen militärischen Vorteil darstellt und ob ein solcher Vorteil in einem bestimmten Fall vorliegt, nicht anhand eines einfachen Vergleiches mit einer Definition in Erfahrung gebracht werden kann.[518] Während die verschiedenen Regeln und Prinzipien des humanitären Völkerrechts bestimmen können, was bei einem Angriff berücksichtigt werden muss, bietet das humanitären Völkerrecht bei der Feststellung, ob ein militärischer Vorteil vorliegt, immer noch keine einheitliche schematische Gleichung, aus welcher eine eindeutige Antwort abgeleitet werden könnte.[519] Tatsächlich ist es in der Praxis für militärische Befehlshaber nicht immer einfach, einen Konsens zu finden. So zeigt beispielsweise *Ian Henderson* im Zusammenhang mit Bombenangriffe der NATO im Kosovo die Schwierigkeit, den tatsächlichen militärischen Vorteil zu ermitteln:

„Clark and Short never reached mutual agreement during the campaign over the relative priority of strikes on Serbian ground forces versus strategic targets in Belgrade and Serbia proper“[520]

---

516 Henderson, Ian, *Contemporary Law of Targeting* S. 43; Hampson, Francoise, *Proportionality and Necessity in the Gulf Conflict*, in ASIL Proceedings “Implementing limitations on the use of force: the doctrine of proportionality and necessity” (1992) 45, 49.

517 Dinstein, Yoram, *Legitimate Military Object under the current Jus in Bello*, International Law Studies, Vol. 78 S. 149.

518 Dinstein, Yoram, *The Conduct of Hostilities under the Law of International Armed Conflict*, S. 64–67.

519 Ibid.

520 Gefunden in: Henderson, Ian, *Contemporary Law of Targeting*, S. 71; Kerton-Johnson, *Justifying America's Wars: The Conduct and Practice of US Military Intervention* S. 66.

General *Wesley Clark* war der Oberste Kommandant der Alliierten NATO-Streitkräfte in Europa und Generalleutnant *Michael Short* der Kommandeur der NATO – Joint Force Air Component.[521] Das Beispiel zeigt, dass es zwar Einigkeit über das Vorhandensein eines militärischen Vorteils gab, jedoch Meinungsverschiedenheiten über die relativen Prioritäten der Angriffe herrschten. Beide Kommandeure sahen jeweils in der Zerstörung ihrer eigens definierten Ziele den größeren militärischen Vorteil.[522]

Dies zeigt, wie wichtig die genaue Bestimmung ist, wer über das Bestehen und Ausmaß des erwarteten militärischen Vorteils für einen geplanten Angriff entscheidet. Die Entscheidung über die Höhe des militärischen Vorteils, der durch den Angriff auf ein bestimmtes Ziel zu erlangen ist, wirkt sich nicht nur auf die Frage aus, ob ein Ziel ein militärisches Ziel ist, sondern auch auf eine ganze Reihe von Folgefragen, wie etwa die Höhe des zulässigen Kollateralschadens.[523] Ohne dies klar zu benennen, scheint der Kommentar des IKRK zum militärischen Vorteil in Artikel 52 (2) API eine subjektive Interpretation zu bevorzugen.

> *„In the draft the ICRC had used the same expression in both articles: 'distinct and substantial military advantage'. The documents of the Diplomatic Conference do not contain any indication about the reasons why different expressions were preferred. One is therefore left to analyze the meaning of the words used.“*[524]

Wirft man jedoch einen Blick auf den direkten Vorläufer und die Entwurfsfassung zu Art. 52 (2) AP I, den Artikel 7 der *„Draft Rules for the Limitation of Dangers incurred by the Civilian Population in Time of War“* lässt sich feststellen, dass der Wortlaut mit *„generally acknowledged“* eine objektive Betrachtung des militärischen Vorteils vorgibt.[525]

> *„Only objectives belonging to the categories of objective which, in view of their essential characteristics, are generally acknowledged to be of military importance, may be considered as military objectives.“*[526]

---

521 Ibid.; Leslie, Green, *The Contemporary Law of Armed Conflict,* S. 61–64; Dinstein, Yoram, *War, Aggression and Self-Defence,* S. 21.

522 Ibid.

523 Ibid.

524 ICRC Commentary on the Additional Protocols Rn. 2027.

525 Henderson, Ian, *Contemporary Law of Targeting,* S. 71–72.

526 Art. 7, *Draft Rules for the Limitation of Dangers incurred by the Civilian Population in Time of War,* https://www.loc.gov/rr/frd/Military_Law/pdf/RC_Draft-rules-limitation.pdf (Letzter Aufruf 18.02.2019 12:20).

Dementsprechend interessant ist es zu beobachten, dass Wörter wie *„generally acknowledged“* von Artikel 52 (2) AP I nicht wiederholt werden. Die Entstehungsgeschichte von Artikel 52 (2) AP I deutet zwar darauf hin, dass ursprünglich eine objektive Bewertung des militärischen Vorteils angedacht war, heute muss dagegen, bedingt durch den Wortlaut des Art. 52 (2) AP I, eine subjektive Sichtweise zur Bewertung des militärischen Vorteils herangezogen werden. Der Grundsatz der Verhältnismäßigkeit muss jedoch in jedem Fall bei der Bewertung beachtet werden.[527]

c) *Teil III* – „In the Circumstances Ruling at the Time“

Bei der finalen Beurteilung, ob ein Objekt ein militärisches Ziel im Sinne von Art. 52 (2) AP I darstellt, muss die abschließende Feststellung getroffen werden, dass der militärische Vorteil auch *„In the Circumstances Ruling at the Time“* vorliegt. Dieser Aspekt von Artikel 52 (2) AP I hat einen signifikanten Einfluss auf die Targeting-Entscheidungen und kann als ein absichernder dritter Teil des *„two pronged test“* verstanden werden. Anders ausgedrückt bewirkt der zusätzliche Passus, dass ein Objekt nicht mit Sicherheit als ein militärisches Objekt beurteilt werden kann, auch wenn es die ersten beiden Elemente des *„two pronged test“* positiv durchlaufen hat. Vielmehr muss das Angriffsobjekt noch einmal zusätzlich überprüft werden, um so ein zusätzliches Maß an Sicherheit bei Targeting Entscheidungen erreichen zu können.

Der Kommentar des IKRK ist undeutlich gehalten, was genau unter *„In the Circumstances Ruling at the Time“* zu verstehen ist.

> *„Those ordering or executing the attack must have sufficient information available to take this requirement into account; in case of doubt, the safety of the civilian population, which is the aim of the Protocol, must be taken into consideration.“*[528]

Was feststeht ist jedoch, dass den dynamischen Umständen des bewaffneten Konflikts Rechnung getragen werden soll. Wie bereits festgestellt wurde, ist der Status mancher Objekte stetigen Veränderungen unterlegen. Sie können zu einem Zeitpunkt noch als militärisches Objekt identifiziert werden und im nächsten Moment schon wieder ihre zivile Immunität zurückerlangen. Andererseits können zivile Objekte ihren Schutz durch militärische Inanspruchnahme

---

527 Rado, Gaby, *Legitimate Military Targets, http://www.crimesofwar.org/thebook/legit-military-target.html* (Letzter Aufruf 18.05.2019 13:06); Peter, Rowe, *Total War*, S. 17–20.

528 ICRC Commentary on the Additional Protocols Rn. 2024.

verlieren. Gute und richtige Informationen sind mithin die entscheidenden Faktoren bei der Bewertung. Mit der richtigen Menge an verlässlichen Informationen kann die militärische Situation genauer ausgeleuchtet und der Angriff exakter koordiniert werden.

Ein Beispiel hierfür ist der Luftangriff bei Kundus aus dem Jahr 2009. Bei diesem Luftangriff am 04. September 2009, gegen 2 Uhr Ortszeit, wurden etwa 15 Kilometer südlich der Stadt Kundus zwei von Taliban entführte Tanklaster und sich in unmittelbarer Nähe befindliche Menschen bombardiert.[529] Der Angriff wurde vom deutschen Oberst *Georg Klein* mit wahrscheinlich teilweise unwissentlich falschen Angaben befohlen.[530] Bezüglich des Luftangriffs wird vermutet, dass am 03. September 2009 zwei Treibstoff-Tankwagen von Angehörigen der Taliban gestohlen wurden. Mit dem Diebstahl wurde beabsichtigt, die Tanklaster in die Provinz Char Darah zu entführen.[531] Gegen 17:30 Uhr sei festgestellt worden, dass sich die Tankwagen im Schlamm festgefahren und von bis zu 70 Personen eines nahegelegenen Dorfes umlagert wären, welche angefangen hätten, Benzin aus den Wagen zu entnehmen. Nachdem der Kommandeur, entgegen der Zweifel der Piloten, festgestellt habe, dass es sich bei den Personen nicht um Zivilisten handle, wurde einen Luftangriff genehmigt.[532]

Da die Tanklaster von Mitgliedern der Taliban gestohlen und das dort enthaltene Benzin für deren Zwecke verwendet werden sollte, stellten die Tanklaster unstreitig ein militärisches Objekt dar, dessen Zerstörung den militärischen Vorteil geboten hätte, die Taliban am Nachschub zu hindern. Das humanitärvölkerrechtliche Problem in diesem Fall besteht darin, dass durch die veränderte Situation, die Tanklaster an der Weiterfahrt gehindert und „*In the Circumstances Ruling at the Time*“ die Sachlage nicht mehr zweifelsfrei zu klassifizieren war. Zum einen konnte durch unzureichende Informationen der zukünftige Verwendungszweck der Tanklaster sowie des Benzins nicht mehr festgestellt werden. Und zum anderen war unklar, ob es sich bei den 70 Personen um Angehörige der Taliban oder um reguläre Zivilsten gehandelt hatte. In solch einem Zweifelsfall hätte der Angriff nach Art. 52 (3) AP I nicht durchgeführt werden dürfen. Der

---

529 VG Köln, 26 K 5534/10, 09.02.2012, Rn. 1–9.

530 Gebauer, Matthias, *Protokoll der Albtraumnacht von Kunduz,* https://www.spiegel.de/politik/ausland/luftangriff-auf-tanklaster-protokoll-der-alptraumnacht-von-kunduz-a-663681.html (Letzter Aufruf 18.05.2019 12:45); https://wikileaks.org/wiki/Afghan_War_Diary,_2004-2010 (Letzter Aufruf 18.05.2019 12:56).

531 Ibid.

532 Ibid.; https://www.tagesschau.de/ausland/tanklaster-bobardement-kundus-101.html (Letzter Aufruf 18.05.2020 14:13).

Fall hat vor allem in Deutschland große Wellen geschlagen und wurde bis heute nicht abschließend aufgeklärt.[533] Er verdeutlich jedoch, wie wichtig zuverlässige und eindeutige Informationen für die korrekte Anwendung des Art. 52 (2) AP I sind.

Zusammenfassend lässt sich feststellen, dass durch die Worte „*In the Circumstances Ruling at the Time*“ sichergestellt werden soll, dass die Klassifizierung von Objekten als militärische Ziele auf solche Objekte beschränkt wird, deren Identifizierung so aktuell und eindeutig wie möglich zu erfolgen hat, um der in Art. 48 AP I formulierten Schutzaufforderung bestmöglich gerecht zu werden.[534]

3) Zwischenergebnis

Der „*two pronged test*“ hat zu verschiedenen Bewertungen in der humanitärvölkerrechtlichen Literatur geführt. Laut des israelischen Völkerrechtlers *Yoram Dinstein* bietet schon die völlige oder teilweise Zerstörung eines militärischen Zieles automatisch einen eindeutigen militärischen Vorteil.[535] Würde man dieser Ansicht folgen, dann würde das zweite Element des „*two pronged test*“ ins Leere laufen und entwertet werden, da das zweite Element die Auswahl der militärischen Ziele noch einmal zu beschränken versucht.[536] Eine Forschergruppe der International Law Association ist zudem der Ansicht, dass die oben genannte Meinung nur auf Objekte anwendbar ist, welche ihrer Natur nach militärisch sind. Würde man dies auf alle Kategorien des ersten Elements im „*two pronged test*“ anwenden, hätte man die Definition eines militärischen Objektes zu weit gespannt und damit ausgehöhlt.[537] Selbstverständlich gibt es Beispiele, in denen ein Element des „*two pronged test*“ erfüllt ist und das andere nicht. Solche Beispiele, in denen das Objekt zwar einen militärischen Nutzen hat,

---

533 https://www.ecchr.eu/fall/grosse-kammer-des-egmr-verhandelt-luftangriff-bei-kun dus/ (Letzter Aufruf 19.05.2020 14:49).

534 Human Rights Watch, Needless Deaths in the Gulf War: Civilian Casualties During the Air Campaign and Violations of the Laws of War. Rn 38, https://www.hrw.org/reports/1991/gulfwar/ (Letzter Aufruf 20.01.2020 13:44).

535 Dinstein, Yoram, *The Conduct of Hostilities under the Law of International Armed Conflict*, S. 91.

536 R. Geiss/H. Lahmann, “Cyberwarfare: Applying the Principles of Distinction in an Interconnected Space” (2012) 45(3), Israel Law Review 381, 388.

537 ILA Study Group, Naval War College 93, 2017 S. 367; Oeter, Stephen, “Methods and Means of Combat” in Fleck, Dieter (ed), *The Handbook of Humanitarian Law in Armed Conflicts* (3rd OUP 2013) 115, 169.

seine Zerstörung aber keinen militärischen Vorteil mit sich bringt, sind jedoch selten.[538] Nichtsdestotrotz drängt sich bei der Suche nach einem passenden Beispiel die physische Infrastruktur des Cyberspace mit Kabeln, Servern oder Routern auf. Diese Infrastruktur ist derart gestaltet, dass bei einer Zerstörung des physischen Elements, die Daten ungehindert an eine andere Stelle weitergeleitet werden. Aufgrund der Verwischung und Überschneidung von militärischen und zivilen Grenzen ist die Infrastruktur des Cyberspace ein sogenanntes „*Dual-Use Object*“[539].[540]

Man könnte deshalb argumentieren, dass die Zerstörung eines Kabels oder Routers schon aufgrund der geringen Konsequenzen außerhalb des Cyberspace keinen eindeutigen militärischen Vorteil mit sich bringt. Eine Ausnahme hiervon wäre, dass nachgewiesen werden kann, dass das zerstörte Objekt aufgrund seines spezifischen Nutzens oder seiner Stellung im Cyberspace, beispielsweise als Zentralserver für die Kontrolle von Flugdrohnen, durch Zerstörung oder Neutralisierung doch einen militärischen Vorteil mit sich bringt.[541]

III) Sonstige Bestimmungen zum Schutz von Objekten in den Zusatzprotokollen und internationalen Verträgen

Neben Art. 52 (2) AP I als Grundsatz zur Frage, ob ein Objekt ein militärisches Ziel darstellt und somit rechtmäßig angegriffen werden kann, gibt es verschiedene weitere Bestimmungen und Überlegungen, welche zum Schutz von Objekten herangezogen werden müssen, um das Unterscheidungsgebot effektiv durchsetzen zu können. Dies können zusätzliche Grundsätze, wie die Verhältnismäßigkeit oder spezielle Normen sein, welche besonderen Objekten eine Immunität verleihen, um größere Schäden und Katastrophen zu verhindern. Diese sollen ergänzend zu Art. 52 (2) AP I vorgestellt werden.

---

538 Ibid.

539 Netzwerke, wie ein militär-internes Intranet bilden dazu eine Ausnahme, da solche Netzwerke ausschließlich militärisch genutzt werden und außenstehenden Zivilpersonen der Zugriff verwehrt ist.

540 Lt. Col. Alford, Lionel D, *Cyber Warfare: Protecting Military Systems*, S. 104–106.

541 ILA Study Group, Naval War College 93, 2017, S. 343; Roscini, *Cyber Operations and the Use of Force in International Law* S. 190.

1) Der Grundsatz der Verhältnismäßigkeit im bewaffneten Konflikt

> **President of the United States:** "But even if we struck first we would still suffer horrible civilian casualties"
> **Air Force General Buck Turgidson:** "I'm not saying we wouldn't get our hair mussed, Mister President, but I do say not more than ten to twenty million dead, depending on the breaks"

- Peter Sellers als „**President Merkin Muffley**" und George C. Scott als „**Air Force General Buck Turgisdon**" in **Dr. Strangelove: How I Learned to Stop Worrying and Love the Bomb** (1964), Stanley Kubrick

Der Grundsatz der Verhältnismäßigkeit fand schon in *Hugo Grotius'* Werk *De Jure Belli ac Pacis* Einzug.[542] Heute ist er für die modernen Konflikte in den Artikeln 51 (5) (b) AP I und 57 (2) (b) AP I festgehalten. Art. 51 (5) (b) AP I statuiert zum einen den Grundsatz der Verhältnismäßigkeit in Bezug auf die zivile Bevölkerung,[543] wohingegen Art. 57 (2) (b) AP I den Grundsatz der Verhältnismäßigkeit durch notwendige Vorsichtsmaßnahmen bei einem Angriff auf militärische Objekte statuiert.[544]

Die Verhältnismäßigkeit verbietet mithin Angriffe auf militärische Ziele, von denen erwartet werden kann, dass sie eine nicht vorher einzuschätzende Anzahl an Todesfällen, Verletzungen von Zivilisten, Schäden an zivilen Gegenständen oder einer Kombination davon verursachen, die im Verhältnis zu dem erwarteten militärischen Vorteil als unverhältnismäßig erscheinen.[545] Es gibt, wie bei der Bewertung des militärischen Vorteils, keine genaue Formel zur Beurteilung der Übermäßigkeit von zivilen Kollateralschäden gegenüber dem erwarteten militärischen Vorteil. In der Praxis gilt jedoch: Je höher der militärische Wert eines Ziels, desto größer ist die mögliche Rechtfertigung für einen

---

542 Grotius, Hugo, *On the Law of War and Peace - Translated by A.C Campbell, A.M*, S. 733; Draper, GIAD, *Grotius' Place in the Development of Legal Ideas about War*, S. 177–180.

543 Dinstein, Yoram, *Discussion: Reasonable Military Commanders and Reasonable Civilians,* International Law Studies, Vol. 78, 2002, S. 219–220; Article 51, Protocol Additional to the Geneva Conventions of 12 August 1949, and relating to the Protection of Victims of International Armed Conflicts (Protocol I), 8 June 1977, 1125 UNTS 3.

544 Dinstein, Yoram, *Discussion: Reasonable Military Commanders and Reasonable Civilians,* International Law Studies, Vol. 78, 2002, S. 219–220; Article 57, Protocol Additional to the Geneva Conventions of 12 August 1949, and relating to the Protection of Victims of International Armed Conflicts (Protocol I), 8 June 1977, 1125 UNTS 3.

545 Conway-Lanz, Sahr, *Collateral Damage,* S. 221.

höheren Kollateralschaden.[546] Das richtige „Gleichgewicht“ bei der Beantwortung dieser Frage zu finden, ist eines der anspruchsvollsten Themen bei der Durchführung von militärischen Operationen und erfordert eine sorgfältige Bewertung der Umstände im Einzelfall.[547] Der entscheidende Unterschied zwischen dem Grundsatz der Verhältnismäßigkeit im humanitären Völkerrecht und der Bestimmung in seiner menschenrechtlichen Form besteht darin, dass das Ziel im humanitären Völkerrecht darin besteht, unerwartete Kollateralschäden zu begrenzen, wobei jedoch anerkannt wird, dass eine Operation auch dann durchgeführt werden kann, wenn ein solcher Schaden wahrscheinlich ist.[548] Voraussetzung muss sein, wie bereits erwähnt, dass der Kollateralschaden in keinem übertriebenen Verhältnis zu dem erwarteten militärischen Vorteil steht.[549]

2) *„High-Value Targets“*

Die Durchführung von sogenannten *„High-Value Targeting“* (*HVT*) hat seit den Terroranschlägen vom 11. September 2001 exponentiell zugenommen.[550] Operationen unter Bezugnahme auf *HVT* sind beispielsweise zum wichtigsten Instrument der Vereinigten Staaten für die Bekämpfung von internationalem Terrorismus, wie *Al-Quaida* oder dem *Islamischen Staat* geworden. Obwohl es durchaus gelingt durch diese Operationen eine Vielzahl rechtmäßiger Ziele zu eliminieren und gleichzeitig kollaterale Schäden niedrig zu halten, sind solche Operationen oft umfänglicher Kritik ausgesetzt.[551] Laut dem U.S. Department of Defense zeichnet sich eine *High-Value Targeting Operation* dadurch aus, dass nur eine bestimmte Person oder ein bestimmtes Objekt von einer überragend-strategischen Bedeutung ausgeschaltet werden soll.

> *„A target, the enemy commander requires for the successful completion of the mission. The loss of high-value targets would be expected to seriously degrade important enemy functions throughout the friendly commander's area of interest. Also called HVT.“*[552]

546 Ibid.

547 Solis, Gary D., *The Law of Armed Conflict*, S. 274–275.

548 O'Donovan, Oliver, *The Just War Revisited*, S. 62, Gail Gardam, Judith, *Proportionality and Force in International Law*, AJIL 87-3 1993, S. 407.

549 Conway-Lanz, Sahr, *Collateral Damage*, S. 221.

550 Solis, Gary D., *The Law of Armed Conflict*, S. 538–541.

551 Melzer, Nils, *Targeted Killing in International Law*, S. 54–57; Lushenko, Paul, *Reconsidering the Theory and Practice of High-Value Targeting*, S. 23–25.

552 High-Value Target JP-303 US Department of Defense, S. 104, https://fas.org/irp/doddir/dod/jp1_02.pdf (Letzter Aufruf 19.05.2020 14:39).

Die NATO hingegen versteht unter einem *High-Value Target,* auf Grundlage der *Allied Joint Doctrine For Joint Targeting,* Folgendes:

> *„A high-value target is defined as: a target identified as critical to an actor or organization for achieving its goal. Successfully influencing such a target will seriously hamper or support the actor or organization. They are determined by the value they offer to the actor or organization to which they belong*“[553]

Was demnach festgestellt werden kann ist, dass die Definition der NATO etwas enger und weniger pragmatisch ist als die Definition des US-Verteidigungsministeriums. Dies könnte damit zusammenhängen, dass die HVT-Operationen der US-Streitkräfte auf sogenannte „*Counterinsurgency*“ im nicht-international bewaffneten Konflikt (COIN) ausgelegt sind. Bei COIN-Operationen geht es im Wesentlichen darum, möglichst viele Aufständische durch Tötung oder Gefangennahme auszuschalten, um so den Gegner verhandlungsbereit zu stimmen oder die Organisationsstruktur der nicht-staatlichen bewaffneten Gruppe aufzulösen.[554]

3) Hybride Ziele – „*Dual-Use Targets*“

Der Begriff „*Dual-Use Target*“ ist in keinem der vier Genfer Abkommen oder deren Zusatzprotokollen enthalten und eine neuere Schöpfung im humanitären Völkerrecht.[555] „*Dual-Use Target*“ umschreibt eine Kategorie von Objekten, welche sich weder nahtlos dem Art. 52 (2) AP I zuordnen lassen, noch durch Art. 52 (3) AP I ausgeschlossen sind. Solche Objekte leisten zwar im Rahmen des Wortlautes des Art. 52 (2) AP I einen militärischen Beitrag, sie können allerdings gleichzeitig eine zivile Funktion erfüllen.[556] Ein „*Dual-Use Target*“ ist demnach ein Ziel, das sowohl zivile als auch militärische Funktionen erfüllt, wie beispielsweise ein Flugplatz, von welchem militärische und zivile Flugzeuge starten, aber auch Stromnetzwerke, Öl-Raffinerien oder Radiotürme.[557] Das Problem solcher

---

553 NATO Standard AJP-3.9; Allied Joint Doctrine For Joint Targeting April 2016; https://assets.publishing.service.gov.uk/government/uploads/system/uploads/attachment_data/file/628215/20160505-nato_targeting_ajp_3_9.pdf (Letzter Aufruf 02.01.2019).

554 Peter, Rudolf, *Zur Effektivität gezielter Tötungen: Die strategische Dimension* S. 31; Murphy, John F., *Some Legal (and a few ethical) Dimensions of the Collateral Damage Resulting from NATO's Kosovo Campagin,* 31 Israel Yearbook on Human Rights (2001), S. 63–64.

555 Schmitt, Michael N., Targeting and Humanitarian Law: Current Issues, International Law Studies 80 (2015), S. 156–159.

556 Ibid.

557 Solis, Gary D., *The Law of Armed Conflict,* S. 534.

Ziele wird vor allem bei Operationen in urbanen Gebieten deutlich, wo potentielle militärische Objekte mit zivilen Objekten verschmelzen und eine Unterscheidung nicht immer deutlich vorgenommen werden kann.[558]

Im ersten Golfkrieg stellte der Al Furdos Bunker im Zentrum von Baghdad ein wichtiges Kommandozentrum des Militärs sowie die Zentrale der irakischen Geheimpolizei dar.[559] Auf den ersten Blick ein militärisches Objekt, im Sinne der Anforderungen des Art. 52 (2) AP I. Der Bunker wurde von US-Streitkräften in einem nächtlichen Bombardement zerstört.[560] Was die US-Streitkräfte im Zeitpunkt des Angriffs jedoch nicht wussten war, dass der Bunker in der Nacht als Schutzraum für Familien der dort stationierten Soldaten genutzt wurde und seine Funktion somit ständig zwischen militärisch und zivil revolviert. [561] Die Frage stellt sich nun, ob ein Angriff auf ein *„Dual-Use Target"*, wie zum Beispiel dem Al Furdos Bunker, vom humanitären Völkerrecht gedeckt ist.

Im Kern ist ein *„Dual-Use Targe*t" immer noch ein militärisches Objekt und somit auch ein rechtmäßiges Ziel. Man muss jedoch die Notwendigkeit der Zerstörung eines solchen Objekts am Prinzip der Verhältnismäßigkeit messen. Ein Angriff wäre demnach durch Art. 57 (2) (b) AP I ausgeschlossen, wenn der Schaden für die Zivilbevölkerung im Vergleich zum militärischen Vorteil als exzessiv erscheint.[562] Wie schon erwähnt, können auch Stromnetzwerke ein *„Dual-Use Target"* darstellen. Ein Stromnetzwerk, welches lediglich dem Militär und somit für die Kriegsbemühungen zur Verfügung steht, ist zweifelsohne ein militärisches Objekt. Wenn das gleiche Netzwerk zusätzlich dazu genutzt wird, um Strom für Zivilisten bereitzustellen, dann handelt es sich um ein *„Dual-Use Target"*.[563] Beispielsweise wurde während des zweiten Golfkrieges das irakische Stromnetzwerk durch einen Angriff der Koalitionsstreitkräfte ausgeschaltet.[564] Die Konsequenz des Angriffes bestand darin, nicht nur die Luftverteidigung der Iraker erheblich geschwächt wurde, sondern ebenfalls die Wasserversorgung

---

558 Rogers, Anthony P. V., *Law on the Battlefield,* S. 71.

559 Solis, Gary D., *The Law of Armed Conflict,* S. 534; Lewis, Michael W., *The Law of Aerial Bombardment in the 1991 Gulf War,* 97 AJIL (2003), S. 490–493.

560 Ibid.

561 Ibid.

562 Rogers, Anthony P. V., *Law on the Battlefield,* S. 75; Schmitt, Michael N., Targeting and Humanitarian Law: Current Issues, International Law Studies 80 (2015), S. 60.

563 Dinstein, Yoram, *Discussion: Reasonable Military Commanders and Reasonable Civilians,* International Law Studies, Vol. 78, 2002, S. 212; Dinstein, Yoram, *The Conduct of Hostilities under the Law of International Armed Conflict,* S. 121.

564 Ibid.

der Zivilisten durch die Zerstörung der elektrischen Pumpen abgeschnitten wurde.[565] Aufgrund der Unmöglichkeit, bestimmte Bereiche des Stromnetzes zu trennen, wurde ebenso der Strom für Krankenhäuser abgetrennt.[566]

Die Rechtmäßigkeit eines Angriffs auf ein *„Dual-Use Target"* ist mithin eine Grauzone im humanitären Völkerrecht, da die unterschiedlichen Ansichten zwischen den direkten und indirekten zivilen Auswirkungen meist zu unterschiedlichen Ergebnissen führt und oft nicht eindeutig sind. Jedoch ist bei einem Angriff immer ein besonderes Augenmerk auf die Verhältnismäßigkeit zu legen, um die rechtmäßige Zerstörung von hybriden Zielen zu bestimmen.[567] Das wohl modernste Beispiel eines *„Dual-Use Targets"* ist die Cyber-Infrastruktur, welche sowohl von Zivilisten als auch vom Militär genutzt wird.

4) Anlagen und Einrichtungen, die gefährliche Kräfte enthalten – *„Dangerous Forces"*

Zusätzlich zu Art. 52 (2) AP I werden im humanitären Völkerrecht mit „Anlagen und Einrichtungen, die gefährliche Kräfte enthalten"[568] drei Typen von Objekten hervorgehoben, welche trotz ihres Status' als militärisches Objekt, nicht angegriffen werden dürfen. Eine Beschreibung dieser Ziele findet sich in Art. 56 (1) AP I:

> *„Works or installations containing dangerous forces, namely dams, dykes and nuclear electrical generating stations (…)"*[569]

Der Wortlaut lässt sich ebenfalls in Art. 15 AP II für den nicht-international bewaffneten Konflikt wiederfinden.[570] Somit sind Dämme, Deiche und Kernkraftwerke von Angriffen ausgenommen. Alle drei Ziele sind potentiell extrem gefährlich, da ihre Zerstörung einen erheblichen Schaden für die Umwelt und

---

565 Miller, Christian T., *Iraq Power Grid Shows U.S. Flaws*, https://www.latimes.com/archives/la-xpm-2004-sep-12-fg-power12-story.html (Letzter Aufruf 19.02.2019 11:03).

566 Ibid.

567 Dinstein, Yoram, *The Conduct of Hostilities under the Law of International Armed Conflict*, S. 121; Tallin Manual Rule 39.

568 So der Wortlaut der offiziellen Deutschen Übersetzung in der Sammlung „Dokumente zum Humanitären Völkerrecht" des AA, DRK und BMVg.

569 Article 56, Protocol Additional to the Geneva Conventions of 12 August 1949, and relating to the Protection of Victims of International Armed Conflicts (Protocol I), 8 June 1977, 1125 UNTS 3.

570 Article 15, Protocol Additional to the Geneva Conventions of 12 August 1949, and relating to the Protection of Victims of Non-International Armed Conflicts (Protocol I), 8 June 1977, 1125 UNTS 609.

für die Zivilbevölkerung zur Folge haben könnte. Deshalb liegt der Sinn und Zweck hinter Art. 56 (1) AP I darin, das Ausmaß an Kollateralschäden weiter einzuschränken.[571] Besonders auffällig ist die spezielle, positive Aufzählung solcher Objekte für den bewaffneten Konflikt und hebt mit Blick auf den allgemein gehaltenen Art. 52 (2) AP I noch einmal die Wichtigkeit des Schutzes dieser gefährlichen Objekte hervor.

Der Kommentar der IKRK berichtet zudem von weiteren Überlegungen, die zu Art. 56 (1) AP I vorgenommen wurden. Beispielsweise sollten jene Anlagen, ähnlich wie Kulturgüter, durch ein gesondertes Zeichen kenntlich gemacht werden.[572]

> „*In the draft the ICRC had provided that the Parties to the conflict would have the possibility of marking dykes, dams and nuclear electrical generating stations entitled to special protection by means of a sign consisting of two oblique red bands on a white ground.*“[573]

Es ist selbstverständlich, dass es noch andere Einrichtungen oder Anlagen gibt, die im Falle eines Angriffs gefährliche Kräfte freisetzen können. Wie beispielsweise Fabriken, welche toxische Stoffe produzieren, die, wenn sie als Gas freigesetzt werden, eine ganze Region gefährden könnten.[574] Es wurde im Entstehungsprozess des Art. 56 (I) AP I deshalb gefordert, auch andere Objekte in die Liste mit aufzunehmen, insbesondere Ölförderanlagen und Lagerstätten für Erdölerzeugnisse.[575] Der Vorschlag, die Liste des Art. 56 (1) AP I weiter auszudehnen, war jedoch nicht erfolgreich. Es bestand kein Bedürfnis danach, die große Gefahr der Zerstörung von Ölförderanlagen und Lagerstätten hervorzuheben. Die Ausweitung des besonderen Schutzes auf solche Anlagen hätte zweifellos praktisch unlösbare Probleme aufgeworfen, da sonst alle Ziele, welche eine potentielle Gefahr darstellen, in Art. 56 (1) AP I hätten aufgenommen werden müssen. Es ist deshalb nachvollziehbar, dass die Konferenz die Immunität nur auf die genannten Objekte beschränkte.[576] Entgegen den Bestimmungen des Art. 56 (I) AP I sind in Art. 56 (2) AP I Ausnahmen enthalten, unter deren Bedingung ein durch Art. 56 (I) AP I geschütztes Objekt doch das Ziel eines

571 Oeter, Stefan, in: The Handbook of International Humanitarian Law in Armed Conflict, S. 194,195.

572 ICRC Commentary on the Additional Protocols Rn. 2179.

573 Ibid.

574 Ibid. Rn. 2180.

575 ICRC Commentary on the Additional Protocols Rn. 2149.

576 Ergov, Sergey, *The Kosovo crisis and the law of armed conflict,* Int. Review Red Cross 837 (2000), S. 183.

Angriffes werden kann. Demnach verlieren die in Art. 56 (1) AP I genannten Objekte ihren speziellen Schutz, wenn sie in regelmäßiger und direkter Art und Weise zur Unterstützung der militärischen Operation eingesetzt werden.[577] Man könnte zwar auf Grund der Unkontrollierbarkeit dieser Kräfte argumentieren, dass bei einem Angriff auf solche Objekte dem militärischen Vorteil in jedem Fall die Verhältnismäßigkeit entgegenstehen würde, *Frits Kalshoven* stellte jedoch klar, dass es eine absolute Immunität nicht geben kann.[578]

> *„Evidently, 'the special protection' afforded under Art. 56 (I) AP I (...) does not amount to unconditional immunity from attack. Rather, the protection remains dependent on whether the attack 'may cause' the release of dangerous forces and consequent severe losses among the civilian population. The test seems to be whether, in light of all the information available at the time, these effects could objectively have been foreseen"*[579]

In der Praxis ist es sehr schwer, einen Angriff auf eine Anlage oder Einrichtung, welche eine gefährliche Kraft enthält, pauschal auszuschließen, da Dämme, Deiche oder Kernkraftwerke sonst zu unverwundbaren Bollwerken für Luft- und Raketenabwehr ausgebaut werden könnten. Der Kommentar des IKRK stellte deswegen zusätzlich fest, dass, falls ein Angriff notwendig ist, dieser nur von höchster militärischer Stelle befohlen werden sollte.[580]

> *„It should be stressed that in such cases where the highest human interest are at stake, the decision to deprive them of protection can only be taken at a high military level"*[581]

5) Besonderer Schutz von Kulturobjekten – „*Cultural Property*"

Neben den Genfer Abkommen von 1949 sowie deren Zusatzprotokollen existiert eine Vielzahl an völkerrechtlichen Verträgen, die das humanitäre Völkerrecht ergänzen. Ein solcher Vertrag ist auch das Haager Kulturschutzabkommen von 1954. Dieses ist speziell darauf ausgelegt, Kulturgüter als besondere Art von Objekten in Konflikten zu schützen. Der Natur- und Völkerrechtler *Emmerich*

---

577 Article 56, Protocol Additional to the Geneva Conventions of 12 August 1949, and relating to the Protection of Victims of International Armed Conflicts (Protocol I), 8 June 1977, 1125 UNTS 3.

578 Kalshoven, Fritz, *The Diplomatic Conference on Reaffirmation and Development of International Humanitarian Law Applicable in Armed Conflicts, Geneva 1974–1977*, S. 235.

579 Ibid.

580 ICRC Commentary on the Additional Protocols Rn. 2154; Solis, Gary D., *The Law of Armed Conflict*, S. 529.

581 Ibid.

De Vattel erkannte bereits 1760 die Notwendigkeit, Objekte von besonderer kultureller Bedeutung zu immunisieren.

> „*For whatever cause a country is ravaged, we ought to spare those edifices which do honour to human society and do not contribute to increase the enemy's strength. What advantage is obtained by destroying them?*“[582]

Wie in Kapitel 1 aufgezeigt, wurde ebenfalls von *Francis Lieber* 1863 ein besonderer Schutz für Kulturgüter in den Art. 35 ff. der General Order No. 100 kodifiziert.[583] Der Zeitgeist dieser alten Überlegungen ist klar zu erkennen. Der Verlierer des Konfliktes erleidet nicht nur eine kriegerische Niederlage, sondern musste ebenfalls damit rechnen, dass ihm durch die wertvollen Kulturgüter ein Teil der nationalen Identität genommen wird.

Heute ergibt sich der Schutz von Kulturgütern aus der Haager Konvention, zum Schutz von Kulturgut bei bewaffneten Konflikten, aus dem Jahr 1954 sowie aus deren Zusatzprotokollen und ist in Artikel 4 des Kulturschutzabkommens von 1954 grundlegend statuiert.

> „*The High Contracting Parties ... from any use of the property and its immediate surroundings or of the appliances in use for its protection for purposes which are likely to expose it to destruction or damage in the event of armed conflict; and by refraining from any act of hostility, directed against such property*“[584]

Die Normen und Grundsätze der Kulturschutzkonvention von 1954 sind in Deutschland ebenfalls durch die ZDv 15/2 hervorgehoben und stellen eine fast wortgenaue Übersetzung der Artikel des Haager Kulturschutzabkommens und seiner Zusatzprotokolle dar. Die Zentrale Dienstvorschrift der Bundeswehr ZDv 15/2[585] statuiert, dass für alle Kulturgüter ein allgemeiner und besonderer Schutz

---

582 De Vattel, Emmerich, *The Law of Nations, Or, The Principles of the Law of Nature, Applied to the Conduct of Affairs of Nations and Sovereigns*, S. 368.

583 Article 35, Lieber Code, https://avalon.law.yale.edu/19th_century/lieber.asp (letzter Aufruf 22.02.2020 11:08).

584 Article 4, Convention for the Protection of Cultural Property in the Event of Armed Conflict, 14 May 1954, 7 August 1954, 249 UNTS 240.

585 Humanitäres Völkerrecht in bewaffneten Konflikten – Handbuch – ZDv 15/2. Die zentrale Dienstvorschrift beschreibt das Recht des bewaffneten Konflikts, wie es aus der Sicht des BMVg darstellt und ist die wichtigste Grundlage für die in § 33 des Soldatengesetzes vorgeschriebene völkerrechtliche Unterrichtung der Soldatinnen und Soldaten, die in Lehrgängen, Übungen und in der allgemein-militärischen Ausbildung stattfindet; Siehe ebenfalls: www.bmvg.de/resource/blob/93612/f16edcd7b796ff3b43b239039cfcc8d1/b-02-02-10-download-handbuch-humanitaeres-voelkerrecht-in-bewaffneten-konflikten-data.pdf, (letzter Aufruf 21.02.2019 10:40).

besteht und gibt die Definition des Haager Kulturschutzabkommen von 1954 für Kulturgüter noch einmal in einer deutschen Übersetzung wieder.[586]

> *„Kulturgüter sind bewegliche oder unbewegliche Güter, die für das kulturelle Erbe aller Völker von großer Bedeutung sind, ohne Rücksicht auf Herkunft und Eigentumsverhältnisse"*[587]

Die ZDv 15/2 geht jedoch noch einen Schritt weiter und ergänzt diese, schon sehr weite, Definition durch Gebäude, zur Erhaltung oder Ausstellung dieser Güter, welche keine Eintragung des Objektes in ein gesondertes Register erfordern.[588]

Der Schutz von Kulturgütern, so bedeutsam sie auch sein mögen, ist jedoch wie bei den *„Dangerous Forces"* nicht sakrosankt. Objekte können gemäß Art. 11 (2) des Kulturschutzabkommen von 1954 ihren besonderen Schutz verlieren, wenn die militärische Notwendigkeit eine Zerstörung des Objektes unausweichlich macht.

> *„... immunity shall be withdrawn from cultural property under special protection only in exceptional cases of unavoidable military necessity, and only for such time as that necessity continues. Such necessity can be established only by the officer commanding a force the equivalent of a division in size or larger."*[589]

Das erste Zusatzprotokoll zum Haager Kulturschutzabkommen ist in dem Sinne besonders, dass es zusätzlich zum Schutz vor der Zerstörung noch eine zusätzliche Art von Immunität verleiht. In diesem Abkommen steht nicht die Zerstörung der Kulturgüter, sondern der Diebstahl im Vordergrund. Das erste Zusatzprotokoll stellt somit eine Art Gegenstück zu Art. 36 des Lieber Codes dar.[590] Auf den ersten Blick verwunderlich, dass die Normen, trotz gleichzeitiger Bekanntmachung, nicht direkt in die eigentliche Konvention mit aufgenommen wurden.[591] Das Zusatzprotokoll regelt jedoch einen anderen Sachverhalt, weshalb eine gesonderte Stellung wahrscheinlich erforderlich gewesen ist. Es regelt im Detail die Bestimmungen zur Verhinderung der Ausfuhr und des Diebstahls von Kulturgütern. Darüber hinaus sieht das Protokoll in besonderen Fällen, in

---

586 ZDv 15/2 Rn. 901.

587 ZDv 15/2 Rn. 902.

588 Ibid.

589 Article 11, Convention for the Protection of Cultural Property in the Event of Armed Conflict, 14 May 1954, 7 August 1954, 249 UNTS 240.

590 Henderson, Ian, *Contemporary Law of Targeting*, S. 25–27.

591 Williams, Sharon Anne, *The international and national protection of movable cultural property. A comparative study*, S. 54–56.

denen Kulturgüter zum Schutz vor dem bewaffneten Konflikt in Drittstaaten hinterlegt wurden, die Rückgabe dieser Güter vor.[592]

Der amerikanische Völkerrechtler *Gary D. Solis* stellt fest, dass eine Schwäche des ersten Zusatzprotokolls zum Kulturschutzabkommen darin bestünde, dass es die grundlegende Schwäche der Konvention von 1954 fortsetzt, durch militärische Notwendigkeit den Schutz von Kulturgütern abdingbar zu gestalten und verweist auf Art. 53 (b) AP I.[593]

> „*Without prejudice to the provisions of the 1954 Convention, and of other relevant international instruments, it is prohibited:*
> *b) to use objects in support of the military effort*“[594]

Solis geht davon aus, dass durch die Formulierung „*without prejudice to*“ die Einhaltung der Protokolle und die weitere Einhaltung der grundlegenden Konvention, durch die Einbeziehung der militärischen Notwendigkeit auf eine Art und Weise abdingbar gestaltet wird.[595] Denn wird ein Objekt, welches grundsätzlich durch die Bestimmungen des Kulturschutzabkommens von 1954 geschützt ist, zur Unterstützung des militärischen Einsatzes verwendet, dann kann die militärische Erforderlichkeit verlangen, es im Falle von bewaffneten Auseinandersetzungen zu zerstören. Solis' Argumentation scheint jedoch bei einer genaueren Betrachtung unschlüssig, da mit Art. 11 (2) des Kulturschutzabkommen von 1954 im Abkommen selbst schon eine Norm enthalten ist, die den Schutz bei einer entgegenstehenden militärischen Notwendigkeit aufheben kann.

---

592 Dinstein, Yoram, *Law of Armed Conflict,* S. 60; Roberts/Guelff, Documents on the Laws of War, S. 399; Roger O'Keefe, *Key Rights in Times of Armed Conflict – Protection of Cultural Property,* in: Oxford Handbook of international humanitarian Law, S. 565–566.

593 Solis, Gary D., *The Law of Armed Conflict,* S. 530.

594 Article 53, Protocol Additional to the Geneva Conventions of 12 August 1949, and relating to the Protection. of Victims of International Armed Conflicts (Protocol I), 8 June 1977, 1125 UNTS 3.

595 Solis, Gary D., *The Law of Armed Conflict,* S. 563.

B) Der aktuelle Targeting Prozess

Dieser Abschnitt soll die in A) dargestellte, rechtliche Grundlage mit der Praxis verknüpfen und den tatsächlichen Ablauf vergegenwärtigen, welcher vor jedem Angriff durchlaufen wird und mithin den Prozess darstellt, der in der militärischen Praxis als „*Targeting*" verstanden wird. Es soll näher beleuchtet werden, wie Ziele ausgewählt und priorisiert werden und welche passenden Maßnahmen ergriffen werden können, um die Anforderungen der Art. 52 ff. AP I möglichst genau umzusetzen. Dabei soll vor allem das von der NATO und den USA genutzte „*Kill Chain*" System F2T2EA (*Find, Fix, Track, Target, Execute, Assess*) näher beleuchtet werden.[596]

Müsste man den Begriff „*Targeting*" definieren, dann könnte man Folgendes als Definition heranziehen: „*Targeting*" ist der Prozess der Auswahl und Priorisierung von Zielen sowie der Abstimmung der entsprechenden Reaktion darauf, unter Berücksichtigung der operativen Anforderungen und Fähigkeiten einer Konfliktpartei.[597] Diese Definition enthält mehrere übergeordnete Elemente wie die grundlegende Koordinierung des Prozesses, das Bewusstsein für die eigenen militärischen Kapazitäten und, am wichtigsten, die Verknüpfung der militärischen Kapazitäten mit einer spezifischen Anforderung. „*Targeting*" muss logischerweise mit einem Ziel beginnen, welches die nachfolgenden Schritte dieses Prozesses vorantreibt.

Unter dem Akronym F2T2EA wird noch einmal in zwei Arten von „*Targeting*" differenziert.[598] Zum einen das „*deliberate Targeting*", unter welchem eine Operation zukünftig und vor allem längerfristig geplant wird sowie zum anderen das „*dynamic Targeting*", welches besonders flexibel und akut auf eine neue Situation reagieren kann.[599] Das „*deliberate Targeting*" sowie das „*dynamic Targeting*" umfassen beide in der Praxis der US Streitkräfte und der North Atlantic Treaty

596 Tirpak, John A., *Find, Fix, Track, Target, Engage, Assess*, Air Force Magazine, https://www.airforcemag.com/article/0700find/ (Letzter Aufruf 22.05.2020 11:43).

597 Pratzner, Phillip, *The Current Targeting Process* in: *Targeting: The Challenges of Modern Warfare*, S. 79.

598 Schmitt, Michael N., Targeting and International Humanitarian Law in Afghanistan, Naval War College International Law Studies 39 (2009), S. 315–317.

599 Air Force Annex 3-0, *Operations and Planning*, https://www.doctrine.af.mil/Portals/61/documents/Annex_3-0/3-0-D04-OPS-General-Strategy.pdf (Letzter Aufruf 22.04.2020 19:36).

Organization die gleichen sechs Schritte des F2T2EA. Der F2T2EA Prozess legt besonderen Wert auf Präzision und Geschwindigkeit. Die Konfliktparteien sollen mit einem intellektuellen Rahmen an Informationen ausgestattet werden, um die verfügbaren Optionen möglichst genau einzugrenzen. Der Zweck besteht darin, sich auf ein Ziel zu konzentrieren, es zu verfolgen und dann eine militärische Option so effektiv und sicher wie möglich auszuführen.[600]

I) Ziel und Leitlinien der militärischen Operation – *„Guidance and Objectives"*

Ein klares und erreichbares Ziel ist immer der erste Schritt, um den taktischen Erfolg eines Angriffes zu gewährleisten. Betrachtet man rückblickend die alten Strategen und Taktiker, lässt sich feststellen, dass die Schriften des preußischen Generals *Carl von Clausewitz* und des antiken chinesischen Philosophen *Sun Tzu* heutzutage fast noch genauso relevant für das *„Targeting"* sind wie damals.[601] *Sun Tzu* ist beispielsweise bekannt dafür, dass er sich für eine rasche Zerstörung der Handlungsfähigkeit des Feindes einsetzte, um die eigenen militärischen Kapazitäten zu schonen.[602] *Carl von Clausewitz* warb hingegen für einen ganzheitlichen Ansatz der Kriegsführung, welche mit klaren übergeordneten nationalen Zielen und der politisch-wirtschaftlichen Lage der beteiligten Nationen in Einklang stehen mussten.[603] Klare und erreichbare Ziele, die Natur und Art des Konflikts sowie die Qualität der zur Verfügung stehenden Informationen legen deshalb heute, genauso wie 1832, den Ablauf einer militärischen Operation fest.[604] Ein modernes Beispiel ist die Operation *„Desert Storm"* aus dem Jahr 1991. Sie zeigt, dass die Befreiung Kuwaits, welche in nur 42 Tagen stattfand, vor allem durch gute Ziele und Leitlinien bewältigt werden konnte.[605] Der Targeting-Plan für *„Desert Storm"* wurde anhand gut ausgearbeiteter *„Guidance and Objectives"* über einen Zeitraum von sechs Monaten entwickelt und

600 Nordin, Astrid, Öberg, Dan, *Targeting the Ontology of War: From Clausewitz to Baudrillard,* S. 392–394.

601 Als maßgebliche Werke vor allem Sun Tzus, *„The Art of War"* und Carl von Clausewitz *„Vom Kriege"* (1832).

602 Sun Tzu, *The Art of War – Translation by T. Cleary,* S. 66–67, 72.

603 von Clausewitz, Carl, *Vom Kriege,* Buch I, Kapitel II S. 25–26.

604 Cook, Martin, *Ethical Issues in Targeting* in: *Targeting: The Challenges of Modern Warfare,* S. 147–150.

605 Jachec-Neale, Agnieska, *The Concept of Military Objectives in International Law and Targeting Practice,* S. 175.

neutralisierte die irakische Verteidigung innerhalb kürzester Zeit, wodurch die erfolgreiche Bodenkampagne erst ermöglicht wurde.[606]

Diese Ziele werden meist von einem übergeordneten militärischen Hauptquartier, wie beispielsweise einer „*Joint Task Force*" (JTF) oder einem „*Combined Air and Space Operations Center*" (CAOC) bestimmt.[607] Diese Einrichtungen legen ebenfalls die Richtlinien für die Ausführung und die Priorität der Aufgaben der Einsatzregeln, „*Rules of Engagement*" (ROE) genannt, fest.[608] Um eine besonders hohe Präzision und Unterscheidung gewährleisten zu können, sind deshalb in allen militärischen Operationen klare ROEs und spezifische Vorgaben zu Prioritäten, sollten viele dynamische Targeting-Szenarien gleichzeitig auftreten, die absolute Regel und nicht die Ausnahme.[609]

Somit liegt der Beginn jedes Targeting-Prozesses in den „*Guidance and Objectives*", welche für die militärische Operation vorgegeben werden. Sie können klar und einfach realisierbar sein und dadurch die nachfolgenden Schritte effektiv vorantreiben. Oder sie sind vage, beruhen auf schlechten Informationen und stellen somit während des gesamten Targeting-Prozesses eher eine Herausforderung als eine erleichternde Stütze dar.[610] Dies kann nicht nur die Effektivität des Unterscheidungsgebots gefährden, sondern auch zu katastrophalen Konsequenzen für die Zivilbevölkerung führen.

Aufgrund der Dynamik des Targeting-Prozesses kann jedoch eine Operation trotzdem positiv verlaufen, auch wenn die Ziele und Leitlinien unzureichend sind, sollten sie zu vage, unpraktisch oder auf fehlerhafter Informationen beruhen.[611] Die Erfolgslast muss dann lediglich von einem anderen Teil des Targeting-Zyklus getragen werden, wie einer sauberen Planung, Durchführung oder Bewertung. Dies zeigt, dass militärische Befehlshaber überdurchschnittlich flexibel sein müssen, um sich den gegebenen Umständen gegebenenfalls erneut anzupassen.

---

606 United States Defense Mapping Agency, *Operation Desert Storm Planning Graphic*, Retrieved from Library of Congress, www.loc.gov/item/91682183/ (Letzter Aufruf 04.09.2019 14:53).

607 Pratzner, Phillip, *The Current Targeting Process* in: *Targeting: The Challenges of Modern Warfare*, S. 79.

608 Ibid.

609 Clark, Wesley, *Waging Modern War: Bosnia, Kosovo, and the Future of Combat*, S. 203.

610 Jachec-Neale, Agnieska, *The Concept of Military Objectives in International Law and Targeting Practice*, S. 187.

611 Nordin, Astrid, Öberg, Dan, *Targeting the Ontology of War: From Clausewitz to Baudrillard*, S. 400.

II) Planung der militärischen Operation – „*Target Development*"

Wie die „*Guidance and Objectives*" der militärischen Operation, ist auch die genaue Planung sowohl für das „*deliberate-*" als auch für das „*dynamic-Targeting*" einer der entscheidenden Faktoren und bedarf besonderer Vorsicht.[612]

Die Qualität der Planung eines Angriffes ist ein direktes Ergebnis der Faktoren Zeit und Informationen. Vor allem die Bedeutung von ausreichender Zeit zur Planung wird von vielen Autoren innerhalb des Militärs immer wieder hervorgehoben.

> *„A distinctive planning factor ... is the amount of time and effort required to validate a target ... All of this can take minutes to months to years and cost millions of dollars in asset time and man-hours."*[613]

In dem Schritt „*Target Development*" werden potentielle Ziele sowie ihre einzelnen Komponenten analysiert, um ihre Signatur, sprich woraus sie bestehen und wie man sie auf dem Schlachtfeld unterscheiden kann, sowie ihre Bedeutung für die militärische Operation bestimmt und entschieden, welches Waffensystem geeignet sein könnte, das Ziel zu zerstören.[614] Obwohl neue Technologien durch die Automatisierung vieler Funktionen das „*Target Development*" erleichtert haben, gibt es notwendige Schritte wie rechtliche Problematiken oder die doppelte Überprüfung einzelner Ziele, welche nur von einem Menschen durchgeführt werden können, um sie ordnungsgemäß und sicher abzuschließen.[615]

In diesem Schritt werden vor allem Informationen gesammelt, die für die Ausführung der Operationen von elementarer Bedeutung sind. Diese Informationen sind ausschlaggebend, um eine Hierarchie an Zielen zu erstellen, „*Target Nomination List*" (TNL), welche darauffolgend auf verschiedene rechtliche Anforderungen, oder auch „*Target Selection Standards*" (TSS) genannt, überprüft werden.[616]

---

612 Pratzner, Phillip, *The Current Targeting Process* in: *Targeting: The Challenges of Modern Warfare*, S. 80.

613 Major Borne, Kyle David, *Targeting in Multi-Domain Operations*, https://www.armypress.army.mil/Journals/Military-Review/English-Edition-Archives/May-June-2019/Borne-Targeting-Multi-domain/ (Letzter Aufruf 09.02.2019 14:22).

614 Major Angle, David W., *Air Force and Army Digitization and the Joint Targeting Process for Time-Critical Targets*, S. 17–20.

615 Ibid.

616 Ibid.

Wie bereits erwähnt, ist Zeit einer der entscheidenden Faktoren bei der Planung von Operationen. Dies wird vor allem an einer israelischen Operation im Sechstagekrieg aus dem Jahr 1967 deutlich: Die israelische Operation verbrachte Jahre in der Planung und sah vor, Ägyptens Luftwaffe innerhalb der ersten Stunden des Konflikts so stark zu dezimieren, dass Ägypten möglichst handlungsunfähig verbleibt.[617] 204 ägyptische Flugzeuge wurden auf elf verschiedenen Luftfeldern innerhalb von drei Stunden zerstört.[618] Die israelische Luftwaffe wusste genau, wie und wann sie angreifen musste. *Mordechai Hod*, damaliger Stabschef der israelischen Luftwaffe, begründete den außerordentlichen Erfolg der Operation mit der Zeit als entscheidenden Planungsfaktor.[619]

> *„Sixteen years planning had gone into those initial 80 min"*[620]

So wichtig wie der Faktor Zeit, sind ebenso genaue Informationen der Aufklärungseinheiten und Fahrzeuge. Die Anzahl an eingesetzten *„Unmanned Aerial Vehicle"* (UAV), wie dem Northrop Grumman RQ-4 *„Global Hawk"* oder dem General Atomics MQ-1 *„Predetor"*, Bodentruppen wie Spähaufklärer und das auswertende analytische Team, sind entscheidende Faktoren für die Planung.[621] Jedoch können selbst die besten Informationen einen komplexen und adaptiven Feind nicht überwinden, wie die zahllosen Beispiele aus Guerilla-Konflikten zeigen. Die USA konnten den Vietnamkrieg ebenso wenig wie Israel die Operation *„Change of Direction"* für sich entscheiden.[622] In beiden Beispielen existierten zwar signifikante Mengen an Information über den Feind, ein strategischer Erfolg blieb jedoch aus.[623]

---

617 Pratzner, Phillip, *The Current Targeting Process* in: *Targeting: The Challenges of Modern Warfare*, S. 83.

618 Ibid.

619 https://www.theguardian.com/news/2003/jul/02/guardianobituaries.israel (Letzter Aufruf: 10.09.2018).

620 Ibid.

621 Hernandez, Jessica Poarch, *The Task Force on US Drone Policy Releases is Report, https://loacblog.com/tag/drones/* (Letzter Aufruf 11.09.2018 18:38).

622 https://www.globalsecurity.org/military/world/war/lebanon-change-of-direction.htm (Letzter Aufruf 12.09.2018 15:20).

623 Ibid.

III) Auswahl von Kampfmitteln – „*Weaponeering*"

In diesem Schritt werden Waffensysteme und Munition gegen spezifische Ziele auf der Grundlage der gewünschten Ergebnisse verglichen.

„*Weaponeering*" untersucht ein Waffensystem, beispielsweise ein Raketensystem wie den „*Wiesel 2 Ozelot*" der Bundeswehr, und prüft dessen Eignung zur Zerstörung des Ziels.[624] In diesem Schritt wird nicht nur noch einmal zusätzlich das Ziel identifiziert, sondern ebenfalls der genaue Ort der Detonation und die Schadenswahrscheinlichkeit der eingesetzten Munition bestimmt, „*Probability of Damage*" (PD).[625]

IV) Ausführung der militärischen Operation – „*Force Application and Execution*"

Die tatsächliche Ausführung des Targeting-Prozesses ist der kritischste Schritt im ganzen Zyklus, denn eine fehlerhafte Ausführung des Plans kann eine gesamte Operation gefährden. Ein Beispiel für fehlerhafte Durchführung ist die U.S. Operation „*Eldorado Canyon*". Von den Vereinigten Staaten wurden mehrere libysche Ziele als Vergeltung für einen Terroranschlag auf die Berliner Diskothek „*La Belle*" attackiert.[626] Taktisch betrachtet verursachte die Operation nur sehr geringe Schäden.[627] Mehrere Flugzeuge der USA konnten ihre Munition nicht absetzen und andere verfehlten sogar ihre Ziele.[628] Die operativen Planer waren

---

624 Solis, Gary D., *The Law of Armed Conflict*, S. 531.

625 Major Angle, David W., *Air Force and Army Digitization and the Joint Targeting Process for Time-Critical Targets*, S. 17–20.

626 Die US-Bombenkampagne 1986 in Libyen wurde am Abend des 14. April und am Morgen des 15. April unter der Leitung des damaligen US-Präsidenten Ronald Reagan durchgeführt. An der gemeinsamen Aktion von Marine und Luftwaffe, der so genannten Operation „*Eldorado Canyon*", waren rund 100 Flugzeuge beteiligt. Der Bombenangriff selbst dauerte nur 10–15 Minuten und verursachte bei den meisten der ausgewählten Ziele nur geringen Schaden. Die US-Bombenkampagne sollte Qaddafi davon abhalten, weiteren Terrorismus zu fördern, ihn für eine Vielzahl früherer Terroranschläge einschließlich des Bombenangriffs auf einem Berliner Nachtclub zu bestrafen und signalisieren, dass Terroranschläge von „Schurkenstaaten" eine hohe Abgabe fordern würden.

627 Major Angle, David W., *Air Force and Army Digitization and the Joint Targeting Process for Time-Critical Targets*, S. 17–20.

628 https://www.defensemedianetwork.com/stories/operation-eldorado-canyon-libya-under-air-attack-in-1986/ (Letzter Aufruf: 14.09.2019 19:18).

überzeugt, dass die Operation erfolglos war, aber letztendlich wurden die politischen Ziele zumindest vorübergehend erreicht.[629]

Da es sich bei der „*Force Application and Execution*“ um eine dynamische Aktivität handelt, überwachen der Kommandeur und sein Stab ständig den Verlauf der Operation und passen ihn gegebenenfalls an.[630] Es gibt jedoch keine magischen Lösungen um sicherstellen, dass Ausführungsfehler während einer Operation vermieden werden. Die von *Carl von Clausewitz* aufgestellten Konzepte wie der „*Nebel des Krieges*“ und der „*Friktion*“ sind heute so präsent wie vor fast 200 Jahren.[631]

> „*Der Krieg ist das Gebiet der Ungewißheit; drei Vierteile derjenigen Dinge, worauf das Handeln im Kriege gebaut wird, liegen im Nebel einer mehr oder weniger großen Ungewißheit. Hier ist es also zuerst, wo ein feiner, durchdringender Verstand in Anspruch genommen wird, um mit dem Takte seines Urteils die Wahrheit herauszufühle*“[632]

Und:

> „(Die) *Unzahl kleiner, aber kollektiv zahlreicher Dinge beschreibt, die nicht vorhergesehen oder geplant werden können und die Führungskräfte dazu bringen, Zeit mit unvorhergesehenen Entscheidungen zu verbringen*“[633]

Krieg und Konflikte bergen Risiken, die zwar nicht beseitigt, aber durch einen geschickten Einsatz der „*Force Application and Execution*“ gemildert werden können.

V) Auswertung der militärischen Operation – „*Combat and Collateral Damage Assessment*“

Der letzte Schritt des Targeting-Prozesses ist die Auswertung des Angriffes. Hier wird die generelle Wirksamkeit des Kampfeinsatzes bewertet und es werden eventuelle Änderungen der Taktik, Strategien sowie der Ziele und Leitlinien empfohlen.[634] Die drei Elemente der Gefechtsbeurteilung, „*Combat Assessment*“

629 Ibid.

630 Air Force Annex 3-60 Targeting, *Introduction to Targeting*, https://www.doctrine.af.mil/Doctrine-Annexes/Annex-3-60-Targeting/ (Letzter Aufruf 26.02.2019 19:35).

631 Pratzner, Phillip, *The Current Targeting Process* in: *Targeting: The Challenges of Modern Warfare*, S. 85–86.

632 Von Clausewitz, Carl, Vom Kriege, Buch I, Kapitel II, S. 23.

633 Ibid., S. 36.

634 Major Angle, David W., *Air Force and Army Digitization and the Joint Targeting Process for Time-Critical Targets*, S. 17–20.

sind zum einen die Einsatzbeurteilung „*Mission Assessment*", Kampfschadenbeurteilung, „*Damage Assessment*", und Beurteilung der Wirksamkeit der Munition. „*Munitions Effectiveness Assessments*".[635]

Für das „*Combat Assessment*" werden Informationen wie Waffenvideos, Einsatzberichte und taktische Aufklärungsdaten verwendet. Durch die heutige nahtlose Verbindung aller Kommandoebenen können Informationen direkt allen Personen mit einem Wissensbedarf zur Verfügung gestellt werden. Die Beurteilung muss auf der Grundlage einer Analyse aller Quellen und der Integration von nachrichtendienstlichen und operativen Informationen erfolgen.[636]

Zusätzlich dazu kann noch ein „*Collateral Damage Assessment*" durchgeführt werden.[637] Hierunter wird die Berechnung des potenziellen Kollateralschadens einer Waffe gegen Menschen oder Objekte, welche sich um ein Ziel herum befinden, wie beispielsweise Zivilisten, ein Krankenhaus, eine Kirche oder eine Schule verstanden.[638] Die Durchführung eines „*Collateral Damage Assessment*" hat die Möglichkeit, die Beschädigung ziviler Objekte und die potenzielle Zahl der Opfer zu erkennen und gegebenenfalls mit einer Änderung im Ablauf der Operation zu reagieren.[639]

VI) Zwischenergebnis

Das „*Targeting*" ist in der Praxis ein überaus komplexes Unterfangen. Militärische Hardware muss korrekt positioniert sein, das Timing des Angriffes muss stimmen, das „*Weaponeering*" muss die Dynamik der Waffe, die Zieleigenschaften sowie die Art und Weise, wie die Interaktion zwischen Waffe und Ziel tatsächlich stattfinden wird, korrekt einschätzen.

Wenn beispielsweise eine Waffe eingesetzt wird, welche nicht direkt tödlich ist, wie etwa bei einem Cyberangriff möglich, wächst die Herausforderung der Bewertung exponentiell. Zudem erschwert der Zeitdruck die Bewertung. In schnelllebigen Kampfeinsätzen herrscht auf allen Ebenen ein enormer Druck, schnell zu entscheiden und zu bewerten. Politiker wollen über Fortschritte berichten, hochrangige Kommandeure müssen Ressourcenentscheidungen

---

635 Ibid.

636 Air Force Annex 3-60 Targeting, *Introduction to Targeting*, https://www.doctrine.af.mil/Doctrine-Annexes/Annex-3-60-Targeting/ (Letzter Aufruf 26.02.2019 19:35).

637 Ibid.

638 U.S Department of Defense, *U.S Military Works to Avoid Civilian Deaths*, http://www.defenselink.mil/news/newsarticle.aspx?id=29337 (Letzter Aufruf 15.08.2019 15:51).

639 Ibid.

treffen und Feldkräfte wollen neue Anpassungen so schnell wie möglich vornehmen. Dies führt zwangsläufig zu Risiken durch unvollständige Informationen und widersprüchliche Berichterstattung. Vielleicht hat Oberst Klein beim Luftangriff im Kundus 2009 deshalb so verhängnisvoll entschieden?

Mit dem vorgestellten Targeting-Prozess wurde jedoch ein Bewertungs- und Ablaufschema gefunden, um das Unterscheidungsgebot der Art. 48 ff. AP I so gut und genau umzusetzen wie nur möglich. Das Modell legt besonderen Wert auf Präzision und jeder Schritt, von der Auswahl der Munition bis zur Zerstörung des Ziels, wird strengstens überwacht.

Kapitel 3: Geltung des Unterscheidungsgebots innerhalb der Cyberkriegsführung

„War… has changed. It's no longer about nations, ideologies, or ethnicity. It's an endless series of proxy battles fought by mercenaries and machines. War, and its consumption of life, has become a well-oiled machine. War has changed. ID-tagged soldiers carry ID-tagged weapons, use ID-tagged gear. Nano-machines inside their bodies enhance and regulate their abilities. Genetic control, information control, emotion control… battlefield control. Everything' is monitored and kept under control. War – has changed. The age of deterrence has become the age of control. All in the name of averting catastrophe from Weapons of Mass Destruction. And he who controls the battlefield, controls history. War has changed… When the battlefield is under total control, war becomes routine.“

– Solid "Old" Snake / Metal Gear Solid 4: Guns of the Patriots

A) Einführung in die Thematik

Die Art der heutigen Kriegsführung befindet sich in einem Wechsel ihrer wesentlichen wissenschaftlichen Auffassungen. Heutzutage ist die Kriegsführung nun unwiderruflich in eine andere, völlig neuartige Sphäre vorgedrungen: den Cyberspace.

Im Rahmen dieser jüngsten Entwicklung haben sich eine Vielzahl von noch ungelösten Problemfeldern eröffnet, die von Fragen der militärischen Strategie und Taktik über technische Fragen bis hin zu Rechtsfragen reichen, konzentriert sich dieses Kapitel eng auf eine der wichtigsten und grundlegendsten Herausforderung, welche sich aus dieser Entwicklung für das Unterscheidungsgebot im humanitären Völkerrechts ergibt. Wie werden aus der Perspektive des Cyberspace Cyber-Angriffe, deren Ziel die Vernichtung elektronischer Daten darstellt und dabei einerseits dieses Ziel erreicht, ohne notwendigerweise physische Schäden zu verursachen und andererseits physische Schäden mit sich bringt, beurteilt.[640] Die Herausforderung stellt sich in der Frage, ob Daten als „Objekt" im Sinne des humanitären Völkerrechts und somit als militärisches Ziel des in Kapitel 2 diskutierten Art. 52 (2) AP I angesehen werden können. Denn die Antwort auf diese Frage hat erhebliche Auswirkungen auf die Durchführung von militärischen Aktivitäten im Cyberspace im Allgemeinen und im Besonderen bei der Durchführung von Cyber Operationen. Wie bereits diskutiert, ist das Unterscheidungsgebot einer der Eckpfeiler des humanitären Völkerrechts. Es schreibt vor, dass konfliktbeteiligte Parteien jederzeit zwischen Zivilisten und Kombattanten sowie zwischen zivilen und militärischen Objekten unterscheiden müssen und ihre Operationen nur gegen militärische Ziele richten dürfen. Aber gilt diese Unterscheidung auch für Operationen im Cyberspace?

Dieses Kapitel argumentiert für ein breites Verständnis des Begriffs „Objekt", indem vor dem in Kapitel 1 dargestellten historischen Hintergrund des Immunitaskonzept, insbesondere der Gedanken von *Francisco de Vitoria, Hugo Grotius* und *Francis Lieber*, die Frage einer rechtlichen Verlagerung des Anwendungsbereiches des Art. 52 (2) AP I diskutiert wird. *Francisco de Vitoria* versuchte ebenfalls mit dem Immunitaskonzept das damalige Recht für einen neuen Anwendungsbereich zugänglich zu gestalten.[641] Er erkannte, dass solange

---

640 Mačák, Kubo, *Military Objectives 2.0: The Case for Interpreting Computer Data as Objects under International Humanitarian Law*; Israel Law Review 2015 (48) 1.

641 Siehe Kapitel 1 B) I).

politische Entscheidungen von entgegenstehenden Motiven durchdrungen werden, dies die Entwicklung eines echten Rechts zum Schutze der Unbeteiligten im Konflikt blockiert.[642] Ebenfalls versuchten *Hugo Grotius* und *Francis Lieber* mit verschiedenen moralischen und rechtlichen Korrektiven, wie dem *Temperamenta Belli* oder den Artikeln der General Order No. 100, durch das Immunitaskonzept eine effektive Unterscheidung im bewaffneten Konflikt zu gewährleisten. *Hugo Grotius* und *Francis Lieber* versuchten beide die am Konflikt Unbeteiligten durch ihr jeweiliges Korrektiv zu schützen. Dieses Korrektiv existiert heute mit der Voraussetzung *„definite military advantage"* in Art. 52 (2) AP I ebenfalls.

Vor dem Hintergrund dieser Überlegungen sollen Daten („*Data*") durch das Immunitaskonzept in den Anwendungsbereich der Regeln über militärische Ziele („*objects*" und „*objectives*") gebracht werden, wie sie in Art. 52 (2) AP I kodifiziert sind. Diese Interpretation steht aktuell[643] im Widerspruch zu der Meinung, welche die internationalen Experten im Tallinner Handbuch (*Tallinn-Manual*) und dessen überarbeiteter Version (*Tallinn-Manual 2.0*) über das auf Cyberwarfare anwendbare humanitäre Völkerrecht vertreten.[644] Dementsprechend beginnt dieses Kapitel mit einer Darstellung und einem Vergleich der Positionen zur Anwendbarkeit des humanitären Völkerrechts im Cyberspace zwischen einer „*Group of Governmental Experts*" der Vereinten Nationen (UN-GGE) sowie der Autoren des Tallinn-Manuals und schließt mit einer Betrachtung von Daten („*Data*") als militärisches Objekt im Sinne des Art. 52 (2) AP I. Hierbei werden die allgemeinen Regeln der Vertragsauslegung gemäß Art. 31 des Wiener Übereinkommens über das Recht der Verträge (VCLT) angewandt. Es soll aufgezeigt werden, dass das dargelegte Verständnis des Begriffes „Objekt" mit der Bedeutung des Begriffs „Objekt" im Sinne des Art. 52 (2) API durch das Immunitaskonzept innerhalb einer modernen Interpretation und Auslegung übereinstimmt. Bevor in dieser Arbeit die Folge der Verlagerung von militärischen Aktivitäten in den Cyberspace analysiert wird, soll verdeutlicht werden, was unter Kriegsführung im Cyberspace, oder auch nur Cyberwarfare, zu verstehen ist und wie diese neue Art der Kriegsführung im Vergleich zu den traditionellen physischen Bereichen der Kriegsführung bezüglich Wasser, Land und Luft steht. Um militärische Operationen, die in den Bereich Cyberwarfare fallen

---

642 Grewe, Wilhelm Georg, *The Epochs of International Law*, S. 218.

643 Aktuell ist in diesem Fall das Jahr 2020.

644 Mačák, Kubo, *Military Objectives 2.0: The Case for Interpreting Computer Data as Objects under International Humanitarian Law*; Israel Law Review 2015 (48) 1.

vollständig zu verstehen, muss man in erster Linie veranschaulichen, was als Cyberspace zu verstehen ist. Um es mit den Worten des Wissenschaftlers *Lesley Swanson* zu sagen:

> *„essentially, cyberspace is the sum of electronic networks including, but not limited to, the Internet, where various information operations occur"*[645]

Der Cyberspace ist dementsprechend durch die globale Vernetzung künstlicher Netze digitaler Informations- und Kommunikationsinfrastrukturen gekennzeichnet, welche keinen geopolitischen oder natürlichen Grenzen unterliegen.[646] Aufgrund dieser Vernetzung kann der Cyberspace nicht in einen zivilen und einen militärischen Bereich unterteilt werden. Die Vermischung von zivilen und militärischen Mitteln im Cyberspace wird noch durch die Tatsache verstärkt, dass die Streitkräfte wahrscheinlich einen großen Teil ihrer Kommunikation über Kommunikationseinrichtungen leiten, welche hauptsächlich für zivile Zwecke genutzt werden.[647] Darüber hinaus verlässt sich das Militär aufgrund der Komplexität der Cyber-Operationen und des damit verbundenen Bedarfs an Spezialwissen zunehmend auf zivile Auftragnehmer wie ManTech, California Analysis Center Inc. (CACI), British Aerospace Electronic (BAE) Systems oder Northrop Grumann, was die Grenzen zwischen militärischer und ziviler Nutzung des Cyberspace durch die Verschmelzung von militärischen und zivilen Linien noch weiter verwischt.[648] Im Vergleich zu anderen Bereichen der Kriegsführung ist der Cyberspace daher durch eine viel größere Nähe und Verbindung ziviler und militärischer Mittel gekennzeichnet.[649] Ein Teil der Wissenschaft würde sogar so weit gehen zu sagen, dass die zivile und militärische Infrastruktur

645 Swanson, Lesley, "*The Era of Cyber Warfare: Applying International Humanitarian Law to the 2008 Russian-Georgian Cyber Conflict*", Loyola of Los Angeles International and Comparative Law Review 32 (2010), S. 303, 307.

646 Ibid.; Military and Paramilitary Activities in and against Nicaragua (Nicaragua v. United States of America), Jurisdiction and Admissibility, Urteil v. 26.11.1984 ICJ Reports 1984, S. 392.

647 Henckaerts, Jean-Marie/Doswald-Beck, Louise, Customary International Humanitarian Law, Volume I: Rules, http://www.icrc.org/ eng/war-and-law/treaties-customary-law/customary-law/index.jsp (Letzter Aufruf 25.01.2019 11:23).

648 Maurer, Tim, *Cyber Mercenaries: The State, Hackers, and Power*, S. 41.

649 Lin, Herbert "*Cyber conflict and international humanitarian law*". 94 (2012) International Review of the Red Cross, 886, S. 520.

im Cyberspace als „*one and the same thing*“[650] anzusehen sind. Dies stellt nicht nur eine enorme Gefahr für die Zivilbevölkerung dar, direkte Opfer eines Cyber-Angriffes zu werden, sondern auch eine Gefahr, durch die indirekten Auswirkungen von Cyber-Angriffen Schaden zu erleiden.[651]

Cyberwarfare wird mithin als Kriegsführung unter Verwendung von Cybertechnologie, die ihren operativen Schwerpunkt im Cyberspace findet, verstanden.[652] Wie der Cyber-Experte *Harison Dinniss* es formulierte:

> „*the defining feature of this form of attack is the fact that both the weapon and the target of the attack is the network itself and the information contained on such networks*“.[653]

Der Themenkomplex Cyberwarfare kann zum einen in „*Cyber-Exploitation*“ und zum anderen in „*Cyber-Attacks*“ unterteilt werden.[654] Unter „*Cyber-Exploitation*“ soll der unbefugte Zugang zu einem Computer oder Netzwerk verstanden werden, um Informationen zu verbreiten ohne das System oder die Daten zu beschädigen oder zu verändern, wohingegen „*Cyber-Attacks*“ darauf abzielen, Daten zu manipulieren, zu zerstören oder den angegriffenen Computer oder das Netzwerk physisch zu schädigen.[655] Da der Fokus dieser Arbeit auf den Einflüssen von Cyberwarfare auf das humanitäre Völkerrecht liegt, wird sie sich nur mit der zuletzt genannten Gruppe, den „*Cyber-Attacks*“, befassen. Auch wenn die Informationsbeschaffung in bewaffneten Konflikten eine große Aufgabe darstellt, stellen nur solche Cyber-Operationen, die an sich geeignet sind, Schaden anzurichten, eine Herausforderung für die bestehenden Regeln des bewaffneten Konflikts dar.

Die entscheidende Frage stellt sich dahingehend, wie Parteien eines bewaffneten Konflikts den Cyberspace für schädliche Operationen nutzen können.

> „*[t]he most used methods to conduct a cyberattack are the corruption of hardware ('chipping') or software, or flooding the system with too much information to cause its collapse*“.[656]

---

650 Mavropoulou, Elizabeth, "*Targeting in the Cyber Domain: Legal Challenges Arising from the Application of the Principle of Distinction to Cyberattacks*", 4 (2015) Journal of Law and Cyber Warfare, S. 23–26.

651 Schmitt, Michael, "*Future War and the Principle of Discrimination*", 28 (1999) Israel Yearbook on Human Rights, S. 51, 80.

652 Roscini, Marco, *World Wide Warfare – Jus ad Bellum and the Use of Cyber Force, Max Planck Yearbook of United Nations Law 14 (2010)*, S. 89.

653 Dinniss, Heather Harrison, *Cyber Warfare and the Laws of War*, S. 4.

654 Ibid., S. 16.

655 Ibid.

656 Roscini, Marco, *World Wide Warfare – Jus ad Bellum and the Use of Cyber Force, Max Planck Yearbook of United Nations Law 14 (2010)*, S. 90–92.

Die Beschädigung eines Systems kann beispielsweise durch den Einsatz von Trojanern, „*logic bombs*", Viren und Würmern geschehen, welche in das System eindringen und es von innen heraus schädigen, während Distributed Denial of Service-Angriffe (DDoS) externe Angriffe auf das System darstellen, die das System bis zu seiner Überlastung mit Anfragen überfluten und dadurch dessen Abschaltung erzwingen.[657] Damit zielt die Durchführung von Cyber-Operationen in erster Linie auf die vorhandenen Cyber-Kapazitäten des Gegners ab, so dass Cyber-Angriffe in der Literatur oft als „*bloodless weapons*" dargestellt werden.[658] Man muss jedoch bedenken, dass die Nebenwirkungen von Cyber-Angriffen tatsächliche physische Folgen für den angegriffenen Computer, ein damit verbundenes System oder die von diesem System betroffenen Personen und Objekte haben können.[659] So ist es beispielsweise nicht die Cyber-Attacke an den elektronischen Kontrollen eines Damms, welche schwere körperliche Schäden verursacht, sondern die Flut, welche durch die Cyber-Attacke ausgelöst wird. Dieses Merkmal unterscheidet Cyber-Angriffe von kinetischen Angriffen, welche zwar auch schwere Nebenwirkungen haben können, aber den größten Teil ihrer Schäden durch ihre primären Auswirkungen wie die Explosion einer Rakete oder das kinetische Trauma durch eine Gewehrkugel verursachen. Cyber-Operationen sind etwa dazu im Stande, kritische Infrastrukturen, welche für die Verteilung von Ressourcen wie zum Beispiel Krankenleistungen, Wasser oder Energie notwendig sind, lahmzulegen und somit trotz mangelnder kinetischer Energie erhebliche Auswirkung auf die reale Welt haben können.

Dieser Unterschied stellt das humanitäre Völkerrecht vor mehrere Herausforderungen bei seiner Anwendung, dessen Normen mit dem Verständnis von Waffen geschaffen wurden, welche durch ihre primären Auswirkungen physische Schäden verursachen.[660] Alle oben beschriebenen Methoden zur Durchführung einer Cyber-Operation teilen weiterhin die problematische Eigenschaft der Anonymität des Cyberspace, die ebenfalls mehrere Herausforderungen für die Anwendung des humanitären Völkerrechts mit sich bringt. Im Gegensatz zu Konflikten im physischen Bereich, welche von den regulären Streitkräften eines

---

657 Ibid.

658 Hulme, Karen, "*Weapons*" in: White, Nigel D/Henderson, Christian (eds.) *Research Handbook on International Conflict and Security Law,* S. 315, 338.

659 Jackson, William, "Cyberattacks in the present tense, Estonian says", in Government Computing News 28 November 2007, http://www.gcn.com/online/vol1_no1/45476-1.html. (Letzter Aufruf 25.05.2020 13:17).

660 *Roscini, Marco, World Wide Warfare – Jus ad Bellum and the Use of Cyber Force, Max Planck Yearbook of United Nations Law 14 (2010),* S. 89.

Staates oder von nicht-staatlich organisierten bewaffneten Gruppen geführt werden, können diejenigen, die einen Angriff im Cyberspace durchführen, nur mit erheblichem Aufwand identifiziert werden. Eine eindeutige Zuordnung zu einem bestimmten Staat oder einer bestimmten Gruppe ist fast unmöglich.[661]

Im Allgemeinen kann geschlussfolgert werden, dass die Merkmale von Cyberwarfare die Normen des humanitären Völkerrechts vor exklusive Herausforderungen stellt, welche im physischen Bereich der Kriegsführung unbekannt, oder schlichtweg unmöglich, sind. Daher soll im Folgenden analysiert werden, ob die bestehenden Regeln des humanitären Völkerrechts flexibel genug sind, um den Herausforderungen, die Cyberwarfare für die durch das humanitäre Völkerrecht geschaffene Rechtsordnung mit sich bringt, gerecht werden können.

661 Hulme, Karen, "*Weapons*" in: White, Nigel D/Henderson, Christian (eds.) *Research Handbook on International Conflict and Security Law*, S. 340; Rattray, Gregory/Healy, Jason, "*Categorizing and understanding offensive cyber capabilities and their use*", in *NRC, Proceedings of a Workshop on Deterring Cyber Attacks: Informing Strategies and Developing Options for U.S. Policy*, S. 77–98, http://www.nap.edu/catalog/12997.html. (Letzter Aufruf 10.02.2019 11:32).

B) Die Anwendbarkeit des humanitären Völkerrechts im Cyberspace

Im Diskurs mit Cyberwarfare innerhalb des humanitären Völkerrechts ist sich folgende Frage zu stellen: Finden die Normen des humanitären Völkerrechts überhaupt Anwendung in einem elektronischen Raum, welcher ausschließlich aus Daten besteht?

Diese Frage soll nachfolgend beantwortet werden. Mit dem Verständnis, dass unter Cyberwarfare in dieser Arbeit eine Cyber-Operation verstanden wird, welche innerhalb eines bewaffneten Konflikts durchgeführt wird. Dies können militärische Operationen sein, in welchen ein Code entwickelt und an fremde Systeme geschickt wird, um entweder Daten zu sammeln, zu exportieren, zu verändern, zu verschlüsseln oder zu zerstören.

I) Einordung in den normativen Kontext

Rechtliche Normen sind ihrer Natur nach größtenteils generell und zukunftsorientiert. Sie etablieren Verhaltensregeln, welche auf eine Vielzahl von neuen und unbekannten Situationen angewendet werden können.[662] Die Verwandlungen von einer generellen Norm zu einem Verständnis, welches diese Norm auf immer spezifischere Sachverhalte anwendbar macht, sind oft nicht ganz nahtlos und bedürfen eines Prozesses des Anpassens. Im nationalen Recht wird diese Anpassung meist durch eines der nationalen Gerichte vorgenommen. Diese werden angerufen, um spezifische Sachverhalte mit Normen in Verbindung zu setzen und diese auszulegen, um so den Geltungsbereich einer Norm weiterentwickeln zu können.[663]

Im internationalen Recht ist dieser Prozess des Anpassens nicht ganz so einfach. So können Normen im internationalen Recht nicht zwangsweise umgesetzt und durchgesetzt werden.[664] Ein Staat oder mehrere Staaten müssen eine Konsenserklärung abgegeben haben, an die in Frage kommende Norm gebunden zu sein, in Form eines Vertrages oder auch indirekt durch staatliches Handeln in Form von Völkergewohnheitsrecht.[665] Staaten sind in den meisten Fällen von

662 Krajewski, Markus, *Völkerrecht,* S. 54.

663 Ibid.; Herdegen, Matthias, *Völkerrecht,* S. 83–85; Arnauld, Andreas von, *Völkerrecht*, S. 96.

664 The Case of the S.S "Lotus", Urteil 07.09.1927, PCIJ Series A, No. 10.

665 Ibid.

gegensätzlichen Interessen getrieben, was es weiter erschwer einen Konsens zu erzielen und ein allgemein gültiges Recht zu schaffen.[666] Dies spiegelt sich besonders im humanitären Völkerrecht wieder. Zwar sind die allgemeinen Grundsätze für die Durchführung von bewaffneten Konflikten durch die ersten vier Genfer Abkommen allgemein anerkannt, haben diese Grundsätze schon ein beträchtliches Alter erlangt. Das humanitäre Völkerrecht entwickelt sich zwar stetig weiter, gleichwohl ist die rechtliche Entwicklung von spezifischen Normen um ein Vielfaches langsamer als die Entwicklung der Methoden der Kriegsführung und so entsteht eine temporäre Lücke zwischen geltendem Völkerrecht und der Erosion gerade dieser Normen, welche immer schmaler wird.[667] Die Technik, vor allem in der Waffenindustrie, entwickelt sich schneller weiter als das Völkerrecht darauf reagieren könnte.[668]

Die im humanitären Völkerrecht verankerten Kernprinzipien, wie das Prinzip der Unterscheidung, die Verhältnismäßigkeit sowie die Vermeidung von unnötigen Leid, helfen jedoch diesen temporären Wandel zu bewältigen.[669] Durch die Kernprinzipien werden grundsätzlich die Durchführung sowie die Methoden der Kriegsführung grundlegend geregelt und demnach auch den Gebrauch von Waffen, egal welcher Art, was die Kernprinzipien auch für Cyber-Operationen innerhalb eines bewaffneten Konflikts anwendbar gestaltet.[670]

II) Aktueller Stand der Anwendbarkeit des humanitären Völkerrechts im Cyberspace

Die Schwierigkeit, das humanitäre Völkerrecht an die Cyberkriegsführung anzupassen, wird durch einen Schleier der Geheimhaltung, welche Cyber-Operationen umhüllt, noch verstärkt. Zwar ist der Krieg ein Gebiet der Ungewissheit, wie der preußische General *Carl von Clausewitz* sagte, jedoch muss das Recht auf Tatsachen angewendet werden.[671] Wenn die Fakten nicht bekannt sind, ist es nicht möglich, eine klare rechtliche Interpretation durchzuführen. Bei Cyber-Operationen fehlt es oft an wichtigen Informationen, die allerdings

666 Maurer, Tim, *Cyber Mercenaries – The State, Hackers, and Power,* S. 31.
667 Ibid.
668 Geiß, Robin *Cyberwarfare – Herausforderungen an das Völkerrecht*; in: Ethik und Militär 2014/02, verfügbar unter: http://www.ethikundmilitaer.de/de/themenueberblick/20142-cyberwar/geiss-cyberwarfare-herausforderungen-an-das-voelkerrecht/.
669 Ibid.
670 Humanitäres Völkerrecht In Bewaffneten Konflikten – Handbuch – ZDv 15/2, Rn. 486.
671 von Clausewitz, Carl, *Vom Kriege,* Buch I, Kapitel II S. 23.

erforderlich sind, um eine fundierte Bewertung der Kompatibilität von Cyber-Operationen mit dem humanitären Völkerrecht zu ermöglichen, einschließlich der Details über die verfügbare Technologie, die Einzelheiten der durchgeführten Angriffe, die Identität der Parteien, welche die Angriffe durchführen und die nationalen Richtlinien und Bestimmungen, welche von einzelnen Staaten in Bezug auf Cyberwarfare angewendet werden.[672] Genaue Informationen über die vorhandenen oder die sich in Entwicklung befindlichen technologischen Fähigkeiten sind notwendig, um zu beurteilen, ob die durch diese Technologien unterstützten Methoden und Mittel zur Kriegsführung den Anforderungen des humanitären Völkerrechts entsprechen. In der Praxis sind Staaten jedoch selten dazu bereit, über die offensiven und defensiven Fähigkeiten zu informieren, die sie bereits besitzen oder für die Cyberkriegsführung entwickeln.

Daher ist es kaum möglich innerhalb eines bewaffneten Konflikts die Art und Weise zu überprüfen, in der kriegsführende Parteien solche militärischen Operationen tatsächlich aktiv einsetzen.[673] Es ist nicht genau bekannt, welche Angriffe mit Hilfe von Cyber-Technologie durchgeführt wurden, geschweige denn, welche direkten oder indirekten Konsequenzen solche Angriffe besessen haben. Da eine Cyber-Operation typischerweise anonym durchgeführt wird, ist es in den meisten Fällen schwierig, wenn nicht gar unmöglich, den Verantwortlichen der Operation zu identifizieren, um eine völkerrechtliche Praxis zu etablieren.[674] Deshalb soll nachfolgend vorgestellt werden, welche Diskussionen und rechtlichen Überlegungen die Expertengruppen der Vereinten Nationen und die unabhängigen internationalen Experten des Tallinn-Manuals getroffen haben, um die Anwendbarkeit von internationalem Recht im Cyberspace zu konturieren.

1) Die United Nations Group of Governmental Experts (UN-GGE)

Seitdem die UN-Generalversammlung Ende der 1990er Jahre erstmals auf die Herausforderungen der Informations- und Telekommunikationstechnologie aufmerksam gemacht wurde, ist die Arbeit der *United Nations Group of*

672 Henriksen, Anders, *The End of the road for the UN GGE process: The future regulation of Cyberspace*, 2019 Journal of Cybersecurity 5.

673 Schulze, Matthias, *Konflikte im Cyberspace*, UN Basisinformation 61, in: Deutsche Gesellschaft für Vereinte Nationen.

674 Ibid.; Corfu Channel (United Kingdom v. Albania), Urteil v. 09.04.1949, ICJ Reports 1949, S. 4.

Governmental Experts (UN-GGE) der wichtigste Weg für den zwischenstaatlichen Dialog über die internationale Rechtsordnung innerhalb des Cyberspace.[675] Die „*Group of Governmental Experts*“ (GGE), die durch das UN-Büro für Abrüstungsfragen unterstützt wird, wurde 1998 vom damaligen UN-Generalsekretär *Kofi Annan* eingesetzt, um die Entwicklungen im Bereich der Informations- und Telekommunikation im Kontext der internationalen Sicherheit zu untersuchen und sich damit auseinander zu setzen, wie man die vielen Herausforderungen, welche die neuen Technologien mit sich bringen, am besten bewältigen kann.[676] Während der Prozess nur schleppend begann und die erste Expertengruppe keine Einigung über einen Konsensbericht erzielen konnte, waren die nachfolgenden Gruppen erfolgreicher und im Laufe des nächsten Jahrzehnts konnte eine Einigung über eine Reihe außergewöhnlicher Ergebnisse erzielt werden.[677] Unter anderem wurde deutlich, dass sich Mitglieder der Expertengruppe einig waren, dass der Cyberspace kein rechtlich unregulierter Raum sein kann, in welchem Staaten frei sind, sich unbestimmt zu bewegen und zu verhalten.[678] Der Cyberspace unterliegt, zumindest als rechtlicher Ausgangspunkt, den gleichen internationalen Rechtsgrundsätzen, die auch für die physischen Räume gelten. Aber die Frage, wie genau diese Prinzipien auf Cyberspace Anwendung finden, konnte nicht eindeutig geklärt werden.[679] Erst im Juni 2017 erkannte die fünfte und bisher letzte Gruppe von Regierungsexperten, dass sie sich in einer Sackgasse befinden und sich nicht auf einen weiteren Konsensbericht einigen konnten, welcher zusätzliche Klarheit über die Anwendung des Völkerrechts im Cyberspace gebracht hätte.

a) Anfänge der UN-GGE

Wie beschrieben wurde die immer rasanter werdende Entwicklung innerhalb der Informations- und Kommunikationstechnologie erstmals 1998 von einem

---

675 Henriksen, Anders, *The End of the road for the UN GGE process: The future regulation of Cyberspace*, 2019 Journal of Cybersecurity 5.

676 Arquilla, John/Ronfeldt, *“Cyberwar is Coming!”* In: Comparative Strategy 12 (2), S. 141–165; Rid, Thomas, Mythos Cyberwar, S. 28–30.

677 Ibid.

678 Tikk, Eneken/ Kerttunen, Mika, Parabasis: *Cyber-Diplomacy in Stalemate*, hdl.handle.net/11250/2569401 (Letzter Aufruf 20.05.2019 12:21).

679 Raitasalo, Jyri, *“America’s Constant State of Hybrid War”*. In: The National Interest, nationalinterest.org/feature/americas-constant-state-hybrid-war-48482 (Letzter Aufruf 20.05 13:26).

der Hauptorgane der Vereinten Nationen wahrgenommen. Obwohl Russland in den Medien stets als Cyber-„Oberbösewicht“ [680] dargestellt wird, trug es wesentlich dazu bei, den Cyberspace innerhalb einer internationalen Rechtsordnung zu etablieren.[681] Russland legte 1998 im Ersten Ausschuss der Generalversammlung einen Resolutionsentwurf vor. In dem darauf folgenden Beschluss wurde festgestellt, wie neue Technologien destabilisierend und für aggressive Zwecke eingesetzt werden können und somit in der Lage sind, die Sicherheit der Staaten zu beeinträchtigen und gefährden.[682] Der Ausschuss ersuchte mit dem Beschluss die Mitgliedstaaten und den Generalsekretär, über ihre Ansichten unter anderem über die „Zweckmäßigkeit“ der Entwicklung internationaler Grundsätze zur Verbesserung der Sicherheit globaler Cyber-Systeme und zur Unterstützung bei der Bekämpfung von Informationsterrorismus und Kriminalität zu unterrichten.[683] In den folgenden Jahren stellte Russland erneut mehr oder weniger ähnliche Vorschlagsentwürfe vor, wie für die Resolutionen A/Res/54/49 (1999), A/Res/55/28 (2000) und A/Res/56/19 (2001). Im Januar 2002 ersuchte die Generalversammlung den Generalsekretär, eine Gruppe von Regierungsexperten einzusetzen zu lassen, die über internationale Konzepte zur Stärkung der Sicherheit globaler Informations- und Telekommunikationssysteme berichten sollte (A/Res. 56/19 (2002)). Diese erste Expertengruppe, offiziell unter dem sehr sperrigen Titel laufend: „*United Nations Group of Governmental Experts on Developments in the Field of Information and Telecommunications in the Context of International Security*“[684] bestand aus 15 Mitgliedern, welche auf der Grundlage einer angemessenen geografischen Verteilung ausgewählt wurden. Obwohl diese erste Expertengruppe bestrebt war, einen Konsensbericht vorzulegen, erwies sich dieses Ziel als zu optimistisch und ein Abschlussbericht mit wurde nie verabschiedet.[685]

---

680 **Gallhager, Sean, *Did the Russians “hack” the election? A look at the established facts,* https://arstechnica.com/information-technology/2016/12/the-public-evidence-behind-claims-russia-hacked-for-trump/ (Letzter Aufruf 02.04.2019 13:51).**

681 Henriksen, Anders, *The End of the road for the UN GGE process: The future regulation of Cyberspace*, 2019 Journal of Cybersecurity 5.

682 Ibid.

683 (A/Res/53/70 (1999)).

684 A/Res.56/19 (2002); https://dig.watch/processes/un-gge; (Letzter Aufruf 13.10.2019 15:40).

685 Ibid.

b) Fortschritt der UN-GGE

Dass die erste GGE gewissermaßen gescheitert ist, hat die Vereinten Nationen und ihre Mitgliedstaaten jedoch nicht entmutigt. Bis Ende 2005 setzte der damalige Generalsekretär *Kofi Annan* auf Grundlage der Resolution A/60/45 (2005) eine zweite Expertengruppe ein.

Diese neue Gruppe von internationalen Experten sollte die Untersuchung von Cyber-Bedrohungen und möglichen Kooperationsmaßnahmen innerhalb der internationalen Gemeinschaft fortsetzen.[686] Als sie 2009 zusammenkam, hatten die Cyber-Angriffe von 2007 auf Estland und die Kampagne Russlands um „Guccifer 2.0"[687] in Russlands Konflikt mit Georgien 2008 das Bewusstsein der Staaten für das Risiko eines Konflikts im Cyberspace geschärft. Vor allem die Cyber-Angriffe auf Estland zeigten, dass das Fehlen einer internationalen Übereinkunft über grundlegende rechtliche Prinzipien im Cyberspace ein grundlegendes Risiko darstellt.[688]

Im Frühling 2007 wurde Estland das Opfer einer russischen Cyber-Attacke. Der Angriff dauerte 22 Tage und war Teil eines übergreifenden politischen Konflikts zwischen Russland und Estland, ausgelöst durch Streitigkeiten über ein in Tallinn befindliches Monument der Soviet-Ära.[689] Laut der Expertengruppe des NATO *Cooperative Cyber Defence Center of Excellence* begannen die Cyber-Angriffe im April 2007. Die Ziele der Angriffe waren estnische internetfähige Informationssysteme.[690] Obwohl bereits bekannte Angriffstypen wie DDoS, die in diesem Konflikt die häufigste Angriffsart darstellten, waren sie in Größe und Vielfalt im Vergleich zu einem Land von der Größe Estlands unvergleichlich. Darüber hinaus trug die stark vernetzte Cyber-Infrastruktur in Estland dazu bei, dass ein weitreichender Angriff auf die Verfügbarkeit öffentlicher digitaler Dienste erhebliche Auswirkungen auf die Lebensweise der Bürger und

---

686 (Res. A/60/45 (2005)).

687 Hierzu mehr unter B) III).

688 Davis, Joshua, *Hackers take down the most wired Country in Europe,* https://www.wired.com/2007/08/ff-estonia/, (Letzter Aufruf 18.04.2019. 14:47); Schmitt, Michael, *"Future War and the Principle of Discrimination"*, 28 (1999) Israel Yearbook on Human Rights, S. 51, 80.

689 Tikk, Eneken/ Kerttunen, Mika, *Parabasis: Cyber-diplomacy in Stalemate,* hdl.handle.net/11250/2569401 (Letzter Aufruf 18.06.2019 12:21); https://ccdcoe.org/uploads/2018/10/Ottis2008_AnalysisOf2007FromTheInformationWarfarePerspective.pdf; (Letzter Aufruf 14.07.2019 11:20).

690 Ibid.

Unternehmen hatte.[691] Zu den Zielen gehörten die estnische Regierung, das Parlament, die Polizei, Banken, Internet Service Provider, Online-Medien sowie viele kleine Unternehmen und Websites der lokalen Regierung.[692] Daher konnten diese Cyber-Angriffe nicht als bloße Belästigungen oder Unannehmlichkeit betrachtet, sondern mussten als Bedrohung für die nationale Sicherheit angesehen werden.[693]

Mit verschärften Bewusstsein für Cyber-Angriffe gelang es der zweiten Gruppe, sich auf einen kurzen Bericht im Jahr 2010 mit einer Reihe sehr fragmentaschier Erkenntnisse und Empfehlungen zu einigen.[694] Der Bericht stellte zum einen fest, dass Staaten den Cyberspace zu einem Instrument der Kriegsführung und der Beschaffung von Informationen sowie für politische Zwecke entwickeln. Er stellte aber außerdem fest, dass Unsicherheiten über die Zuschreibung und das Fehlen eines gemeinsamen Verständnisses über akzeptables Verhalten ein Risiko durch Instabilität und Fehleinschätzung darstellen.[695]

> „*There is increased reporting that States are developing ICTs as instruments of warfare and intelligence, and for political purposes. Uncertainty regarding attribution and the absence of common understanding regarding acceptable State behaviour may create the risk of instability and misperception.*“[696]

Bezüglich der konkreten rechtlichen Regulierung des Cyberspace, wurde im Bericht darauf hingewiesen, dass Normen lediglich im Laufe der Zeit entwickelt werden könnten, um schon bestehende Normen zu ergänzen, wozu weitere zwischenstaatliche Dialoge erforderlich sind.[697]

> „*But the task is arduous and we have only begun to develop the norms, laws and modes of cooperation needed for this new information environment.*“[698]

---

691 Ibid.

692 https://ccdcoe.org/uploads/2018/10/Ottis2008_AnalysisOf2007FromTheInformationWarfarePerspective.pdf, (Letzter Aufruf 15.07.2019 14:03); Henriksen, Anders, *The End of the road for the UN GGE process: The future regulation of Cyberspace*, 2019 Journal of Cybersecurity 5.

693 https://ccdcoe.org/uploads/2018/10/Ottis2008_AnalysisOf2007FromTheInformationWarfarePerspective.pdf, (Letzter Aufruf 14.07.2019 11:20).

694 A/65/201 (2010) Rn. 1.

695 Ibid.

696 Ibid. Rn. 7.

697 Ibid. Rn. 16.

698 Ibid. "*Foreword by the Secretary-General*".

Im Bericht von 2010 zeichnete sich schon früh ab, dass die beteiligten Staaten zwar alle ein Interesse an der rechtlichen Regulierung des Cyberspace nach außen spiegelten, jedoch keine konkreten Fragen diesbezüglich beantworten wollten.[699]

Obwohl der Bericht aus dem Jahr 2010 nicht viel Klarheit in den Fragen zu anwendbarem Recht brachte, galt allein die Tatsache, dass sich die Experten auf einen Bericht einigen konnten als positives Zeichen und als einen Anlass zum Optimismus. Deshalb wurde von der UN-Generalversammlung im Dezember 2011 eine dritte Expertengruppe eingesetzt. Diesmal wurde die Gruppe ausdrücklich gebeten über „*Norms, Rules or principles of responsible behaviour of states*" zu beraten und zu diskutieren.[700] Bis dahin hatte nicht nur der Cyber-Angriff in Estland aus dem Jahr 2007 sondern auch der Stuxnet-Angriff[701] 2010 auf das iranische Atomprogramm gezeigt, welch verheerende Auswirkungen eine gezielte Cyber-Operation haben kann. Im Juni 2013 legte die dritte UN Expertengruppe einen Bericht vor, in dem betont wurde, wie gemeinsame Verständnisse über Normen, Regeln und Grundsätze für den Einsatz des Cyberspace, zur Förderung von Frieden und Sicherheit, beitragen können.[702]

> „*The absence of common understandings on acceptable State behaviour with regard to the use of ICTs increases the risk to international peace and security.*"[703]

Im Wesentlichen stellte der Bericht fest, dass das Völkerrecht, insbesondere die Charta der Vereinten Nationen sowie die Grundsätze der staatlichen Souveränität, für die staatliche Durchführung von cyberbezogenen Tätigkeiten und für ihre Zuständigkeit für die Cyber-Infrastruktur im Hoheitsgebiet der UN-Vertragsstaaten gelten.[704]

> „*International law, and in particular the Charter of the United Nations, is applicable and is essential to maintaining peace and stability and promoting an open, secure, peaceful and accessible ICT environment.*"[705]

---

699 Henriksen, Anders, *The End of the road for the UN GGE process: The future regulation of Cyberspace*, 2019 Journal of Cybersecurity 5.

700 A/66/24 (2011) Rn. 5.

701 Hierzu mehr in https://ccdcoe.org/library/publications/stuxnet-legal-considerations/ (Letzter Aufruf 20.07.2019 16:57).

702 A/68/98 (2013) Rn. 6.

703 Ibid.

704 Ibid. Rn. 19.

705 Ibid.

Obwohl immer noch sehr vage und fast schon spartanisch, spiegelten diese Ergebnisse einen sich abzeichnenden Konsens wider, dass der Cyberspace den gleichen allgemeinen Prinzipien des Völkerrechts unterliegen muss wie die materiellen Bereiche dieser Welt.[706] Deshalb ist vor allem eine weitere Errungenschaft des Konsensreports 2013 erwähnenswert. Die Expertengruppe war sich einig, dass vor allem Menschenrechte im Bereich des Cyberspace gelten müssen.[707]

> *„State efforts to address the security of ICTs must go hand-in-hand with respect for human rights and fundamental freedoms set forth in the Universal Declaration of Human Rights and other international instruments.“*[708]

Somit wurde von der Expertengruppe der Vereinten Nationen der erste Grundstein für die Anwendung des Völkerrechts im Cyberspace gelegt. Zwar wurde kein ausdrückliches und vor allem klärendes Ergebnis getroffen, welche Prinzipien oder multilateralen Verträge genau Anwendung finden, jedoch wurde in diesem ersten Meilenstein festgestellt, dass das Völkerrecht im Cyberspace grundsätzlich Anwendung findet.

Im Dezember 2013 wurde schließlich von den Vereinten Nationen eine vierte Gruppe von Regierungsexperten eingesetzt, die ihren Bericht im Juli 2015 vorlegte. Der Bericht verwies ausdrücklich auf die UN-Resolutionen zum Recht auf Privatsphäre im digitalen Zeitalter und bot eine Liste nicht erschöpfender Ansichten darüber, wie das Völkerrecht auf die Nutzung des Cyberspace durch die Staaten anzuwenden ist.[709] Unter anderem stellten die Experten fest, dass die Staaten für die in ihrem eigenen Hoheitsgebiet befindlichen Cyber-Infrastrukturen selbst zuständig sind und diese vor Missbrauch schützen müssen.[710] Es wurde außerdem festgestellt, dass die Charta der Vereinten Nationen in ihrer Gesamtheit[711] auf den Cyberspace Anwendung findet und, dass Staaten das Recht besitzen, völkerrechtskonforme sowie in der UN-Charta verankerte Maßnahmen im Sicherheitsfall zu ergreifen.[712]

---

706 Bartsch, Michael/Frey, Stefanie, *Cybersecurity Best Practices: Lösung zur Erhöhung der Cyberresilienz für Unternehmen und Behörden,* S. 10–13; Mazanec, Brian, M., *The Evolution of Cyber War: International Norms for Emerging-Technology Weapons,* S. 53–55.

707 A/68/98 (2013) Rn. 21.

708 Ibid.

709 A/79/174 (2015) Rn. 24–29.

710 Ibid. Rn. 18.

711 A/79/174 (2015) Rn. 28 (c) *„the Charter applies in its entirety“.*

712 A/79/174 (2015) Rn. 26.

Ohne das humanitäre Völkerrecht konkret zu benennen, wurde im Konsensreport 2015 ferner explizit auf die vom ICJ bereits als humanitär-völkerrechtlichen Kardinalsprinzipien bezeichneten Prinzipien, wie Menschlichkeit, Notwendigkeit und vor allem das Prinzip der Unterscheidung, verwiesen.[713]

> „*Building on the work of the previous Groups ... international law applies to the use of ICTs by States:*
> *(d) The Group notes the established international legal principles, including, where applicable, the principles of humanity, necessity, proportionality and distinction*"[714]

Das humanitäre Völkerrecht wird zwar nicht ausdrücklich bezeichnet, jedoch waren die Experten wahrscheinlich im vollen Bewusstsein zumindest eine Möglichkeit zu eröffnen, das humanitäre Völkerrecht für Cyber-Aktivitäten im bewaffneten Konflikt als anwendbar zu gestalten. Insbesondere die Bezeichnung von Menschlichkeit, Notwendigkeit und Unterscheidung kann direkt mit dem humanitären Völkerrecht in Verbindung gebracht werden.

c) Scheitern der UN-GGE

Beflügelt vom Erfolg des Konsensberichtes 2015, wurde schon im Dezember 2015 eine fünfte Expertengruppe eingerichtet, in der Hoffnung, dass insbesondere in den westlichen Staaten noch eine weitere Runde von Expertengesprächen der Regulierung des Cyberspace Klarheit verleihen könnte.[715] Dieses Mal erwiesen sich die Diskussionen jedoch als erheblich schwieriger. Im Juni 2017 konnten sich die Experten letztendlich nicht auf einen Entwurf für einen gemeinsamen Bericht einigen, woraufhin die Expertengruppe für gescheitert erklärt wurde.[716]

Es scheinen Kuba, China und Russland gewesen zu sein, welche beschlossen hatten, den Entwurf nicht anzunehmen.[717] Offiziell lag das Problem darin, dass in dem Berichtsentwurf explizit auf die mögliche Anwendbarkeit des Rechts auf Selbstverteidigung, die allgemeinen völkerrechtlichen Grundsätze der Gegenmaßnahmen und das humanitäre Völkerrecht hingewiesen wurde.[718] In einer

---

713 A/79/174 (2015) Rn. 28.

714 Ibid.

715 https://dig.watch/processes/un-gge; Letzter Aufruf 03.10.2019 13:43; (A/Res/70/237, 2015).

716 https://ccdcoe.org/back-square-one-fifth-un-gge-fails-submit-conclusive-report-un-general-assembly.html; (Letzter Aufruf 01.07.2019 17:23).

717 Ibid.

718 https://undocs.org/A/71/172; https://undocs.org/A/72/315(Letzter Aufruf 02.07.2019 18:04).

Presserklärung, die nach Abschluss der erfolglosen Gespräche abgegeben wurde, erklärte der kubanische Vertreter, dass es ihm um den eigenen Anspruch ging, den Cyberspace nicht in einen Schauplatz für militärische Operationen umzuwandeln und in diesem Zusammenhang einseitige internationale Strafmaßnahmen zu legitimieren, einschließlich der Anwendung von Sanktionen und sogar Militäraktionen durch Staaten, welche behaupten, Opfer illegaler Cyber-Attacken zu sein.[719] Er wandte sich gegen Aussagen im Berichtsentwurf, welche seiner Meinung nach darauf abzielten, einen Vergleich zwischen dem böswilligen Einsatz von Cyber-Operationen und dem völkerrechtliche Konzept des „*armed attack*" herzustellen. Dies würde nach der Ansicht des kubanischen Vertreters eine Schädigung der in der Charta der Vereinten Nationen festgelegten kollektiven Sicherheits- und Friedensarchitektur bedeuten.[720] Seiner Ansicht nach hätte dies zur Folge, dass im Cyberspace ein „Gesetz des Dschungels"[721] herrschen würde. Es ist unklar, was genau damit gemeint ist. Jedoch kann vermutet werden, dass die Interessen der mächtigsten Staaten immer zum Nachteil der Schwächsten vorherrschen würden und somit eine Art Cyber-Darwinismus daraus resultieren würde. Kubas offizieller Einwand gegen die mögliche Anwendung des Rechts auf Selbstverteidigung und Gegenmaßnahmen auf Aktivitäten im Cyberspace ist innerhalb der vom kubanischen Vertreter gewählten Argumentation schwer zu akzeptieren und nachzuvollziehen. Schließlich hatten frühere Berichte, wie bereits erwähnt, erklärt, dass die UN-Charta für Aktivitäten im Cyberspace voll anwendbar ist. Der Bericht 2015 verwies ausdrücklich auf die Tatsache, dass die Charta der Vereinten Nationen in ihrer Gesamtheit im Cyberraum Anwendung findet und hierzu zählt auch das inhärente Recht der Staaten auf Selbstverteidigung.[722]

---

719 Rodriguez M. Declaration by, Representative of Cuba, at the Final Session of Group of Governmental Experts on Developments in the Field of Information and Telecommunication in the Context of International Security, New York, June 23, 2017.

720 Ibid.

721 "Law of the Jungle" so: Rodriguez M. Declaration by, Representative of Cuba, at the Final Session of Group of Governmental Experts on Developments in the Field of Information and Telecommunication in the Context of International Security, New York, June 23, 201.
Ibid.

722 Verteidigungsausschuss des Deutschen Bundestages, Öffentliche Anhörung 14 Dezember 2020, Völkerrechtliche Fragen im Cyber- und Informationsraum, https://www.bundestag.de/resource/blob/824490/802ed288657807fd771356094adcfe7f/stellungnahme-Wolff-Heintschel-von-Heinegg_15-03-2021-data.pdf (letzter Aufruf 04.02.2021 16:11).

Auf den ersten Blick ist zumindest die zurückhaltende Position von Staaten wie Kuba und China auf die Frage, ob das humanitäre Völkerrecht auf Aktivitäten im Cyberspace Anwendung finden kann, wenig überraschend. Wie bereits erwähnt, gab es im Bericht aus 2015 der Expertengruppe, mit Ausnahme der Kardinalsprinzipien Menschlichkeit, Verhältnismäßigkeit und Unterscheidung, keinen ausdrücklichen Hinweis auf das humanitäre Völkerrecht und das war sicherlich kein Zufall. Wie im Folgenden noch einmal erläutert, hat China in seinen offiziellen Erklärungen zur Regulierung des Cyberspace versucht eine weniger aggressive Haltung einzunehmen und sehr häufig seine vermeintliche Besorgnis über die Anwendung des „militärischen Paradigmas" auf Cyber-Angriffe zum Ausdruck gebracht.[723] China erklärte, dass die Gefahr bestehe, dass eine Einbeziehung des humanitären Völkerrechts das Wettrüsten und die Militarisierung im Cyberspace verschärft. China vertrat deshalb die offizielle Haltung, dass die Anwendung der bestehenden Gesetze bewaffneter Konflikte auf den Cyberspace einer weiteren Überprüfung bedarf.[724]

Betrachtet man die bisherige chinesische Politik in Bezug auf Cyberspace, dann erscheint diese Aussage besonders kontrovers. Als der amerikanische US Joint Chief of Staff, *Martin E. Dempsey*, im April 2013 den chinesischen Generalstabschef, *Fang Fenghui*, besuchte, sagte dieser zu ihm, dass ein umfangreicher Cyber-Angriff genau so verheerend sei wie eine Atombombe.[725]

> *„A major cyber attack may be as serious as a nuclear bomb, anyone can launch the attacks – from the place where he lives, from his own country, or from another country"*[726]

Unabhängig davon, warum China beschlossen hatte, seine Besorgnis über eine unangemessene „Militarisierung" des Cyberspace öffentlich zum Ausdruck zu bringen, ist diese nicht völlig unbegründet. Schließlich haben viele Staaten ihre neuen Cyberfähigkeiten in die militärische Befehlskette integriert, so auch die Bundeswehr, welche im April 2017 das „Kommando Cyber- und Informationsraum" in Bonn aufstellte.[727] Darüber hinaus wurde die internationale

---

723 Johnson, James S., *China's vision of the future network-centric battlefield: Cyber, space and electromagnetic asymmetric challenges to the United States,* Comparative Strategie 37 (2018), S. 380–383.

724 Xinmin M. Key issues and future development of international cyberspace law, China Quartely of International Strategic studies 2 (2016), S. 130–133.

725 Maurer, Tim, *Cyber Mercenaries: The State, Hackers, and Power*, S. 61.

726 Ibid.

727 https://cir.bundeswehr.de/portal/a/cir/start/!ut/p/z1/hY67jsIwEEW_hSKtZ4ghge1MgcVLCwoSiRtkgnFAJo6MN9nPXyMq0CKmmztnrg4IyEHUsj1r6c-2libshUj2yXgw43GGKz5CRDZJ-CKN4z4fD2D3CRD

Debatte über Cyber-Sicherheit und Cyber-Bedrohungen immer vertiefter. Die chinesische Regierung begann beispielsweise damit, zwischen zwei verschiedenen Begriffen in Bezug auf Cyber-Operationen zu unterschieden: Zum einen „*xinxi anquan*" für einen sicherheitsrelevanten Kontext, der eher auf informative Sicherheit bedacht ist, und „*wangluo anquan*" für ein Sicherheitsszenario, das die technischen Aspekte der Netzwerksicherheit in den Vordergrund stellt.[728] Mit der Folge, dass diese Cyber-Operationen verschieden bewertet werden.

Das Scheitern der Expertengruppe 2017 sollte jedoch nicht dazu führen, dass die Möglichkeit ausgeschlossen wurde, dass das humanitäre Völkerrecht für die Aktivitäten im Cyberspace von grundlegender Bedeutung ist. Dies schien auch die Position des Internationalen Komitees des Roten Kreuzes zu sein. In einer Erklärung vor den Vereinten Nationen vom November 2017 erklärte das IKRK, dass es unabdingbar sei, dass das humanitäre Völkerrecht beim Einsatz von Cyber-Operationen an den Mitteln und Methoden der Kriegsführung bei bewaffneten Konflikten angewendet wird und solche Operationen einschränkt.[729]

> „*For the ICRC, there is no question that IHL applies to and restricts the use of cyber capabilities as means and methods of warfare during armed conflicts. Crucially, IHL prohibits cyber-attacks against civilian objects or networks, and prohibits indiscriminate and disproportionate cyber-attack.*"[730]

Das IKRK betonte ebenfalls, dass mit der Behauptung, dass das humanitäre Völkerrecht für Cyberoperationen gelte, weder Cyberwarfare noch die Militarisierung des Cyberspace vom IKRK tatenlos beobachtet werden können.[731]Das IKRK nahm bereits in einer Presseerklärung vom Juni 2013 eine sehr dezidierte Haltung gegenüber Cyberaktivitäten ein und erklärte bereits dort, dass der Einsatz von Cyber-Operationen in bewaffneten Konflikten verheerende humanitäre

---

hjG-GIWRHBUXoSN93pJCBAHGRrfwljXXeKE9keTeEopL10ai1LdkjmIPQxh4e6qw-0JEG4dRJOeXIjwtx5X1z-4owwq7riLZWG0VKe43wv5fK3jzkz-Sr8Pd2S3HDOad0yoJ7_xNAobnmHdKhaZenmWa93h_zb70I/dz/d5/L2dBISEvZ0FBIS9nQSEh/#Z7_694IG2S0MG8000AB6GK7221G97 (Letzter Aufruf: 15.08.2019 11:47).

728 Maurer, Tim, *Cyber Mercenaries: The State, Hackers, and Power, S. 62.*

729 ICRC, Weapons: Statement of the ICRC to the United Nations, 2017. https://www.icrc.org/en/document/weapons-statement-icrc-united-nations-unag-2017; (Letzter Aufruf: 14.06.2019 10:23).

730 Ibid.

731 Ibid.

Folgen haben kann.[732] Für das IKRK sei es von entscheidender Bedeutung, Wege zur Begrenzung der humanitären Bedrohungen von Cyber-Operationen zu finden und insbesondere die Bedeutung des humanitären Völkerrechts für diese neue Technologie beim Einsatz in bewaffneten Konflikten zu bekräftigen.[733]

d) Neuanfang der UN-GGE

Im Dezember 2018 reagierte die Generalversammlung der Vereinten Nationen auf das Scheitern der bisherigen Expertengruppe und richtete zwei neue Gruppen zur Erörterung der Frage der Sicherheit bei der Nutzung des Cyberspace für den Zeitraum 2019–2021 ein. Eine offene Arbeitsgruppe (Open Ended Working Group – OEWG) und eine neue Gruppe von Regierungsexperten (GGE).

Der Erste Ausschuss der Generalversammlung der Vereinten Nationen hatte im Vorfeld dazu zwei neue Resolutionen zu Fragen der Cybersicherheit angenommen: Die erste von Russland vorgeschlagene Resolution,[734] welche eine offene Arbeitsgruppe einsetzt, die zunächst im Juni 2019 zusammentreten soll, an der alle interessierten Staaten beteiligt sein werden und welche das Konzept der bisherigen Expertengruppe, deren Mitgliederanzahl auf 15 beschränkt gewesen war, durchbricht. Außerdem wird die OEWG dazu im Stande sein, interessenbezogene Konsultationen mit Unternehmen, NGOs und Wissenschaftlern durchzuführen, was in einen Bericht an die UN-Generalversammlung im Herbst 2020 münden soll. Die Gruppe ist beauftragt, die Feststellungen des letzten Berichts von 2015 der Expertengruppe sowie die Rolle des Privatsektors und der Zivilgesellschaft im Konsens weiterzuentwickeln und deren Umsetzung zu diskutieren.[735] Sie soll außerdem Modelle für einen regelmäßigen institutionellen Dialog im Rahmen der Vereinten Nationen diskutieren. Die zweite, von den Vereinigten Staaten vorgelegte, Resolution[736] unterstreicht die Feststellungen der Berichte aus den Jahren 2010, 2013 und 2015. Sie fordert die Einrichtung einer weiteren Expertengruppe, welche Normen, vertrauensbildende Maßnahmen und Maßnahmen zum Kapazitätsaufbau unter Berücksichtigung ihrer wirksamen Umsetzung weiter prüft. Außerdem soll die UN-Generalversammlung im Herbst 2021

---

732 https://www.icrc.org/en/doc/assets/files/2013/130621-cyberwarfare-q-and-a-eng.pdf; (Letzter Aufruf 15.07.2019 12:03).

733 Ibid.

734 A/C.1/73/L.27. Rev. 1.

735 https://www.icrc.org/en/doc/assets/files/2013/130621-cyberwarfare-q-and-a-eng.pdf; (Letzter Aufruf 15.07.2019 14:03).

736 (A/C.1/73/L.37).

Bericht erstatten. Die Resolution schlägt insbesondere vor, dass der antizipierte Bericht schriftliche nationale Stellungnahmen darüber enthalten sollte, wie das Völkerrecht auf den Cyberspace anzuwenden ist.[737]

2) Das Tallinn-Manual

Der bereits angesprochene Cyber-Angriff auf Estland im Jahr 2007 sensibilisierte das Bewusstsein der internationalen Gemeinschaft bezüglich Cyber-Operationen. Es wurde deutlich, dass eine Cyber-Operation ein mächtiges Instrument sein kann, um politische und/oder strategische Ziele zu erreichen.[738] Deshalb wurde auf Initiative des Exzellenzzentrums für Cyber-Aktivitäten der NATO, CCDCOE (*Cooperative Cyber Defence Center of Excellence*), in Tallinn 2009 eine Arbeitsgruppe unabhängiger Rechtsexperten mit einer Arbeit betraut, welche später als erstes Tallinner Handbuch zum Völkerrecht über Cyberwarfare bekannt werden sollte.

Das Tallinn-Manual ist das Ergebnis einer umfassenden Arbeit eines facettenreichen Personals aus den Bereichen Wissenschaft, Technik und Militär, die darauf abzielt, die Regeln des Völkerrechts für Kriegsführung im Cyberspace zu ermitteln:

> *„Members of the International Group of Experts were carefully selected to include legal practitioners addressed, or had addressed, cyber issues in their professional positions, whereas the academics selected were recognized world-class experts on the jus ad bellum and jus in bello*"[739]

Das Tallinn-Manual, in seiner Rechtsnatur als „Soft Law", erfasst insgesamt 95 Normen in seiner Ur-Fassung – oder wie es im IT_Jargon heißt: „Vanilla-Version" –, umfasst allerdings in seiner überarbeiteten Version aus dem Jahre 2017 dem „*Tallinn-Manual 2.0 On The International Law Applicable to Cyber-Operations*" 154 Normen. Diese können in mehrere Teilbereiche des Völkerrechts eingeordnet werden: Zum einen in das allgemeine Völkerrecht, den Regeln über die Anwendung von Gewalt im Sinne der Charta der Vereinten Nationen, und zum anderen dem humanitären Völkerrecht. Die im Tallinn-Manual enthaltenen Regeln sind eine Art „*best of*" des humanitären Völkerrechts,

737 (A/C.1/73/L.37); https://www.icrc.org/en/doc/assets/files/2013/130621-cyberwarfare-q-and-a-eng.pdf; (Letzter Aufruf 16.07.2019 11:03).

738 https://www.ejiltalk.org/the-tallinn-manual-on-the-international-law-applicable-to-cyber-warfare/ (Letzter Aufruf 20.07.2019 17:01).

739 Tallinn Manual, S. 9.

welche den Wortlaut dabei fast Textgenau übernommen haben. Die Änderungen im Text beziehen sich lediglich auf den Austausch von einzelnen Wörtern, um die Normen des humanitären Völkerrechts auf den Bereich des Cyberspace umzustimmen.[740] Taktisch geschickt platziert, wurde das Tallinn-Manual nur wenige Monate vor der Veröffentlichung des Berichts von 2013 von der UN-Expertengruppe veröffentlicht. Im Tallinn-Manual wurde von den Experten einstimmig festgestellt, dass die allgemeinen völkerrechtlichen Grundsätze für die Regelung des Einsatzes von Gewalt (*jus ad bellum*) und die Rechtsgrundsätze für die Führung von Feindseligkeiten (*jus in bello*) für Cyber-Operationen gelten und dass es nicht um die Frage geht, „ob" das humanitäre Völkerrecht im Cyberspace Anwendung findet, sondern um die Frage, „wie" dieses Recht im Cyberspace anzuwenden ist. Zu beachten bleibt jedoch, dass es sich beim Tallinn-Manual nicht um einen verbindlichen völkerrechtlichen Vertrag handelt, sondern um sogenanntes „*soft-law*".

a) Position des IKRK zum Tallinn-Manual

Das IKRK lobte in seiner Kommentierung ausdrücklich die Veröffentlichung des Tallinn-Manuals und schrieb, dass das Tallinn-Manual einige interessante Perspektiven bezüglich der Anwendbarkeit des humanitären Völkerrechts im Cyberspace biete.[741]

> „*We welcome the fact that experts are thinking about the consequences of cyber warfare and the law applicable to it. The use of cyber operations in armed conflict can potentially have devastating humanitarian consequences*"[742]

So wird beispielsweise im Tallinn-Manual die klassische Teilung zwischen internationalen und nicht-internationalen bewaffneten Konflikten aufrechterhalten.[743] Ferner erkennt es, dass Cyber-Operationen als solche, insbesondere aufgrund des destruktiven Potentials, einen bewaffneten Konflikt auslösen können.[744] Obwohl es sich beim Tallinn-Manual um „Soft Law" und somit um ein nicht verbindliches völkerrechtliches Dokument handelt, welches von einer nicht-staatlichen Expertengruppe ausgearbeitet wurde, lobte das IKRK

---

740 Beispielsweise Artikel 92 des Tallinn-Manual 2.0 und 49 AP I.

741 ICRC – Cyberwarfare Q and A, https://www.icrc.org/en/doc/assets/files/2013/130621-cyberwarfare-q-and-a-eng.pdf; (Letzter Aufruf 15.07.2019 15:12).

742 Ibid.

743 Tallinn Manual 2.0 – Introduction S. 5–7.

744 Ibid.

die Bemühungen, dass es einen nützlichen Beitrag zur weiteren Diskussion zwischen den Staaten über diese schwierigen Fragen leisten kann. Das IKRK ist der Ansicht, dass durch das Tallinn-Manual Staaten und nicht-staatlich bewaffnet Gruppen für die Durchführung von Cyber-Operationen in bewaffneten Konflikten im Einklang mit den internationalen Verpflichtungen sensibilisiert werden können.[745]

b) Tallinn-Manual 2.0

Angelehnt an das Format der ersten Fassung des Tallinn-Manuals, wurde, wie bereits erwähnt, 2017 mit dem „*Tallinn-Manual 2.0 On The International Law Applicable to Cyber-Operations*" eine überarbeitete Version veröffentlicht. In der 2.0 Fassung wurden verschiedene Regeln hinzugefügt, abgeändert, neu nummeriert und kommentiert.[746] Das Tallinn-Manual 2.0 beweist, wie schnell sich die Technik und die Durchführung von Cyber-Operationen innerhalb der Zeitspanne zwischen der Erstveröffentlichung 2013 und der der 2.0-Fassung 2017 verändert haben. Im Gegensatz zur ursprünglichen Version des Manuals, fokussiert sich die aktuelle Fassung nicht mehr ausschließlich auf groß angelegte Cyber-Operationen und Cyber-Angriffe, sondern ebenfalls auch auf kleinere Cyber-Aktivitäten, welche einfach zu verschleiern sind.[747] Auffallend ist außerdem, dass sich der Titel des Manuals in nur vier Jahren von „*Cyber-Warfare*" zu „*Cyber-Operations*" gewandelt hat, was zeigt, dass Cyber-Angriffe in der heutigen Welt häufig unter die Schwelle fallen, an der das Völkerrecht sie typischerweise zu einem formalen Kriegsakt erklären würde.

Die 2.0 Fassung des Manuals überprüft an einer Vielzahl von Rechtsfragen die häufigsten Probleme, die bei Cyber-Operationen auftreten können. Darunter auch die Rechtmäßigkeit von einzelnen Handlungen, wie beispielsweise das elektronische Eindringen durch einen Virus in ein Kernkraftwerk à la Stux-Net.[748] Anschließend wird der aktuelle Stand des Völkerrechts, wie er für jedes einzelne Szenario gelten könnte, diskutiert. Auffällig ist dabei die Uneinigkeit der Expertengruppen in vielen behandelten Problempunkten. So auch bei der

745 https://www.icrc.org/en/doc/assets/files/2013/130621-cyberwarfare-q-and-a-eng.pdf; (Letzter Aufruf 15.07.2019 15:42).

746 Tallinn Manual 2.0 – Introduction S. 2.

747 https://www.forbes.com/sites/kalevleetaru/2017/02/09/what-tallinn-manual-2-0-teaches-us-about-the-new-cyber-order/#745496cf928b; (Letzter Aufruf 15.07.2019 15:36).

748 Tallinn Manual 2.0 S. 457.

Frage, ob Daten ein militärisches Objekte im Sinne des Art. 52 (2) AP I darstellen können, oder bei der Bestimmung, was bei einem Cyber-Angriff in der digitalen Welt als „Schaden" zu verstehen ist. Dies veranschaulicht die Komplexität und Unabwägbarkeiten, welche die Cyberwelt und internationalen Rechtsexperten immer noch umtreiben.[749] Es ist jedoch gerade die Diskussion solcher kritischen Themen, die für die Rechtsfortbildung und vor allem die Rechtssicherheit in der Praxis von der größten Bedeutung sind.

c) Tallinn-Manual als „Soft-Law" und „Ius In Statu Nascendi"

Das Tallinn-Manual wurde als ein Instrument für staatliche Rechtsberater konzipiert, um eine verlässliche Referenz für Rechtsfragen im Cyberspace zu bilden.[750] Wie bereits angesprochen, weist das Manual jedoch einige Lücken auf, welche durch Uneinigkeiten innerhalb der Expertengruppe entstanden sind. Die größte Unsicherheit, die das Manual aufweist, besteht darin, den Geltungsgrund für das humanitäre Völkerrecht im Cyberspace eindeutig zu identifizieren und die im Manual vorgeschlagenen Normen genau zu kommentieren sowie die verschiedenen Interpretationen dieser Normen, welche Staaten möglicherweise übernehmen möchten, objektiv zu untersuchen. Die größte Belastung für das Tallinn-Manual stellt jedoch seine fehlende Durchsetzbarkeit dar. In der Hierarchie der völkerrechtlichen Quellen wird das Tallinn-Handbuch als sogenanntes *„Soft-Law"* eingestuft. *„Soft-Law"* wird nicht als Völkerrecht im rechtsformalen Sinne angesehen.[751] Das *„Soft-Law"* gehört deshalb zwar zu den dynamischsten, jedoch auch zu den umstrittensten Quellen im Völkerrecht.[752] Daher ist das Tallinn-Manual nicht verbindlich und verfügt nicht über die Durchsetzungsmechanismen, die reguläre internationale Abkommen und Verträge besitzen.

Eine besondere Form des *„Soft-Law"* bilden Normen, welche als entstehendes Völkerrecht angesehen werden, sogenanntes *„ius in statu nascendi"*. Hierunter werden Normen verstanden welche, wie das Tallinn-Manual, zwar formal unverbindlich sind, jedoch das Potential in sich tragen, in Zukunft rechtsverbindlich

---

749 Farzamafar, Mehrnoosh, *Short Commentary on Cyberwar and Cyberpeace,* in: International Pugwash Workshop; https://vdw-ev.de/wp-content/uploads/2015/11/FarzamfarM.-Commentary-on-Cyberspace-International-Law.-CyberwarCyberpeace-23.10.2015.pdf. (Letzter Aufruf 19.07.2019 14:43).

750 Tallinn Manual 2.0 – Introduction S. 2.

751 Krajewski, Markus, *Völkerrecht,* § 1 Rn. 3.

752 Ibid., § 4 Rn. 163.

zu werden.[753] Das Tallinn-Manual trägt ebenfalls dieses Potential. Es gibt nur sehr wenige internationale Verträge, welche sich direkt mit Cyber-Operationen befassen und die bereits existierenden Verträge sind von begrenztem Umfang. Da die staatliche Praxis bezüglich des Cyberspace meist der Geheimhaltung unterliegt und die öffentlich zugänglichen Meinungsäußerungen als *„opinio juris"* spärlich sind, ist es schwierig, ein cyberspezifisches Völkergewohnheitsrecht endgültig zu identifizieren.[754] Die Internationale Expertengruppe um das Tallinn-Manual kam zu dem Schluss, dass es Sache der einzelnen Staaten sei, die Entwicklung des Rechts durch die Praxis des Staates zu gestalten. Insbesondere bei Fragen, in denen Kontroversen über die Auslegung der verschiedenen Normen bestehen, ist dies erforderlich. Die Autoren betonten im Vorwort des ursprünglichen Tallinn-Manual sowie in der 2.0 Version, dass das Manual kein offizielles Dokument sei und die dort dargestellten Meinungen weder die der NATO noch der unterstützenden Staaten sind. Jedoch bietet das Tallinn-Manual durch die genauere Auseinandersetzung mit konkreten Rechtsfragen und deren Kommentierung, ein um ein vielfach robusteres Gerüst als die Arbeit der UN-Expertengruppe und somit mehr Potential als entstehendes Völkerrecht.[755]

3) *HamasCyberHQ.exe* – Ein Wendepunkt im Bereich der Anwendbarkeit?

Am Wochenende zum 01. Mai 2019 eskalierte die Gewalt zwischen Israel und Gaza in einem Ausmaß, welches seit 2014 nicht mehr zu beobachten war. Im Zuge der Auseinandersetzungen wurden 25 Palästinenser und vier Israelis bei den Kämpfen getötet. Betrachtet man den jahrzehntelangen Konflikt, der aus tief verwurzelten Spannung der Region herrührt, war der Vorfall insgesamt dramatisch, aber wenig überraschend. Für Experten, die sich mit dem Thema der Cyber-Sicherheit befassen, fiel jedoch ein Aspekt besonders auf: Die israelische Verteidigungskräfte (IDF) behaupteten, dass sie ein Gebäude in Gaza bombardiert und teilweise zerstört hätten, welches angeblich die Basis einer aktiven Hamas-Hackergruppe gewesen sei.[756] Die IDF kommentierte über den

753 Ibid., § 4 Rn. 167; https://www.oxfordreference.com/view/10.1093/acref/9780195369380.001.0001/acref-9780195369380-e-986 (Letzter Aufruf 20.07.2019 16:50).

754 Tallinn Manual 2.0 – Introduction S. 3; Legal Consequences of the Construction of a Wall in the Occupied Palestinian Territory, v. 09.07.2004, ICJ Reports 2004, S. 136.

755 Ibid.; https://www.ejiltalk.org/the-tallinn-manual-on-the-international-law-applicable-to-cyber-warfare/ (Letzter Aufruf 20.07.2019 17:05).

756 https://www.wired.com/story/israel-hamas-cyberattack-air-strike-cyberwar/ (Letzter Aufruf: 10.07.2019 10:23).

offiziellen Twitter-Kanal die Zerstörung des Gebäudes mit einem fragwürdigen Twitter Post: „*HamasCyberHQ.exe has been removed*".[757]

Der Angriff scheint das erste tatsächliche Beispiel dafür zu sein, dass ein physischer Angriff als Echtzeit-Antwort auf digitale Aggressionen verwendet wird. Das macht den Angriff auf das Gebäude der Hamas zu einem Meilenstein im Bezug zwischen Handlungen im Cyberspace und dem humanitären Völkerrecht. Doch wie muss ein solcher Angriff bewertet werden?

Man könnte den IDF-Angriff zweierlei interpretieren: Zum einen erfolgte die Bombardierung des „Cyber-Hauptquartiers" der Hamas im Rahmen des bereits bestehenden Konflikts zwischen der Hamas und Israel. Im Zuge des Konflikts wurden innerhalb von zwei Tagen hunderte von Raketen von Israel abgefeuert und rund 280 Ziele in Gaza zerstört.[758] Für alle rechtlichen Angelegenheiten und Umstände war dies ein handfester bewaffneter Konflikt im Sinne des humanitären Völkerrechts. Das bedeutet, dass sich das „Cyber-Hauptquartier" der Hamas an den gleichen Anforderungen wie andere militärische Ziele, beispielsweise militärischen Nachrichten- und Sicherheitsbüros, Munitionslager, Bunker oder Waffenfabriken, messen muss. Die Zerstörung des „Cyber-Hauptquartiers" der Hamas wäre rechtmäßig gewesen, auch wenn die Hamas keinen entsprechenden Cyberangriff durchgeführt hätte, da sich die Kämpfer der Hamas im Gebäude aufhielten und das Gebäude somit mindestens durch die Nutzung zu einem militärischen Objekt wurde, dessen Zerstörung einen militärischen Vorteil mit sich brachte.[759]

Eine andere Sichtweise könnte man vertreten, wenn man die Zerstörung des „Cyber-Hauptquartiers" der Hamas als einen entscheidenden Wendepunkt in der Entwicklung der „cyber-kinetischen" hybriden Kriegsführung betrachtet. Dies würde jedoch möglicherweise den gefährlichen Präzedenzfall schaffen, dass offensiv-agierende Hacker ein rechtmäßiges Ziel für physische Vergeltungsmaßnahmen darstellen.[760] Diese Meinung stellt auch den breiten Konsens der Presse und Blogs dar. So wurde zum Beispiel der Sachverhalt um die Zerstörung

---

757 https://twitter.com/IDF/status/1125066395010699264. (Letzter Aufruf 14.07.2019 11:45).

758 https://www.defenseone.com/ideas/2019/05/did-israel-have-right-bomb-hamas-cyber-hq/156829/; (Letzter Aufruf 16.07.2019 13:24).

759 Artikel 52, Protocol Additional to the Geneva Conventions of 12 August 1949, and relating to the Protection of Victims of International Armed Conflicts (Protocol I), 8 June 1977, 1125 UNTS 3.

760 Droege, Cordula, *Get off my cloud*, International Review of the Red Cross, 2012, 94, 886.

des „Cyber-Hauptquartiers" der Hamas mit Überschriften wie „*The Future Is Here, And It Features Hackers Getting Bombed*"[761] kommentiert. Diese Stimmen sprechen sich für einen friedlicheren Ansatz aus, da Hacker in der Regel meist unbewaffnet sind und ihnen deshalb keine Möglichkeit zur „realen" Verteidigung offensteht. Ein Hacker ist regelmäßig eine nicht-militärische Person, oft auch ein staatlich unterstützter Backend-Supportmitarbeiter, der wenig bis kein militärisches Wissen besitzt.

Staatlich unterstütztes Hacking und physische Kriegsführung sind seit etwa zwei Jahrzehnten auf einem langsamen, aber stetigen Weg zur Konvergenz und sowohl Informationssicherheits- als auch Kriegsforscher sind der Ansicht, dass es nur eine Frage der Zeit war, bis eine Nation einen kinetischen Angriff gegen feindliche Hacker startete.[762] Die Zerstörung des „Cyber-Hauptquartier" der Hamas zeigt, dass sich seit den Ereignissen um den Cyber-Angriff in Estland 2007 die Cyber-Infrastruktur erheblich verändert hat. Staaten sollten sensibel für die Tatsache sein, dass ihre konkreten Handlungen und Äußerungen in Bezug auf Cyber-Operationen völkergewohnheitsrechtliche Bedeutung haben können.

4) Zwischenergebnis über die Anwendbarkeit des humanitären Völkerrechts im Cyberspace

Für den weiteren Verlauf dieser Untersuchung muss grundlegend festgehalten werden, dass es trotz der sehr umfangreichen Arbeiten der UN Expertengruppe und der Expertengruppe des Tallinn-Manuals bisher keine eindeutige Meinung in der Praxis und in der akademischen Wissenschaft gibt, ab welchem Zeitpunkt das humanitäre Völkerrecht im Cyberspace Anwendung findet. In dieser Untersuchung wird deshalb auf die in Kapitel 2 erörterten Grundlagen des humanitären Völkerrechts zurückgegriffen und unter Grundlage der Konsensreporte 2010, 2013 und 2015 der UN-GGE davon ausgegangen, dass das humanitäre Völkerrecht mindestens durch seine Kardinalsprinzipien anwendbar ist, wenn, wie in dieser Untersuchung noch als qualifizierte Cyber-Operationen bezeichnet, diese im Rahmen und im Zusammenhang mit einem bewaffneten Konflikt durchgeführt werden, und die nach den im gemeinsamen Artikel 2 der Genfer Abkommen sowie den im Tadić-Urteil des International Criminal Tribunal for

761 https://foreignpolicy.com/2019/05/06/the-future-is-here-and-it-features-hackers-getting-bombed/. (Letzter Aufruf 16.07.2019 13:45).

762 https://www.wired.com/story/israel-hamas-cyberattack-air-strike-cyberwar/ (Letzter Aufruf: 16.07.2019 15:00).

the former Yugoslavia (ICTY) festgelegten Kriterien vorliegen.[763] Daher sollte es unumstritten sein, dass Cyber-Operationen, welche im Rahmen eines laufenden bewaffneten Konflikts durchgeführt werden, denselben humanitär Völkerrechtlichen Regeln unterliegen wie kinetische Operationen innerhalb des gleichen Konflikts. Startet beispielsweise eine Konfliktpartei parallel oder zusätzlich zu einem Bomben- oder Raketenangriff auch einen Cyberangriff auf die Computersysteme ihres Gegners, müssen beide Angriffe sich mindestens an den Kardinalsprinzipien des humanitären Völkerrechts messen.[764]

Gemäß Artikel 36 AP I sind die Vertragsparteien ebenfalls dazu verpflichtet im Rahmen der Studie Entwicklung, Erwerb oder den Einsatz einer neuen Waffe oder Technologie, eines neuen Mittels oder einer neuen Methode der Kriegsführung festzustellen, ob der Einsatz dieses neuen Instrumentes unter bestimmten oder allen Umständen durch das Zusatzprotokoll oder durch eine andere anwendbare Regel des Völkerrechts verboten wäre.[765]

> „*In the study, development, acquisition or adoption of a new weapon, means or method of warfare, a High Contracting Party is under an obligation to determine whether its employment would, in some or all circumstances, be prohibited by this Protocol or by any other rule of international law applicable to the High Contracting Party.*"[766]

Zusätzlich zu Art. 36 AP I, welcher als Völkergewohnheitsrecht betrachtet wird, betont die Marten'sche-Klausel die Verpflichtung der Staaten während eines bewaffneten Konflikts jederzeit die Grundsätze des humanitären Völkerrechts und der Menschlichkeit einzuhalten. Dies ist ebenfalls völkerrechtliche Praxis bei neuen militärischen Kampfmitteln.[767] Auch der International Court of Justice hat dies in seinem Rechtsgutachten zu Nuklearwaffen klargestellt.

---

763 http://www.icty.org/x/cases/tadic/acjug/en/tad-aj990715e.pdf S. 35; (Letzter Aufruf: 16.07.2019 15:19).

764 Droege, Cordula, *Get off my cloud*, International Review of the Red Cross, 2012, 94, 886.

765 Artikel 36, Protocol Additional to the Geneva Conventions of 12 August 1949, and relating to the Protection of Victims of International Armed Conflicts (Protocol I), 8 June 1977, 1125 UNTS 3.

766 Artikel 36, Protocol Additional to the Geneva Conventions of 12 August 1949, and relating to the Protection of Victims of International Armed Conflicts (Protocol I), 8 June 1977, 1125 UNTS 3.

767 Pascucci, Peter, JAGC, U.S. NACY, Distinction and Proportionality in Cyberwar: Virtual Problems with a Real Solution.

„However, it cannot be concluded […] that the established principles and rules of humanitarian law applicable in armed conflict did not apply to nuclear weapons. Such a conclusion would be incompatible with the intrinsically humanitarian character of the legal principles in question which permeates the entire law of armed conflict and ***applies to all forms of warfare and to all kinds of weapons, those of the past, those of the present and those of the future***“[768]

Damit steht fest, dass neue Waffen und Methoden, wie etwa Cyber-Operationen, nicht in einem Rechtsvakuum einsetzbar sind, sondern in einer Weise eingesetzt werden müssen, die mit dem humanitären Völkerrecht vereinbar ist. Es ist zunächst noch unklar, was genau diese Vereinbarkeit beinhaltet und hierzu muss die weitere Arbeit der UN-Expertengruppen (OEWG und GGE) und eventuell eine weiterführende Arbeit der Tallinn-Expertengruppe abgewartet werden. Jedoch kann mit Sicherheit festgestellt werden, dass die im Konsensreport 2015 bereits bestätigten Prinzipien „Menschlichkeit", „Verhältnismäßigkeit" und vor allem „Unterscheidung" auf Cyber-Operationen anzuwenden sind.

Aufgrund dieser Hürden in der Frage, ob das humanitäre Völkerrecht zur Regulierung des Cyberspace herangezogen werden kann, haben eine Reihe von Kommentatoren und Staaten, beispielsweise Russland, die Einrichtung eines spezifischen internationalen Regimes – als „Cybervertrag" bezeichnet – zur Regulierung von Cyberwarfare gefordert.[769] Diese Forderungen wurden bisher in der breiteren Staatengemeinschaft kaum anerkannt, die vielmehr zu glauben scheint, dass kein spezifischer Vertrag für den Cyberspace erforderlich sei. Die USA haben beispielsweise erklärt, dass die Unklarheiten des Cyberspace einfach die Herausforderungen bei der Anwendung des in vielen Kontexten bereits bestehenden Rahmens der UN Charta widerspiegeln.

„simply reflect the challenges in applying the [UN] Charter framework that already exists in many contexts“.[770]

768 Internationaler Gerichtshof, Nuclear Weapons, Legality of the Threat or Use of Nuclear Weapons, http://www.icj-cij.org/docket/files/95/7495.pdf, (Letzter Aufruf 02.04.2019 13:21).

769 Oona A. Hathaway, Rebecca Crootof, Philip Levitz, Haley Nix, Aileen Nowlan, William Perdue and Julia Spiegel, "The Law of Cyberattack", 100/4 (2012) California Law Review, S. 817, 822; Droege, Cordula, *Get off my cloud*, International Review of the Red Cross, 2012, S. 535.

770 UN DOC A/66/152, 15 July 2011, S. 18.

Darüber hinaus ist zu berücksichtigen, dass bereits die Zusatzprotokolle zu den Genfer Abkommen, welche in vielen Teilen einen gewohnheitsrechtlichen Status erreicht haben, nicht in der Lage waren, eine globale Ratifizierung zu erreichen, so dass es unwahrscheinlich ist, dass ein spezieller Vertrag für den Cyberspace in der Lage wäre, ein gleiches Maß an Ratifizierung zu erlangen. Ebenfalls konnte die Expertengruppe des Tallinn-Manuals in bestimmten Fragen keinen Konsens erzielen. Dies verdeutlicht, dass ein solcher Vertrag den hohen Erwartungen nicht gerecht werden kann, sondern nur wenig zum bestehenden Rechtsbestand beitragen könnte.

All diese Forderungen nach der Schaffung eines neuen internationalen Rechtsrahmens für Cyberkriegsführung unterschätzen zudem die Fähigkeiten des derzeitigen Systems des humanitären Völkerrechts. Wie bereits verdeutlicht, könnte es sehr wohl einige Hindernisse für die Anwendung des derzeitigen Rechtssystems auf den Cyberspace geben. Es wurde aber auch gezeigt, dass es nicht unmöglich ist, mit den aktuellen Standards effektiv zu arbeiten. Die Grundprinzipien des humanitären Völkerrechts sowie seine Flexibilität sich an neue Herausforderungen anpassen können, welche sich aus der stetigen Veränderung in der Realität der Kriegsführung ergeben, sind dafür das beste Beispiel. Das aktuelle System hat sich bereits als geeignet erwiesen, die Herausforderungen der Einführung in die Dimension der Luftkriegsführung zu bewältigen. Durch eine gründliche rechtliche Interpretation und Auslegung werden auch die bestehenden Regeln des humanitären Völkerrechts in der Lage sein, die im Zuge von Cyberwarfare auftretenden Probleme angemessen zu regeln.

Doch was genau bedeutet dies für das „*Law of Targeting*", welches ebenfalls bei Cyber-Operationen angewendet werden muss und nun zu einem „*Law of Targeting in an Age of Cyber-Warfare*" geworden ist? Um diese Frage zu klären, soll nachfolgend die Problematik der staatlichen Zurechnung im Cyberspace verdeutlicht werden, um die Anwendungsproblematik des Völkerrechts um Cyberspace weiter zu vertiefen und den Rahmen für die anschließende Untersuchung zu schaffen, wie das Unterscheidungsgebot innerhalb eines bewaffneten Konflikts für Cyber-Operationen anzuwenden ist.

III) Staatliche Zurechnung von Handlungen im Cyberspace

Die Geheimhaltung staatlicher Fähigkeiten und Praktiken im Bereich von Cyberwarfare erstreckt sich, wie beschrieben, vor allem auf die Regeln und Vorschriften, die Staaten in Bezug auf Cyber-Aktivitäten anwenden. Vor diesem Hintergrund und da die Staaten größtenteils darauf verzichtet haben direkt offen zu legen, was sie für die ordnungsgemäße Anwendung des humanitären

Völkerrechts auf die Cyberkriegsführung halten, ist es schwierig, ihre Rechtsposition in dieser Angelegenheit zu beurteilen.[771]

Da Staaten die Urheber des Völkerrechts sind, untergräbt die mangelnde Transparenz sowohl in Bezug auf ihre Praxis als auch auf ihre Rechtsposition in Bezug auf die Cyberkriegsführung die Bemühungen um Rechtsklarheit in diesem Bereich. Dieses Problem erstreckt sich auch auf eine Zurechnung der Cyber-Operationen in Verbindung zu Staaten.[772] Würde man sich einen Spiegel der Medien- und Presseberichte bezüglich Cyber-Aktivität anschauen, zeichnete sich das Bild, bei dem staatliche Hacker hinter jeder Ecke lauern und das Geschehen in der Welt von ihren flimmernden Bildschirmen aus beeinflussen.[773] Doch wie können solche Cyber-Operationen eingeordnet werden, um einerseits eine Unterscheidung zwischen einem vorsätzlichen Angriff einer Nation zu gewährleisten, welcher innerhalb des Völkerrechts bewertet werden muss und auf der anderen Seite zwischen einer selbständig agierenden Gruppe oder eines Individuum, welche sich dem nationalen Recht stellen muss?

Hierauf gibt es leider bisher keine eindeutige Antwort.[774] Es ist keine Frage mehr, ob eine Zurechnung überhaupt möglich ist. Vielmehr wird sich gefragt, ab wann eine Zurechnung überhaupt vorgenommen werden sollte.[775] Hierfür kommt es auf die technische und politische Dimension des Angriffes an. Eine Zurechnung ist zwar generell möglich, jedoch auch immer von der Komplexität des Angriffes abhängig, wie die verwendeten Ressourcen und die benutze Malware.

Was Zurechnungen von Cyber-Operationen weiter erschwert, sind sogenannte „*False Flag*“ Operationen. Bei solchen Operationen geht es darum, die eigenen Aktionen zu verschleiern und einer anderen Partei zuzurechnen.[776] Ein Beispiel hierfür wäre „Guccifer 2.0“, ein Hacker, der vorgab aus Rumänien

---

771 Ibid.

772 Tim Maurer: Cyber Mercenaries: The State, Hackers and Power, S. 23.

773 Ibid. S. 22.

774 Lord, Bob, "*Notifying Our Users of Attacks by Suspected State-Sponsored Actors,*" *Yahoo!: The Paranoid*, December 21, 2015, https://yahoo-security.tumblr.com/post/135674131435/notifying-our-users-of-attacks-by-suspected (Letzter Aufruf 13.07.2019 12:43); Military and Paramilitary Activities in and against Nicaragua (Nicaragua v. United States of America), Merits, Urteil v. 27.06.1986, ICJ Reports 1986, S. 14.

775 Rid, Thomas/Buchanan, Ben, Attributing Cyber Attacks, Journal of Strategic Studies 38 (2015), S. 4.

776 https://kenfm.de/false-flag/; (Letzter Aufruf 13.07.2019 12:34).

zu stammen und sich zu einem Cyber-Angriff auf das Nationale Democratic Committee der demokratischen Partei in den USA bekannte. Später stellte sich jedoch heraus, dass hinter „Guccifer 2.0" kein Rumäne, sondern die russische Regierung stand.[777] Der Nachrichtendienst der USA, welcher sich auf Signalinformationen und menschliche Quellen stütze, konnte „mit Sicherheit"[778] feststellen, dass sich hinter dem Angriff der Geheimdienst des russischen Militärs verbarg.

Eine robuste und zuverlässige Zurechnung von Cyber-Operationen bleibt jedoch weiterhin eine große Herausforderung. Eine sich langsam, aber stetig entwickelnde Hypothese könnte jedoch sein, dass technisch weiter entwickelte Staaten eher eine Verschleierung durch technische Mittel zu erreichen versuchen und Staaten, welche weniger entwickelt sind, ihre Cyber-Operationen durch entfernte Proxies durchführen.[779]

> *„Cyberspace significantly increases an actor's ability to engange in attacks with plausible deniability by acting through proxies"*[780]

777 "Conversations with a Hacker: What Guccifer 2.0 Told Me," *BBC News*, January 14, 2017, www.bbc.com/news/blogs-trending-38610402(Letzter Aufruf 20.07.2019 17:10).

778 Director of National Intelligence, *Background to "Assessing Russian Activities and Intentions in Recent US Elections": The Analytic Process and Cyber Incident Attribution* (McLean, VA: Office of the Director of National Intelligence, January 2017).

779 Frenkel, Sheera, "Meet the Mysterious New Hacker Army Freaking Out the Middle East," *BuzzFeed*, June 23, 2015, www.buzzfeed.com/sheerafrenkel/who-is-the-yemen-cyber-army; (Letzter Aufruf 19.07.2019 14:01).

780 Maurer, Tim, *Cyber Mercenaries: The State, Hackers, and Power*, S. 26.

C) Das Unterscheidungsgebot im Cyberspace

Pogue Colonel: What is that you've got written on your helmet?
Private Joker: "Born to Kill", sir.
Pogue Colonel: You write "Born to Kill" on your helmet and you wear a peace button. What's that supposed to be, some kind of sick joke?
Private Joker: No, sir.
Pogue Colonel: Now answer my question or you'll be standing tall before the man.
Private Joker: I think I was trying to suggest something about the duality of man, sir.
Pogue Colonel: The what?
Private Joker: The duality of man. The Jungian thing[781], sir.
Pogue Colonel: Whose side are you on, son?
Private Joker: OUR SIDE!! SIR!!

– Matthew Modine als „**Private Joker**" und Bruce Boa als „**Pogue Colonel**" in **Full Metal Jacket** (1987), Stanley Kubrick

Die Dualität zwischen einem Streben nach Frieden und einem Streben immer neuer Methoden zur Kriegsführung zu entwickeln, welche Cyberwarfare ebenfalls durchdringt, ist von Natur aus problematisch. Vor allem, da der Cyberspace nicht in Standardgrenzen, Gerichtsbarkeiten und Unterscheidungen zwischen Staat und Gesellschaft, öffentlich und privat, Krieg und Frieden, zivil und militärisch eingegrenzt werden kann. Um es mit den Worten von US-Admiral *Arthur K. Cebrowski* aus dem Jahr 1995 zu sagen:

„no logical distinction... between military or civil systems or technologies can exist"[782]

Während eine militärisch-zivile duale Natur von materiellen Objekten nicht neu ist und bereits in Kapitel 2 besprochen wurde, bringt der systematische und

---

781 „Die ‚Jung'sche Sache' ist die Unterscheidung zwischen dem persönlichen Unbewussten und dem kollektiven Unbewussten. Das persönliche Unbewusste besteht aus den verdrängten Gedanken oder Gefühlen eines Individuums. Das kollektive Unbewusste besteht aus primordialen Bildern, die in der gesamten Menschheit zu finden sind: Jung bezeichnete sie als Archetypen. Ein Eckpfeiler seines therapeutischen Ansatzes in der Psychologie war die Erkenntnis, wie sich das persönliche Unbewusste eines Individuums mit dem kollektiven Unbewussten integriert oder in Konflikt gerät." – Jung, Carl Gustav, *Psychologie der Übertragung*, S. 16.

782 Information Revolution Spawns "Revolution in Security Affairs," Defense Daily 1995.

technologische Aufbau des Cyberspace eine inhärente Vernetzung von zivilen und militärischen Systemen mit sich. Der Raum im Cyberspace hat sich zu einem internationalen sowie strategischen Handlungsraum entwickelt, welcher nur noch sehr schwer lediglich in eine militärische oder zivile Kategorie eingeordnet werden kann.[783] Im Cyberspace existieren keine festen Grenzen, was dazu führt, dass die Unterscheidung zwischen Krieg und Frieden sowie innerer und äußerer Sicherheit immer weiter verschwimmt.[784]

Dementsprechend sind in dieser Arbeit mehrere Faktoren zu einer „*Single-Use*"- und „*Dual-Use*"-Kategorisierung im Hinblick auf Objekte für einen alleinigen militärischen und zivilen Gebrauch sowie zivil-militärische Hybridobjekte von Bedeutung. Sogenannte „*Single-Use*"-Objekte bilden die Ausnahme im Cyberspace. Diese können zum Beispiel firmen- oder militärinterne Netzwerke (Intranet) oder Cyber-Infrastrukturen sein, welche einen einzigen Zweck besitzen.[785] Diese Objekte fallen dann binär in eine zivile oder militärische Kategorie. Bei der zweiten Gruppe, den „*Dual-Use*"-Objekten, wird davon ausgegangen, dass der einem Objekt zugeordnete militärische Zweck, das Objekt zu einem rechtmäßigen militärischen Ziel innerhalb eines bewaffneten Konflikts konstituiert. Die Vermutung ist von Natur aus problematisch, da sie die Konfliktteilnehmer ermutigen könnte, ihre Server oder Computersysteme in Reichweite eines Wohngebietes aufzustellen, um den Datenstrom über zivile Cyber-Infrastruktur laufen zu lassen. Solche Praktiken, welche in der Cyberkriegsführung aufgrund der Einfachheit der Täuschung durch die Dualität der Cyber-Operationen wahrscheinlich viel häufiger vorkommen als prima facie angenommen, stellen die praktische Anwendbarkeit des Unterscheidungsgebot grundlegend in Frage.

I) Anwendung des Unterscheidungsgebots im Cyberspace

Nach dem grundlegenden humanitär-völkerrechtlichen Unterscheidungsgebot sind die Parteien eines bewaffneten Konflikts verpflichtet, jederzeit zwischen der Zivilbevölkerung und Kombattanten sowie zwischen zivilen Objekten und

---

783 https://www.deutschlandfunk.de/das-neue-cyber-kommando-der-bundeswehr-militaers-mit.724.de.html?dram:article_id=382767 (Letzter Aufruf 27.07.2019 17:13).

784 https://www.deutschlandfunk.de/das-neue-cyber-kommando-der-bundeswehr-militaers-mit.724.de.html?dram:article_id=382767 (Letzter Aufruf 27.07.2019 17:30).

785 Cyber Security on Military Deployed Networks – A case Study; https://ccdcoe.org/uploads/2018/10/CyberSecurityOnMilitaryDeployedNetworks-Mulazzani-Sarcia.pdf (Letzter Aufruf 17.07.2019 13:37).

militärischen Zielen zu unterscheiden und dürfen mithin ihre Operationen nur auf militärische Ziele ausrichten, so der Wortlaut des Artikel 52 (2) AP I.

„*Attacks shall be limited **strictly** to military objectives.*“[786].

Dementsprechend müssen Cyber-Operationen innerhalb eines bewaffneten Konflikts ebenfalls ausschließlich auf militärische Ziele beschränkt werden.

Die Hauptschwierigkeit bei der Anwendung dieser Regeln auf Cyberwarfare besteht darin, dass die meisten Cyber-Infrastrukturen beidseitig (*Dual-Use*) genutzt werden und sowohl zivilen als auch militärischen Zwecken dienen.[787] Die bereits in Kapitel 2 dargestellte herrschende Meinung ist, dass „*Dual-Use-Objects*“ militärische Ziele sind, da sie militärischen Zwecken dienen und die Zerstörung einen militärischen Vorteil mit sich bringt.[788] Im Cyberspace würde diese Position bedeuten, dass fast alle Elemente der internationalen Cyber-Infrastruktur als militärische Ziele eingestuft werden können und, vorbehaltlich anderer Regeln des humanitären Völkerrechts, anfällig für Angriffe sein könnten.[789] In der Tat würden aus dieser Sicht die Kabel, Modems, Router und Satelliten, von denen viele zivile Systeme abhängen, alle als militärische Ziele betrachtet werden können, da sie im Zweifelsfall die doppelte Funktion der Übertragung militärischer Informationen innehaben.[790] Bei so vielen Objekten im Cyberspace, welche daher als militärische Ziele angesehen werden, wird das Unterscheidungsgebot – welches als Grundregel zur Immunisierung der Zivilbevölkerung vor den Gefahren der Feindseligkeiten innerhalb eines Konflikts konzipiert ist – weitgehend bedeutungslos und die Logik, welche das Recht bewaffneter Konflikte seit Jahrhunderten umgibt, würde auf den Kopf gestellt werden.[791]

---

786 Artikel 52, Protocol Additional to the Geneva Conventions of 12 August 1949, and relating to the Protection of Victims of International Armed Conflicts (Protocol I), 8 June 1977, 1125 UNTS 3.

787 Rizer, Kenneth R., Bombing Dual-Use Targets: Legal, Ethical and Doctrinal Perspectives; https://www.airuniversity.af.edu/Portals/10/ASPJ/journals/Chronicles/Rizer.pdf (Letzter Aufruf 17.07.2019 13:05).

788 Rizer, Kenneth R., Bombing Dual-Use Targets: Legal, Ethical and Doctrinal Perspectives; https://www.airuniversity.af.edu/Portals/10/ASPJ/journals/Chronicles/Rizer.pdf (Letzter Aufruf 17.07.2019 13:14).

789 Ibid.

790 Geiß, Robin; *Cyberwarfare – Herausforderungen an das Völkerrecht*; in: Ethik und Militär 2014/02, verfügbar unter: http://www.ethikundmilitaer.de/de/themenueberblick/20142-cyberwar/geiss-cyberwarfare-herausforderungen-an-das-voelkerrecht/.

791 Ibid.

Um die genannte Logik des humanitären Völkerrechts dennoch aufrecht zu erhalten, müssen die grundsätzlichsten Überlegungen des modernen humanitären Völkerrechts herangezogen werden. Es muss zum einen festgestellt werden, ob durch Cyber-Operationen ein „*armed attack*“ im Sinne des humanitären Völkerrechts vorliegen kann und ob sich der Angriff gegen ein rechtmäßiges militärisches Ziel gerichtet hat.

1) Artikel 93 des Tallinn-Manual 2.0

Der im Tallinn-Manual enthaltene Artikel 93, die Basisregel zum Unterscheidungsgebot, liest sich wie folgt:

> „*The principle of distinction applies to cyber attacks*“[792]

Außergewöhnlich ist, dass sich das Tallinn-Manual hier sehr zurückhaltend positioniert und das Unterscheidungsgebot lediglich auf den einzelnen Cyber-Angriff anwendet und nicht auf die gesamte Cyber-Operation oder, wie Art. 48 AP I, auf den gesamten Zeitraum des Konflikts.

> „*... parties to the conflict shall at all times distinguish...*“[793]

Während das Prinzip der Unterscheidung in einem „regulären“ bewaffneten Konflikt eine greifbare Grenze zieht, ist seine Anwendung auf Cyberwarfare mehrdeutig. Die im ersten Zusatzprotokoll von 1977 entworfene Definition vom Prinzip der Unterscheidung wird der aktuellen Problematik kaum noch gerecht. Um es mit den Worten des französischen Schriftstellers *Antoine de Saint-Exupery* zu sagen:

> „*To grasp the world of today we are using a language made for the world of yesterday. And the life of the past seems a better reflection of our nature, for the simple reason that it is a better reflection of our language*“[794]

Wie bereits erörtert, verwischen Cyber-Angriffe die Unterscheidung zwischen zivilen und militärischen Zielen und damit die anfängliche Bestimmung der Rechtmäßigkeit eines Ziels.[795]

---

792 Tallinn-Manual 2.0 Artikel 93 S. 420.

793 Artikel 48, Protocol Additional to the Geneva Conventions of 12 August 1949, and relating to the Protection of Victims of International Armed Conflicts (Protocol I), 8 June 1977, 1125 UNTS 3.

794 Saint-Exupery, Antoine de, Wind Sand, and Stars (1939).

795 Pascucci, Peter, JAGC, U.S. NACY, Distinction and Proportionality in Cyberwar: Virtual Problems with a Real Solution.

Der Schlüssel zur korrekten Einordnung des Unterscheidungsgebots im Cyberspace ist der Zusammenhang zwischen der Auslegung des Begriffes „*Cyber-Attack*“ und was im konkreten sowie darauffolgenden Fall ein rechtmäßiges Ziel dieser „*Cyber-Attack*“ sein kann und darf. Damit das Unterscheidungsgebot korrekt in den Cyberspace übertragen und angewendet wird, muss grundlegend festgestellt werden, „ob“ ein Angriff in Form einer „*Cyber-Attack*“ besteht. Danach kann erst die Frage entschieden werden, „wie“ innerhalb der „*Cyber-Attack*“ unterschieden werden muss. Die Duale-Natur des Cyberspace, welche aus einer Vielzahl von Vernetzungen, eingebauten Resilienzen der Kommunikationswege und der Abhängigkeit von zivilen Systemen und handelsüblicher Hard- und Software besteht, verkompliziert die Analyse eines möglichen Angriffsziels enorm, macht jedoch eine andere Art der Unterscheidung als den durch das Tallinn-Manual verwendeten direkten Bezug auf den Cyber-Angriff praktisch unmöglich.[796] Demnach soll zuerst diskutiert und festgestellt werden, was unter einem Cyber-Angriff zu verstehen ist und im folgenden Schritt wird die Unterscheidungsanalyse konkretisiert und betrachtet, was im Einzelfall rechtmäßige Ziele einer „*Cyber-Attack*“ sein können. Ob mithin Daten an sich und unabhängig von Natur, Standort, Zweck oder Nutzung als militärisches Objekt betrachtet werden können – allein schon als militärisches Ziel oder ziviles Objekt bezeichnet – wird ebenfalls den diskursiven Schwerpunkt darstellen.

2) Bedeutung des Begriffes „*Cyber-Attack*“

Gemäß Artikel 49 AP I bedeutet der Begriff „*Attack*“ Gewalttaten gegen den Gegner, sei es in der Offensive oder in der Verteidigung.

> *„Attacks“ means acts of violence against the adversary, whether in offence or in defence.“*[797]

Der israelische Völkerrechtler *Yoram Dinstein* stellte fest, dass die Definition von „Angriff“ in Artikel 49 AP I eine besondere Wiedergabe der Bedeutung des Wortes „Angriff“ aus dem speziellen Blickwinkel des humanitären Völkerrechts sei.[798] Entgegen dem Wortlaut und wörtlichen Sinn des Begriffs, ist die Artikel 49-Definition von jeder offensiven Verhaltensweise abgekoppelt und

796 Ibid.

797 Artikel 49 (1), Protocol Additional to the Geneva Conventions of 12 August 1949, and relating to the Protection of Victims of International Armed Conflicts (Protocol I), 8 June 1977, 1125 UNTS 3.

798 Dinstein, Yoram, The principle of distinction and Cyber War in International Armed Conflicts, Journal of Conflict and Security Law 17 (2), 2012.

umfasst einen ausschließlich defensiven Modus.[799] Dies mag auf den ersten Blick verwundern und der eigentlich offensiven Natur, welche inhärent für den Begriff „Angriff" ist, widersprechen. Die entscheidende Voraussetzung für einen Angriff im humanitären Völkerrecht besteht darin, dass „Gewalttaten"[800] begangen werden. Wenn es keine Gewalt gibt, gilt eine Handlung, welche dem Feind nicht direkt schadet, wie beispielsweise die Sammlung wichtiger Informationen oder sogenannte MISOs[801], nicht als Angriff im Sinne des humanitären Völkerrechts. Damit eine Verteidigungshandlung in Frage kommt, müssen Akte der Gewalt zum Verlust von Menschenleben, zur Verletzung von Individuen oder zu materiellen Schäden an Sachwerten führen.[802] Aus einer reinen Definitionssicht ist die Duale-Nature des Cyberspace erst einmal unerheblich, da es für einen Angriff nicht darauf ankommt, ob sich die Gewalt gegen feindliche Kämpfer/militärische Objekte oder gegen Zivilisten/zivile Objekte (oder beide Kategorien gleichzeitig) richtet. Ausschlaggebend für einen Angriff ist lediglich, dass eine Konfliktpartei sich zur Verteidigung veranlasst fühlen muss, um mögliche Schäden abzuwenden.[803]

Um nun eine cyberspezifische Anwendungslücke im humanitären Völkerrecht zu vermeiden, müssen unter einem solchen defensiven Verständnis des Begriffes „*Attack*" auch sogenannte „*Computer Network Attacks*" (CNAs) verstanden werden. „*Computer Network Attacks*" stellen ein relativ junges Phänomen innerhalb des Cyberwarfare dar. Unter CNAs werden Cyber-Operationen verstanden, um Informationen, die in Computern und Computernetzwerken oder den Computern und Netzwerken selbst gespeichert sind, zu unterbrechen, zu blockieren, zu extrahieren oder zu zerstören. Das unterbrechen, blockieren, extrahieren und zerstören der Daten stellt innerhalb dieses defensiven Verständnisses den Akt der Gewalt dar. Sie können gegen Industrie, Infrastruktur, Telekommunikation, politische Einflussbereiche, globale Wirtschaftskräfte oder sogar gegen ganze Länder gerichtet sein.[804] Früher bestanden die traditionellen „Informationskriege" hauptsächlich aus physischen Angriffen auf Kommunikationslinien und

799 Ibid.

800 "*acts of violence*".

801 Abkürzung für „*Military Information Support Operation*".

802 Dinstein, Yoram, The principle of distinction and Cyber War in International Armed Conflicts, Journal of Conflict and Security Law 17 (2), 2012.

803 Ibid.

804 Dörmann, Knut, Computer Network Attack and International Humanitarian Law, 2001, Campebridge Review of International Affairs; https://www.icrc.org/en/doc/resources/documents/article/other/5p2alj.htm (Letzter Aufruf 21.07.2019 11:38).

dem Abfangen oder Abhören von Funkmitteilungen.[805] Eine CNA kann heutzutage jedoch neue Wege der Kampfführung und Kampfmethoden beinhalten, zum Beispiel durch Hackeraktivitäten, Viren und Trojaner. Operationen könnten aus der Ferne, über Funkwellen oder internationale Kommunikationsnetze durchgeführt werden, ohne dass ein physisches Eindringen über die feindlichen Grenzen hinaus erfolgt.[806]

Daraus folgt, dass das bloße „Hacken" eines feindlichen Computers für Zwecke der Informationsgewinnung nach dem verteidigungsbasierten Verständnis des Begriffes „*Attack*" keinen Angriff unter den Voraussetzungen des humanitären Völkerrechts darstellen würde. Im gleichen Sinne ist beispielsweise das Durchbrechen einer Firewall nach den regulären Standards des humanitären Völkerrechts kein Angriff, da Daten nicht extrahiert, unterbrochen oder zerstört werden.[807] Es hängt jedoch entscheidend davon ab, wie mit den erlangten Daten oder Möglichkeiten einer CNA verfahren wird, ob ein Angriff im Sinne des humanitären Völkerrechts vorliegt oder nicht.[808] Hier kommt es zum einen auf die möglichen physischen Folgen des Cyber-Angriffes an und zum anderen auf den Grad der Manipulation der durch den Cyber-Angriff erlangten Daten. Die Folgen eines CNA können verheerend sein, wenn bestimmte Systemstörungen verursacht werden. So kann beispielsweise, wie durch StuxNet, ein Virus verwendet werden, um das Computersystem eines Kernkraftwerks anzugreifen, das die Freisetzung gefährlicher Kräfte bewirkt, die Abschaltung eines lebenserhaltenden Softwareprogramms in einem Krankenhaus oder die Entstehung schwerer Schäden an Sachwerten, durch eine dauerhafte Zerstörung der Zielcomputer.[809]

Die rechtliche Einordnung einer Cyber-Operation erfährt eine grundlegende Veränderung, wenn menschliche Verluste oder ausreichende Schäden an physischem Eigentum durch die Übernahme eines militärischen oder zivilen Computers entstehen.[810] Auf der anderen Seite können auch Cyber-Operationen, die allein auf Informationsgewinnung ausgelegt sind und durch einen Hack erlangte

805 https://www.baks.bund.de/de/tags/informationskrieg. (Letzter Aufruf: 21.07.2019 11:45).

806 https://de.usembassy.gov/de/future-war-grenzenloser-krieg-im-cyberraum/, (Letzter Aufruf: 20.07.2019 11:40).

807 Dinstein, Yoram, The principle of distinction and Cyber War in International Armed Conflicts, Journal of Conflict and Security Law 17 (2), 2012.

808 Schmitt, Michael N. The Law of Cyber Targeting, Tallinn Paper No. 7, 2015 S. 8.

809 Holloway, Michael, *Stuxnet Worm Attack on Iranian Nuclear Facilities,* http://large.stanford.edu/courses/2015/ph241/holloway1/ (Letzter Aufruf 15.07.2019 11:40).

810 Ibid.

kritische militärische Informationen, wie zum Beispiel Taktikpläne, Truppenstationierungen, Vorhandene militärisches Equipment, Fahrzeuge und Reserve, einen entscheidenden militärischen Vorteil mit sich bringen. Deshalb wäre es falsch, den Begriff „*Cyber-Attack*" lediglich auf solche Angriffe zu beschränken, welche physische Konsequenzen tragen, da eine Cyber-Operation, die keine physischen Auswirkungen hat, jedoch einen Ertrag an kritischen Informationen mit sich bringt, durch den Vorteil an Information weitaus schädlicher sein und bei einem Verständnis von „Akten der Gewalt" als Folgeschäden ebenfalls verheerende Konsequenzen zur Folge haben kann.[811]

Somit gibt es zwei Gruppen für Cyber-Angriffe innerhalb eines bewaffneten Konflikts, welche eine humanitär-völkerrechtliche Bewertungsperspektive verlangen:

> **Gruppe 1:** Cyber-Angriffe unabhängig vom Angriffsobjekt, welche physische Konsequenzen zur Folge haben
>
> **Gruppe 2:** Cyber-Angriffe, welche ausschließlich auf Daten gerichtet sind und keine physischen Konsequenzen zur Folge haben, jedoch Daten blockieren, extrahieren, zerstören oder verändern.

Damit der Cyber-Angriff sich zu einem Gegenstand für eine humanitärvölkerrechtliche Bewertung qualifiziert, muss entweder **1)** eine physische Folge eintreten oder **2)** eine Manipulation an Daten vorgenommen werden. Um die Schwelle zum humanitären Völkerrecht nicht zu niedrig zu gestalten und um ein Wertungsungleichgewicht zu vermeiden, muss das bloße Durchbrechen einer Firewall oder das bloße Eindringen in einen fremden Computer ohne nachfolgende Datenmanipulation von einer humanitär-völkerrechtlichen Perspektive ausgenommen werden. Diese Cyber-Operationen unterliegen nur der allgemeinen Sorgfaltspflicht bei der Durchführung militärischer Operationen nach Artikel 57 (1) AP I und gegebenenfalls den Regeln des besonderen Schutzes, wie beispielsweise für Kulturgüter in Form von digitaler Kunst und des Schutzes diplomatischer Archive und Korrespondenzen.[812]

Die Cyber-Operationen der Gruppen 1 und 2 werden nachfolgend als „qualifizierte Cyber-Angriffe" in dieser Arbeit bezeichnet. Sie sind zwar im klassischen Sinne keine kinetischen „Akte der Gewalt", sie stellen jedoch anhand einer Qualifikation, durch physische Folgen oder direkte Datenmanipulation einen „*Cyber-Act of Violence*" und mithin einen Angriff im Sinne des Art. 49 AP I dar

---

811 Schmitt, Michael N. The Law of Cyber Targeting, Tallinn Paper No. 7, 2015 S. 9.
812 Ibid.

und müssen den Beschränkungen und Grenzen des humanitären Völkerrechts unterliegen.

3) Definition des Begriffs „*Cyber Attack*“ durch Artikel 92 des Tallinn-Manual 2.0

Das Tallinn-Manual versteht unter dem unter dem Begriff „*Cyber-Attack*“ eine Cyber-Operation, unabhängig davon, ob sie offensiv oder defensiv ist, bei deren Ausführung grundsätzlich die Verletzungen oder der Tod von Personen oder die Beschädigung oder Zerstörung von Objekten zu erwarten sind.

> *„A Cyber Attack, is a cyber operation, whether offensive or defensive, that is reasonably expected to case injury or death to persons or damage or destruction to objects“*[813]

Der Begriff „*Attack*“ ist für das Tallinn-Manual ein Konzept, welches als Grundlage für eine Reihe spezifischer Einschränkungen und Verbote im Recht der bewaffneten Konflikte im Cyberspace dient.[814] So dürfen beispielsweise Zivilisten und zivile Objekte im Cyberspace nicht direkt angegriffen werden.

Artikel 92 des Tallinn-Manual 2.0 legt hierfür eine Definition des Begriffes „*Attack*“ fest, welche sich fast Wortgenau mit der Definition eines „kinetischen Angriffes“ aus Art. 49 AP I überschneidet. Das Tallinn-Manual 2.0 folgt ebenfalls der Annahme, dass es für einen Cyber-Angriff eine zusätzliche Qualifikation benötigt.[815] Auf Grundlage der auf Ebene der Staaten fast universal akzeptierten Definition des Art. 49 AP I, sind es für das Tallinn-Manual 2.0 gerade die „*Acts of Violence*“ gegen ein mögliches Ziel, welche Angriffe von anderen militärischen Operationen abgrenzen und zum Gegenstand des humanitären Völkerrechts machen.[816] Doch wie verhält sich das Tallinn-Manual 2.0 zu den aufgestellten Gruppen 1 und 2?

a) Gruppe 1: Cyber-Angriffe mit physischen Konsequenzen

Im Tallinn-Manual 2.0 wird aufgeführt, dass Artikel 92 Akte der Gewalt nicht ausschließlich als Aktivitäten versteht, welche eine kinetische Kraft freisetzen. In diesem Zusammenhang wird darauf hingewiesen, dass chemische, biologische oder radiologische Angriffe in der Regel keine kinetische Wirkung auf ein

813 Tallinn-Manual 2.0 Rule 92.
814 Tallinn-Manual 2.0 Rule 92 Rn. 2; Schmitt, Michael N. *The Law of Cyber Targeting*, Tallinn Paper No. 7, 2015 S. 9.
815 Hier in Form von physischen Auswirkungen.
816 Ibid.

Ziel haben, aber innerhalb internationalen Gemeinschaften allgemeine Einigkeit darüber bestehe, dass es sich um Angriffe und folglich auch Akte der Gewalt im Sinne des internationalen Rechts handelt.[817]

Der Kern des Begriffs „*Attack*“ liegt für die Expertengruppe in den Folgewirkungen des Angriffes.[818] Um als Gewaltakt qualifiziert zu werden, muss eine Handlung zu den in Artikel 92 genannten Folgen „*injury or death to persons or damage or destruction to objects*“ führen. „Akte der Gewalt“ müssen laut der Tallinn-Expertengruppe im Sinne von gewalttätigen Folgen betrachtet werden und nicht, wie beispielsweise von *Yoram Dinestein* gefordert, auf einen Verteidigungsimpuls durch gewalttätige Handlungen beschränkt werden. Als Beispiel wird eine Cyber-Operation genannt, die den Betrieb eines SCADA-Systems (*Supervisory Control and Data Acquisition*)[819], welches ein Stromnetz steuert, stört und diese Störung einen Brand auslöst. Da die Folgen destruktiv sind, existiert ein Akt der Gewalt und die Operation ist folglich als ein Angriff im Sinne des Artikels 92 zu qualifizieren.[820] Alle Mitglieder der Tallinn-Expertengruppe waren sich einig, dass die in Artikel 92 festgelegte Art von physischen Folgeschäden eine militärische Operation als Angriff qualifiziert.[821] Somit stimmen die Meinungen der Tallinn-Expertengruppe und die im vorausgegangenen Abschnitt aufgestellte **Gruppe 1** überein. Eine Cyber-Operation mit physischen Folgeschäden ist ein qualifizierter Cyber-Angriff und bedarf die Betrachtungsweise des humanitären Völkerrechts.

b) Gruppe 2: Cyber-Angriffe, welche ausschließlich Daten manipulieren

Bezüglich der zweiten Gruppe, in der die Manipulation von Daten ebenfalls einen qualifizierten Cyber-Angriff darstellen kann, besteht weniger Einigkeit. Diese Uneinigkeit bestand ebenfalls innerhalb der Expertengruppe des Tallinn-Manuals. Die Mehrheit der Expertengruppe sprach sich dafür aus, dass die bloße Manipulation von Daten keinen Cyber-Angriff darstellt.[822] So gehen der

---

817 Tallinn-Manual 2.0 Rule 92 Rn. 3; *Tardic*, decision on the defence motion for interloctory appeal, paras 120, 124 (regarding chemical weapons).

818 Tallinn-Manual 2.0 Rule 92 Rn. 3.

819 https://www.itwissen.info/SCADA-supervisory-control-and-data-acquisition-SCADA-Protokoll.html. (Letzter Aufruf 23.9.2019 12:45).

820 Ibid.

821 Tallinn-Manual 2.0 Rule 92 Rn. 3.

822 Ibid.

im Tallinn-Manual enthaltene Kommentar und mithin die Mehrheit der Expertengruppe des Tallinn-Manuals davon aus, dass Artikel 92 ausschließlich auf physische Ziele Anwendung findet. Diese Beschränkung darf jedoch nicht so verstanden werden, dass Cyber-Operationen gegen Daten aus dem Geltungsbereich des Begriffs „*Attack*" ausgeschlossen werden.[823]

> *„Although the Rule is limited to operations against individuals or physical objects, the limitation should not be understood as excluding cyber operations against data (which are non physical entities) from the ambit of the term attack*[824]*"*

Wenn ein Angriff auf Daten zur Verletzung oder zum Tod von Personen oder zur Beschädigung oder Zerstörung von physischen Gegenständen führt, bilden diese Personen oder Gegenstände das „Angriffsobjekt" und nicht die Daten selber.[825] Diese physische Konsequenz würde wie in **Gruppe 1** die Handlung im Cyberspace zu einem qualifizierten Cyber-Angriff wandeln.

Ferner kann laut Mehrheit der Expertengruppe eine Operation gegen Daten, auf denen die Funktionalität des physischen Objekts beruht, ebenfalls einen Angriff darstellen.[826] Als Beispiel nennt das Tallinn-Manual 2.0 in Artikel 94 einen Angriff auf die Datenbank eines Krankenhauses, innerhalb welcher Daten so manipuliert werden, dass eine bestimmte Person verletzt wird.[827] Nach dem Tallinn-Manual wäre nun die Person das eigentliche Ziel des Angriffes und nicht die Datenbank selber.[828] Demnach können Daten oder virtuelle Datenbanken nie der Gegenstand eines Cyber-Angriffes sein, da sich der Angriff nie gegen die Daten an sich, sondern immer gegen ein über- oder untergeordnetes physisches Ziel richtet. Die Argumentation der Mehrheit der Tallinn-Expertengruppe ist zwar nachvollziehbar, führt jedoch praktisch dazu, dass Ziel und Geschädigter des Angriffes auseinanderfallen und unter Umständen nicht mehr nachvollzogen werden kann, was oder wer eigentlich das anvisierte Ziel des Angriffes gewesen ist.

Ferner führt die Argumentation des Tallinn-Manual 2.0 zu einem erheblichen Wertungswiderspruch im humanitären Völkerrecht, da die Frage nach der Qualifikation von Cyber-Operation zu einem qualifizierten Cyber-Angriff zu weit nach hinten verlagert wird. Bei kinetischen Angriffen, etwa bei dem Abschuss

823 Tallinn-Manual 2.0 Rule 92 Rn. 6.
824 Ibid.
825 Ibid.
826 Ibid.
827 Ibid.
828 Tallinn-Manual 2.0 Rule 94, Rn. 5.

einer Rakete, dem Abwurf einer Bombe oder dem Wurf einer Handgranate, vergehen zwar auch Sekunden bis Minuten, es zeichnet sich jedoch innerhalb eines zeitnahen Fensters ein Ergebnis ab. Bei Cyber-Angriffen kann dieses Fenster unter Umständen Tage oder Wochen betragen.

Die Grenzen solch eines Verständnisses von kinetischen Äquivalenz in Form von physischen Folgeschäden, das generell das Auftreten physischer Folgen für einen Cyber-Angriff voraussetzt, werden deutlich, wenn man bedenkt, dass nach dem Ansatz des Tallinn-Manuals ein Cyber-Angriff, welcher beispielsweise das nationale Telefonnetz abschaltet oder die Daten des gesamten Bankensystems eines Staates löscht, kein „Angriff" wäre, solange der Angriff als solcher keine kausalen Schäden an Personen oder physischer Cyber-Infrastruktur hervorruft.[829]

Der leitende Redakteur des Tallinn-Manuals *Michael N. Schmitt* verteidigt jedoch die Auffassung der Mehrheit der Expertengruppe. Er führt an, dass wenn man Daten als Gegenstand eines Angriffes behandeln würde, dann würde jeder Vorgang der Daten manipuliert als eine Beschädigung oder Zerstörung eines Objekts angesehen werden.[830]

Das humanitäre Völkerrecht ist ein sorgfältiger Ausgleich zwischen humanitären Anliegen und militärischer Notwendigkeit.[831] Die einfache Gestaltung von Daten als Objekt würde, laut *Michael N. Schmitt,* diese Balance aus dem Gleichgewicht bringen, indem sie Operationen blockiert, die heute sowohl in ihrer Cyber- als auch in ihrer traditionellen Erscheinung im Rahmen des humanitären Völkerrechts rechtmäßig sind.[832] Welche Operationen genau damit gemeint sind, wird von *Michael N. Schmitt* offengelassen.

Das weichenstellende Argument für **Gruppe 2** besteht demnach in der Frage, ob Daten unter den Begriff „Objekt" im Sinne des humanitären Völkerrechts subsumiert werden können. Ist dies möglich, können Daten selbst der Gegenstand eines Cyber-Angriffes sein und ein Angriff auf Daten in Form der **Gruppe 2** würde einen Akt der Gewalt darstellen. Dies würde verhindern, dass Ziel und Geschädigter des Angriffes auseinanderfallen und eine korrekte Anwendung des

829 Roscini, M., Military Objectives in Cyber Warfare, https://westminsterresearch.westminster.ac.uk/download/8c41c44bf340c74a9025bdba67e943051d193228a03d6c6499c322746d2c273b/172467/Ch%207-Roschini%20REV%202.pdf (Letzter Aufruf: 22.07.2019 15:07).

830 Schmitt, Michael N. The Law of Cyber Targeting, Tallinn Paper No. 7, 2015 S. 9.

831 Ibid.

832 Ibid.

Unterscheidungsgebots erheblich erleichtern, da das eigentliche Ziel genauer festgestellt werden kann und man somit einen Wertungswiderspruch vermeidet, indem die Frage der Qualifikation durch kinetische Äquivalenz nicht zu weit aufgeschoben wird, ohne dabei den Fokus auf die Folgeschäden zu verlieren.

4) Haltung Deutschlands zu Cyber-Operationen und dem Begriff „Cyber-Attack"

Die offizielle deutsche Haltung zu Cyber-Operationen und dem Begriff „*Cyber-Attack*" sowie zur Anwendung des Unterscheidungsgebots ist durchaus zurückhaltend. Im Handbuch für das durch Deutschland in bewaffneten Konflikten anwendbare humanitäre Völkerrecht, der ZDv 15/2, heißt es bezüglich Cyber-Operationen:

> „*Bei der Durchführung von Cyber-Operationen im Zusammenhang mit einem internationalen oder einem nicht-internationalen bewaffneten Konflikt sind die anwendbaren Regelungen des humanitären Völkerrechts zu beachten. Da die Genfer Abkommen als zentrale Rechtsgrundlagen des humanitären Völkerrechts in einer Zeit erarbeitet wurden, als militärische Cyber-Operationen allenfalls in Anfängen erkennbar waren, enthalten sie hierfür keine speziellen ausdrücklichen Vorgaben. Abgrenzungs- und Auslegungsprobleme können daher im Einzelfall durchaus auftreten (z.B. Definition des Angriffs, Unterscheidung zwischen zivilen und militärischen Zielen, Bestimmung des Gebiets der Konfliktparteien im Cyber-Raum). Hier wird jeweils eine sorgfältige Prüfung in der konkreten Situation erforderlich sein*"[833]

Etwas mehr Klarheit lieferte der wissenschaftliche Dienst des deutschen Bundestages, welcher jedoch ausdrücklich nicht die Meinung des Bundestages oder der Bundesregierung widerspiegelt. Der wissenschaftliche Dienst veröffentlichte 2015 eine Ausarbeitung zu Cyber-Operationen mit dem Titel „*Anwendbarkeit des humanitären Völkerrechts auf Computernetzwerkoperationen und digitale Kriegsführung (Cyber Warfare)*".[834] Der wissenschaftliche Dienst geht richtigerweise davon aus, dass das humanitäre Völkerrecht auf Cyber-Angriffe innerhalb eines bewaffneten Konflikts Anwendung finden muss und verweist in einer Fußnote auf Artikel 20 der ursprünglichen Version des Tallinn Manuals, welche die Rechtsanwendbarkeit im bewaffneten Konflikt behandelt sowie auf die Rechtsprechung des Internationalen Gerichtshofs zu nuklearen Waffen.[835]

833 Humanitäres Völkerrecht In Bewaffneten Konflikten – Handbuch – ZDv 15/2, Rn. 486.
834 https://www.bundestag.de/resource/blob/406028/de1946480e133cf38bbee41d8d3d6898/wd-2-038-15-pdf-data.pdf; (Letzter Aufruf 04.08.2019 12:54).
835 https://www.bundestag.de/resource/blob/406028/de1946480e133cf38bbee41d8d3d6898/wd-2-038-15-pdf-data.pdf, S. 6 Fn. 10–11; (Letzter Aufruf: 22.09.2019 13:11).

Ferner beschreibt der wissenschaftliche Dienst, dass sich die Pflicht zur Kennzeichnung innerhalb eines bewaffneten Konflikts nicht auf technische Einrichtung, wie beispielsweise die Verwendung von militärischen IP-Adressen, bezieht.[836] Dies erschwert zwar die Urheberschaft eines Angriffes zu ermitteln, deckt sich jedoch mit dem derzeitigen Völkerrecht, da es sich bei Cyber-Angriffen lediglich um eine Form oder Methode militärischer Kampfführung handelt. Cyber-Operationen im Rahmen der digitalen Kriegsführung unterscheiden sich nicht wesentlich von anderen militärischen Wirkmitteln, welche der Kennzeichnungspflicht nicht unterliegen. So sind laut des wissenschaftlichen Dienstes Cyber-Angriffe „*trotz aller Besonderheiten grundsätzlich mit traditionellen Kampfhandlungen vergleichbar und dürfen keinen höheren völkerrechtlichen Anforderungen unterliegen*", wie eine Schusswaffe oder Rakete.[837] Das gleiche Prinzip ist ebenfalls für Computerwürmer oder Trojaner als ein Äquivalent für Munition anwendbar, „*unabhängig von der Frage, ob theoretisch eine technische Möglichkeit besteht, die Herkunft eines Computerwurms oder eines Trojaners (z.B. in seinem Quellcode) zu kennzeichnen*".[838]

Es ist möglich, eine Cyber-Operation mit einer Schusswaffe zu vergleichen und die verwendete Methode mit Munition. Die Ausarbeitung des wissenschaftlichen Dienstes verpasst es hier jedoch ausdrücklich zwischen verschiedenen Cyber-Angriffen und deren Auswirkung zu unterscheiden. Es wird lediglich davon ausgegangen, dass es keine „generelle Inkompatibilität"[839] des humanitären Völkerrechts mit Cyber-Angriffen gibt, da gezielte Cyber-Angriffe als nicht kinetische Waffen auch dazu in der Lage sind, Schäden für die zivile Bevölkerung zu minimieren.[840]

5) Zwischenergebnis

Damit eine „*Cyber-Attack*" zum Gegenstand des humanitären Völkerrechts wird, bedarf es neben der eigentlichen Durchführung des Angriffes einer weiteren Qualifikation durch einen „*Cyber-Act of Violence*". Zum einen muss der Cyber-Angriff physische Konsequenzen tragen und/oder zum anderen müssen

836 Ibid.

837 Ibid.

838 Ibid.

839 https://www.bundestag.de/resource/blob/406028/de1946480e133cf38bbee41d8d3d6898/wd-2-038-15-pdf-data.pdf, S. 6 (Letzter Aufruf 19.08.2019 12:17).

840 https://www.bundestag.de/resource/blob/406028/de1946480e133cf38bbee41d8d3d6898/wd-2-038-15-pdf-data.pdf, S. 7 (Letzter Aufruf 19.08.2019 12:45).

bei Abwesenheit nicht Vorliegen von physischen Konsequenzen Daten manipuliert werden, indem sie blockiert, extrahiert, zerstört oder verändert werden. Das Vorliegen eines Cyber-Angriffes bei physischen Konsequenzen ist wenig umstritten. Jedoch die Frage, ob Daten an sich ebenfalls der Gegenstand eines Angriffes im Sinne des humanitären Völkerrechts sein können, unterliegt wie bereits dargestellt einer ständigen Debatte, welche ihren Ursprung in der Grundsatzfrage findet, ob Daten als ein Objekt im Sinne des humanitären Völkerrechts angesehen werden kann oder nicht.

Die Auswirkungen auf die Antwort dieser Frage sind erheblich: Sofern eine auf Daten gerichtete Cyber-Operation keine physischen Folgen hat, welche zumindest die physische Funktionalität eines Objekts beeinträchtigen, gilt diese Operation unter der herrschenden Meinung bisher nicht als ein Angriff und kann daher auch keinen humanitär-völkerrechtlichen Beschränkungen unterliegen. Können Daten hingegen unter dem Begriff „Objekt" im humanitären Völkerrecht subsumiert werden, würden bei einer Cyber-Operation welche ausschließlich auf Daten gerichtet ist, das Ziel und der Geschädigte bei Cyber-Angriffen nicht mehr auseinanderfallen und der Zeitpunkt der Qualifikation nicht zu weit nach hinten geschoben werden, was die Anwendung und Einhaltung des Unterscheidungsgebotes erheblich erleichtert.

Michael N. Schmitt hat absolut recht mit der Aussage, dass das humanitäre Völkerrecht ein sorgfältiger Ausgleich zwischen humanitären Anliegen und militärischer Notwendigkeit darstellt.[841] Jedoch muss es eine Balance und kein Ungleichgewicht sein. Das Unterscheidungsgebot nicht auf Daten anzuwenden, bedeutet im Umkehrschluss, dass keine humanitär-völkerrechtliche zivile Immunität im Cyberspace existiert. Konfliktrechtlich betrachtet befindet sich der Cyberspace somit noch in den Zeiten des *Augustinus von Hippo.*

> *„After all, what is blamed in war? Is it that human beings, who are going to die at some time, die so that others will be subdued and live in peace? To find fault with this is the mark of cowardly"*[842]

War die jahrhundertelange Arbeit und Entwicklung der alten Philosophen und Publizisten umsonst, sodass wir einen Zustand der Cyber-Barbarei tolerieren müssen?

Deshalb soll im Abschnitt **D)** überprüft werden, ob Daten ein „Objekt" im Sinne des humanitären Völkerrechts darstellen und folglich diskutiert werden,

---

841 Schmitt, Michael N. *The Law of Cyber Targeting*, Tallinn Paper No. 7, 2015 S. 9.

842 Ramsey, Boniface, *The Works of Saint Augustine*, Buch XXII, S. 74.

ob die Manipulation von Daten ohne direkte physische Konsequenz ebenfalls einen qualifizierten Cyber-Angriff darstellt. Zuvor stellt sich jedoch die Frage, ob durch die bereits dargestellten Unsicherheiten und Problematiken, welche Cyberwarfe begleiten, der Einsatz von Cyber-Waffen nicht generell durch die grundlegenden Prinzipien des humanitären Völkerrechts untersagt ist.

II) Verbot des Einsatzes von unterschiedslosen Waffen bei Cyber-Angriffen

Selbst zivile Cyberinfrastrukturen, welche nicht dual genutzt werden und daher vor direkten Angriffen geschützt sind, könnten durch Cyber-Waffen welche nicht zur Unterscheidung in der Lage sind, sowie durch die grundlegende Vernetzung des Cyberspace Schaden nehmen. Um solch ein Ergebnis in einem bewaffneten Konflikt zu vermeiden und um das Unterscheidungsgebot zu gewährleisten, ist es Konfliktparteien untersagt, von Natur aus unterschiedslos oder schwer kontrollierbare Waffen einzusetzen, wie beispielsweise Minen, Napalm oder Giftgas. Der IGH stellte bereits 1996 fest, dass:

„*States ... must consequently never use weapons that are incapable of distinguishing between civilian and military targets*“[843]

Innerhalb der humanitär-völkerrechtlichen Verträge leitet sich das Verbot unterschiedsloser Waffen aus dem Verbot von unterschiedslosen Angriffen ab.[844] Art. 51 (4) AP I sieht vor:

> „*Indiscriminate attacks are prohibited. Indiscriminate attacks are:*
> *(a) those which are not directed at a specific military objective;*
> *(b) those which employ a method or means of combat which cannot be directed at a specific military objective; or*
> *(c) those which employ a method or means of combat the effects of which cannot be limited as required by this Protocol; and consequently, in each such case, are of a nature to strike military objectives and civilians or civilian objects without distinction*“[845]

Demnach müssen ebenfalls Waffen, welche nicht konkret auf ein bestimmtes militärisches Ziel ausgerichtet werden können und Waffen, deren Wirkung

---

843 ICJ, Legality oft he threat or use of nuclear weapons, Advisory Opinion of 8 July 1996, § 78.

844 http://www.weaponslaw.org/glossary/indiscriminate-weapon. (Letzter Aufruf 19.07.2019 15:12).

845 Artikel 51 (4), Protocol Additional to the Geneva Conventions of 12 August 1949, and relating to the Protection of Victims of International Armed Conflicts (Protocol I), 8 June 1977, 1125 UNTS 3.

nicht, wie im humanitären Völkerrecht gefordert, begrenzt werden kann, grundsätzlich als unterschiedslosen Waffen eingestuft werden.

Im Cyberspace könnte dies zum Beispiel für Malware-Computerprogramme der Fall sein, welche sich über mehrere Systeme hinweg unkontrolliert vermehren und deren schädliche Auswirkungen nicht, wie vom humanitären Völkerrecht gefordert, begrenzt werden kann.[846] Darüber hinaus müsste ein Teilnehmer am bewaffneten Konflikt, welcher beabsichtigt einen Cyber-Angriff durchzuführen, zunächst immer überprüfen, ob die eingesetzte Cyberwaffe unter den gegebenen Umständen allein auf ein militärisches Ziel ausgerichtet ist und ob die Auswirkungen der Cyber-Waffe, wie vom humanitären Völkerrecht gefordert, begrenzt werden können.[847]

Das Tallinn-Manual 2.0 hat mit den Artikeln 105 und 106 ebenfalls Normen geschaffen, welche unterschiedslose Waffen verbieten. In Artikel 105 des Tallin-Manual 2.0, welcher wiederum sehr stark an Artikel 51 (4) des AP I angelehnt ist, heißt es:

> *„It is prohibited to employ means or methods of cyber warfare that are indiscriminate by nature. Means or methods of cyber warfare are indiscriminate by nature when they cannot be:*
> *a) Directed at a specific military objective, or*
> *b) Limited in their effects as required by the law of armed conflict*
> *and consequently are of a nature to strike military objectives and civilians or civilian objects without distinctions“*[848]

Der nachfolgende Kommentar zu Artikel 105 im Tallinn-Manual erläutert, dass Artikel 105 solche Cyberwaffen, die eine unkontrollierbare Kette von Ereignissen erzeugen, verbietet. Als Beispiel wird hier ebenfalls Malware genannt, welche sich unvermeidlich und schädlich in zivilen Netzwerken außerhalb der Kontrolle des Angriffs ausbreitet.[849] Die Aufnahme von „Cyber-Fallen“[850] in das Handbuch, durch Artikel 106, mit dem Titel Cyber-„*Booby-Traps*“[851], veranschaulicht

846 Bellovin, Steven M, Landau, Susan; Limiting the undesired impact of cyber weapons: technical requirements and policy implications, Journal of Cyber security Volume 3 (1) 2017 S. 62.

847 Colonel Wallace, David; Cyber Weapon Reviews Under International Humanitarian Law: A Critical Analysis; Tallinn Papaer No. 11; https://ccdcoe.org/uploads/2018/10/TP-11_2018.pdf (Letzter Aufruf: 23.07.2019 12:15).

848 Tallinn Manual 2.0 Rule 105 S. 456.

849 Boothby, William H., New Technologies and the Law in War and Peace S. 97.

850 sogenannte „Cyber-Booby-Traps“.

851 „Booby-Traps“.

ebenfalls die Notwendigkeit, spezielle und passgenaue Regeln zum Gebrauch von Cyber-Waffen, unter Bezugnahme auf eben diese Cyber-Waffe zu schaffen. Es erscheint durchaus sinnvoll, Cyber-Operationen durch spezielle waffenrechtliche Regulierungen zu verbieten oder einzuschränken, denn der Einsatz einer Malware, die nicht zur Unterscheidung in der Lage ist, hat ungewisse Auswirkungen, welche beim Einsatz der Cyber-Waffe nicht genau eingeschätzt werden können.[852]

Ein Gegenbeispiel für physische Waffen, deren Auswirkung ebenfalls nicht genau eingeschätzt werden konnte, sind Modelltypen der SCUD-Raketen, mit welchen das Ziel nur „grob" anvisiert werden konnte und folgend durch das humanitäre Völkerrecht verboten wurden.[853] Die durch dieses Verbot geschützten Interessen sind offensichtliche Überlegungen und spiegeln ein zentrales Organisationsprinzip des humanitären Völkerrechts wider: Das bereits angesprochene Gleichgewicht zwischen humanitären Erwägungen und militärischer Notwendigkeit.[854] Das humanitäre Völkerrecht ist unter anderem grundsätzlich darauf ausgerichtet, Zivilisten vor Angriffen zu schützen. Im Hinblick auf die militärische Notwendigkeit liegt das Interesse darin, sicherzustellen, dass Waffen ihre zerstörerischen Wirkungen so genau und so zuverlässig wie möglich allein gegen die militärischen Kapazitäten des Feindes entfalten.[855]

Obwohl die Entwicklung und der Einsatz von Cyberwaffen zu den am besten gehüteten Geheimnissen gehören, welche Staaten derzeit besitzen, kann vernünftigerweise davon ausgegangen werden, dass Cyberwaffen, insbesondere solche, welche von technologisch fortgeschrittenen Staaten entwickelt wurden, ein großes Potenzial für die Einhalt des Unterscheidungsgebotes besitzen.[856] Damit soll gesagt sein, dass Cyberwaffen durch gutes Programmieren und durch

852 https://norrismclaughlin.com/bwob/2012/05/15/fbi-warns-unsuspecting-travelers-of-cyber-booby-traps-found-in-hotel-internet-connections/. (Letzter Aufruf 23.07.2019 11:52).

853 https://www.welt.de/geschichte/article151121736/Saddam-Husseins-gefaehrliche-Schrottraketen.html; (Letzter Aufruf 20.07.2019 13:25).

854 Colonel Wallace, David; Cyber Weapon Reviews Under International Humanitarian Law: A Critical Analysis; Tallinn Papaer No. 11; https://ccdcoe.org/uploads/2018/10/TP-11_2018.pdf (Letzter Aufruf: 23.07.2019 12:15).

855 Dinstein, Yoram, The conduct of hostilities under the law of international armed conflict, S. 118.

856 Colonel Wallace, David; Cyber Weapon Reviews Under International Humanitarian Law: A Critical Analysis; Tallinn Papaer No. 11; https://ccdcoe.org/uploads/2018/10/TP-11_2018.pdf (Letzter Aufruf: 23.07.2019 12:20).

fähige IT-Experten so sorgfältig und methodisch entworfen und eng zugeschnitten werden, dass ein bestimmter Effekt erzielt wird, welcher auf umfangreichen Informationen über ein Ziel und seine Schwachstellen basiert. Wenn man diesen Gedanken weiterführt, kann auch vernünftigerweise davon ausgegangen werden, dass sich die Fähigkeit, die Anforderungen des Unterscheidungsgebots zu erfüllen, im Zuge der Weiterentwicklung der Cybertechnologie weiter verbessern wird.

Die weitreichende Liste der Ziele, welche eine unterschiedslose Cyber-Waffe in der Cyberkriegsführung erreichen kann, wirft ebenfalls Fragen nach den geografischen Grenzen bewaffneter Konflikte auf. Schließlich können Cyber-Operationen die Cyber-Infrastruktur nutzen, die sich überall auf der Welt befindet und Tausende oder sogar Millionen von Computern an verschiedenen Orten weltweit angreifen. Wenn alle diese Infrastrukturen durch die duale Natur des Cyberspace als militärisches Ziel angesehen würden, könnte ein bewaffneter Konflikt durch Cyberwarfare auf alle Erdteile ausgedehnt werden. Jeder Cyber-Krieg wäre ein möglicher Cyber-Weltkrieg.[857]

Festzuhalten bleibt, dass bisher keine Verträge oder Abkommen über die Regulierung des Einsatzes von Cyber-Waffen existieren. Der Einsatz von Cyber-Waffen muss sich somit an den bereits festgestellten Regeln des humanitären Völkerrechts, welche das Tallinn-Manual 2.0 durch die Artikel 105 und 106 übernommen hat, messen.

III) Generelles Verbot von Cyberwarfare durch die allgemeinen Grundsätze des humanitären Völkerrechts

Ein Teil der Komplexität, die Cyberwarfare umgibt, ist dem doppelten Charakter von Cyber-Angriffen geschuldet, welche gleichzeitig ein Angriffsmittel durch die verwendete Waffe, als auch eine Angriffsmethode durch die Art und Weise, wie die Waffen eingesetzt werden, sein können.[858] Daher muss untersucht und festgestellt werden, ob das humanitäre Völkerrecht den Einsatz von Cyber-Operationen nicht durch Art. 35 (1) AP I und der Präambel der „*Conventional Weapons Convention*" generell verbietet. Dies basiert auf dem bereits erläuterten Verständnis, dass das Recht der Parteien eines bewaffneten Konflikts auf die Auswahl der Methoden und Mittel der Kriegsführung nicht unbegrenzt ist.

857 https://www.apextechservices.com/topics/articles/440947-cyber-world-war-3-business-disruption-didnt-see.htm. (Letzter Aufruf 23.08.2019 10:43).

858 Heather Harrison Dinniss, note 15, S. 250.

> *„the right of the parties to an armed conflict to choose methods or means of warfare is not unlimited"*[859]

Ein allgemeines Verbot von Cyberwarfare kann sich aus einer spezifischen internationalen Verpflichtung, wie einem internationalen Vertrag, ergeben oder wenn die Regeln des humanitären Völkerrechts eine Waffe aufgrund bestimmter Merkmale verbieten. Da es, wie schon festgestellt, keinen spezifischen Vertrag gibt, welcher die Nutzung des Cyberspace für militärische Operationen oder bestimmte Arten von Cyberwaffen verbietet, stellt sich die Frage, ob die allgemeinen Grundsätze des humanitären Völkerrechts den Einsatz bestimmter Cyber-Operationen verbieten.[860]

1) Das Unterscheidungsgebot

Wie oben schon beim Einsatz von unterschiedslosen Cyberwaffen diskutiert, weist die Rechtsberaterin des IKRK *Cordula Droege* ebenfalls ausdrücklich auf die Problematik hinsichtlich des Unterscheidungsgebots beim unkontrollierten Einsatz von Cyber-Waffen hin.[861] Die Cyber-Expertin *Heather Harrison Dinniss* erklärte sogar, dass:

> *„most computer viruses currently in the wild are coded to spread indiscriminately"*[862]

Beide kommen zu dem Schluss, dass Computerwürmer und Viren, welche sich grenzenlos vermehren und jedes System angreifen, das sie infiltrieren, ohne die Möglichkeit, die Waffe nach dem Einsatz zu kontrollieren, als grundsätzlich unterschiedslos anzusehen und daher durch das humanitäre Völkerrecht verboten sind. [863] Andererseits sind hochspezialisierte Mittel für Cyber-Operationen, wie der Stuxnet-Wurm, welcher Computersystemen, die nicht die genauen Eigenschaften der Zielsysteme besaßen, inaktiv machte, in der Lage zu diskriminieren

---

859 Preamble, Convention on Prohibitions or Restrictions on the Use of Certain Conventional Weapons which may be deemed to be Excessively Injurious or to have Indiscriminate Effects, 2. December 1983 UNTS 22495.

860 Für eine Übersicht: John Markoff und Andrew E. Kramer, „U.S. and Russia Differ on a Treaty for Cyberspace" https://www.nytimes.com/2009/06/28/world/28cyber.html (Letzter Aufruf 30.04.2018 12:23).

861 Droege, Cordula, *Get off my cloud*, International Review of the Red Cross, 2012, 94, S. 533, 570-1.

862 Dinniss, Heather Harrison, *Cyber Warfare and the Laws of War*, S. 256.

863 Droege, Cordula, *Get off my cloud*, International Review of the Red Cross, 2012, 94, S. 571.

und daher nach dem humanitären Völkerrecht rechtmäßig.[864] Ein generelles Verbot der Cyberkriegsführung kann daher nicht aus dem Unterscheidungsgebot geschlussfolgert werden, es bedarf einer gründlichen Einzelfallanalyse jeder Cyberwaffe, um deren Rechtmäßigkeit festzustellen.

2) Superfluous Injury or Unnecessary Suffering – "SIrUS"

Neben dem Unterscheidungsgrundsatz wird das Verbot von Mitteln und Methoden der Kriegsführung, welche von Natur aus überflüssige Verletzungen oder unnötiges Leiden verursachen, vom IGH als zweites Kardinalprinzip des humanitären Völkerrechts angesehen.[865] Dieser Grundsatz, auch SIrUS-Prinzip genannt, lässt sich in Art. 35 (2) AP I wiederfinden und verbietet den Einsatz von Waffen, Projektile, Material und Methoden der Kriegsführung, welche dazu in der Lage sind, unnötige Verletzungen und unnötiges Leiden zu verursachen.

> *„to employ weapons, projectiles and material and methods of warfare of a nature to cause superfluous injury and unnecessary suffering“*[866]

Es ist jedoch umstritten wie festgestellt wird, ob das Leiden unnötig war oder nicht.[867] Gemäß dem Kommentar des IKRK zu Art. 32 (2) AP I gibt es nicht sehr viele Beispiele von Waffen, welche per se unnötiges Leiden verursachen.[868] Im Falle von Cyber-Operationen macht ihre spezielle Eigenschaft physische Schäden durch eine sekundäre Wirkung zu verursachen ein allgemeines Verbot von Cyber-Operationen aufgrund des SIrUS-Prinzips eher unwahrscheinlich.

3) Martens'sche Klausel

Darüber hinaus besitzt das humanitäre Völkerrecht mit der Martens'schen Klausel einen wirksamen Weg zur Bewältigung des technologischen Fortschritts.[869]

---

864 Roscini, Marco, *World Wide Warfare – Jus ad Bellum and the Use of Cyber Force, Max Planck Yearbook of United Nations Law 14 (2010)*, S. 91.

865 ICJ, 238.

866 Artikel 35, Protocol Additional to the Geneva Conventions of 12 August 1949, and relating to the Protection of Victims of International Armed Conflicts (Protocol I), 8 June 1977, 1125 UNTS 3.

867 Roscini, Marco, *World Wide Warfare – Jus ad Bellum and the Use of Cyber Force, Max Planck Yearbook of United Nations Law 14 (2010)*, S. 173.

868 ICRC, "Commentary on the Additional Protocols of 8 June 1977 to the Geneva Conventions of 12 August 1949" (1987) Rn. 1419.

869 ICJ, 78.

Die jüngste textliche Fixierung der Martens'schen Klausel beruht auf der Präambel des ersten Haager Übereinkommens von 1899 und lässt sich heute zudem in Art. 1 (2) AP I wiederfinden.

> „*in cases not covered by this Protocol or by other international agreements, civilians and combatants remain under the protection and authority of the principles of international law derived from established custom, from the principles of humanity and from the dictates of public conscience*"[870]

Dementsprechend findet die Martens'schen Klausel Anwendung, wenn keine spezifische vertragliche Verpflichtung besteht, welche die Anwendung der allgemeinen völkergewohnheitsrechtlichen Grundsätze und die Rechtswidrigkeit einer Waffe, die diesen Grundsätzen zuwiderläuft, gewährleistet.[871] Die Martens'sche Klausel dient dazu, Lücken zu vermeiden, die durch die technische Weiterentwicklung von Waffen entstehen.[872] Ein unregulierter Einsatz von Cyber-Waffen, welcher zur Verletzung des Prinzips der Menschlichkeit führt, würde daher gegen die Martens'sche Klausel verstoßen und nach dem humanitären Völkerrecht verboten werden. Ein solches Verbot kann jedoch nur im Einzelfall festgestellt werden und stellt kein allgemeines Verbot aller Mittel und Methoden des Cyberwarfare dar.

Es kann daher nur der wiederholte Schluss gezogen werden, dass Mittel der Cyberkriegsführung keinem spezifischen Vertragsverbot unterliegen, sondern unter die allgemeinen Beschränkungen für Waffen nach dem humanitären Völkerrecht fallen. Diese Regeln sehen kein allgemeines Verbot aller Mittel der Cyberkriegsführung vor, sondern verbieten solche Cyber-Operationen, welche von Natur aus nicht in der Lage sind, zwischen militärischen Zielen und zivilen Objekten zu unterscheiden und solche, die einen Verstoß gegen die Martens'schen Klausel darstellen. Die Frage, ob einzelne Mittel der Cyberkriegsführung rechtmäßig sind oder nicht, kann jedoch nicht abstrakt beantwortet werden, sondern bedarf einer sorgfältigen Einzelfallanalyse unter Berücksichtigung der tatsächlichen technischen Merkmale der spezifischen Cyber-Kapazitäten einer Konfliktpartei.[873]

---

870 Artikel 1, Protocol Additional to the Geneva Conventions of 12 August 1949, and relating to the Protection of Victims of International Armed Conflicts (Protocol I), 8 June 1977, 1125 UNTS 3.

871 Christopher Greenwood, "The Law of Weaponry at the Start of the New Millennium" in Michael Schmitt and Leslie C. Green (eds.), *The Law of Armed Conflict: Into the Next Millennium* (Naval War College, 1998) S. 185, 206.

872 Roscini, Marco, *World Wide Warfare – Jus ad Bellum and the Use of Cyber Force, Max Planck Yearbook of United Nations Law 14 (2010)*, S. 22.

873 Ibid., S. 176.

D) Daten als „Objekt" im Sinne des humanitären Völkerrechts

Die Frage nach der Rechtmäßigkeit eines qualifizierten Cyber-Angriffes sowie dem Status von Computerdaten als „Objekt" im humanitären Völkerrecht stellt sich im Zusammenhang mit der Interpretation des Unterscheidungsgebots im 21. Jahrhundert, welches ausführlich in Kapitel 2 besprochen wurden. Diese Regeln für militärisches Targeting müssen nun auf den besonderen Bereich Cyberwarfare angewendet werden. Durch den UN-GGE Konsensusreport 2015 für anwendbar erklärt, verlangt das Unterscheidungsgebot im Cyberspace, dass sich Cyber-Operationen, die im Rahmen eines bewaffneten Konflikts von den beteiligten Parteien durchgeführt werden und sich zu einem qualifizierten Cyber-Angriff entwickelt haben, nur gegen militärische Ziele richten.[874]

Wie bereits in Kapitel 2 besprochen, lässt sich historisch die erste Definition des Begriffs „militärisches Ziel", in den *Hague Rules of Air Warfare* von 1923 finden:

> „*Aerial bombardment is legitimate only when directed at a military objective, that is to say, an object of which the destruction or injury would constitute a distinct military advantage to the belligerent.*"[875]

Die Normen der *Hague Rules of Air Warfare* wurden jedoch nie in Vertragsform angenommen.[876] Der Artikel XXIV der *Hague Rules of Air Warfare* lässt sich jedoch in Artikel 52 (2) AP I wiederfinden.

> „*Attacks shall be limited strictly to military objectives. In so far as objects are concerned, military objectives are limited to those objects which by their nature, location, purpose or use make an effective contribution to military action and whose total or partial destruction,*

---

874 Roscini, M., Military Objectives in Cyber Warfare, https://westminsterresearch.westminster.ac.uk/download/8c41c44bf340c74a9025bdba67e943051d193228a03d6c6499c322746d2c273b/172467/Ch%207-Roschini%20REV%202.pdf S. 5; (Letzter Aufruf: 23.07.2019 15:07).

875 HRAW XXIV.

876 Roscini, Marc., Military Objectives in Cyber Warfare, https://westminsterresearch.westminster.ac.uk/download/8c41c44bf340c74a9025bdba67e943051d193228a03d6c6499c322746d2c273b/172467/Ch%207-Roschini%20REV%202.pdf S. 5; (Letzter Aufruf: 21.07.2019 10:38).

> *capture or neutralization, in the circumstances ruling at the time, offers a definite military advantage*“[877]

Die nächste Stufe der „Evolution“ für eine rechtliche Normierung zum Begriff „militärisches Ziel“ bildet Art. 100 des Tallinn-Manual 2.0:

> „*Civilian objects are all objects that are not military objectives. Military objectives are those objects which by their nature, location, purpose or use make an effective contribution to military action and whose total or partial destruction, capture or neutralization, in the circumstances ruling at the time, offers a definite military advantage. Military objectives may include computers, computer networks and cyber infrastructure.*“[878]

Wendet man nun die obige Definition eines „militärischen Ziels“ aus dem Artikel 52 (2) AP I auf das Unterscheidungsgebot im Cyber-Kontext an, ergeben sich mehrere Interpretationsprobleme. Zum einen die Frage, welche „Objekte“ relevant sind. Die Cyber-Operation kann auf verschiedene „weiche“ Ziele wie Daten, Software oder Netzwerke und/oder „harte“ Ziele wie Informationshardware, z.B. Computer, Server, Router, Glasfaserkabel, Satelliten, physische Infrastrukturen oder Personen ausgerichtet sein.[879] Bei StuxNet beispielsweise war das relevante „Angriffsobjekt“ nicht die Siemens-Software, welche die Zentrifugen in der Natanz-Urananreicherungsanlage im Iran betreibt, sondern die Zentrifugen selbst.

Wie bereits diskutiert, liegt ein qualifizierter Cyber-Angriff vor, wenn eine Cyber-Operation Daten in einer Form manipuliert, indem sie blockiert, extrahiert, zerstört oder verändert werden und physische Schäden oder Störungen im Betrieb einer Infrastruktur verursachen. In diesem Fall müssen zur Bewertung die Regeln des humanitären Völkerrechts herangezogen werden.

Wenn die Cyber-Operation hingegen nur zur Blockierung, Extrahierung, Zerstörung oder Veränderung von Daten ohne destruktive oder störende Folgen für physische Infrastrukturen führt, handelt es sich bisher nicht um einen „Angriff“ im oben genannten Sinne, da die Daten alleine kein taugliches Angriffsobjekt darstellen und es somit an einem „*Cyber-Act of Violence*“ fehlt. Deshalb werden

---

877 Artikel 52, Protocol Additional to the Geneva Conventions of 12 August 1949, and relating to the Protection of Victims of International Armed Conflicts (Protocol I), 8 June 1977, 1125 UNTS 3.

878 Tallinn-Manual 2.0 Rule 100.

879 Roscini, M., Military Objectives in Cyber Warfare, https://westminsterresearch.westminster.ac.uk/download/8c41c44bf340c74a9025bdba67e943051d193228a03d6c6499c322746d2c273b/172467/Ch%207-Roschini%20REV%202.pdf S. 5; (Letzter Aufruf: 23.07.2019 13:48).

Cyber-Operationen ohne physische Folgeschäden vom Tallinn-Manual 2.0 sowie weiten Teilen der Literatur und der Praxis nicht als „Angriffe“ qualifiziert.

I) Objektstatus von Daten

Damit Daten das Ziel eines Angriffes sein können, muss erst überprüft werden, ob Daten in ihrer ursprünglichen Form, ein „Objekt“ im Sinne des humanitären Völkerrechts sein können. Folglich kann erst nach dieser Feststellung die Frage erörtert werden, wie die Regeln des humanitären Völkerrechts, allen voran Art. 52 (2) AP I, als Konkretisierung des Unterscheidungsgebots angewendet werden können.

1) Was bedeutet der Begriff „Objekt“ im Kommentar des IKRK sowie im Tallinn-Manual 2.0?

Als Ausgangspunkt für die nachfolgenden Interpretationen sei vorweggenommen, dass die Autoren des Tallinn-Manuals ihre Weigerung, Daten als Objekte zu charakterisieren, darauf gründen, dass ein Objekt aus ihrer Perspektive etwas „Sichtbares und Greifbares“ sein muss.[880] Obwohl das Tallinn-Manual Anfang 2013 fertiggestellt und 2017 überarbeitet wurde, wurden die Worte „Sichtbar und Greifbar“ dem vom IKRK veröffentlichten Kommentar zu den beiden Zusatzprotokollen entnommen, welcher rund 30 Jahre zuvor im Jahr 1987 veröffentlicht wurde.[881] Obwohl der Begriff der elektronischen Daten 1987 nicht unbekannt war, ist es nicht schwer anzunehmen, dass die Idee eines Cyber-Krieges den Autoren des Kommentars damals noch nicht in den Sinn gekommen ist.

a) Die Sichtweise des IKRK Kommentar (1987) zum Begriff „Objekt“

Die Diskussion über die Begrifflichkeiten für militärische Ziele im Kommentar des IKRK ist stark auf die Realität der „analogen“ Kriegsführung ausgerichtet. Denn 1987 war eine Rechtsproblematik wie die Durchführung von militärischen Operationen außerhalb eines analogen Raums noch kaum greifbar.

Untersucht man den Kommentar des IKRK zu der Frage, was explizit unter einem „Objekt“ in seinem Sinne zu versehen ist, dann erhält man folgende Antwort:

---

880 Kubo, Macak, *Military Objectives 2.0: The Case for Interpreting Computer Data as Objects under International Humanitarian Law*; Israel Law Review 2015 (48) 1.

881 Ibid.

Zuerst werden die Amtssprachen des ersten Zusatzprotokolls untersucht und festgestellt, dass der englische Text das Wort „*Object*“ verwende, unter welchem ausdrücklich etwas Materielles zu verstehen ist:

> *„something placed before the eyes, or presented to the sight or other sense, an individual thing seen, or perceived, or that may be seen or perceived; a material thing“.*[882]

Wohingegen der französische Text das Wort „*biens*“ gebraucht, was laut den Kommentatoren im Französischen „*chose tangible, susceptible d'appropriation*“[883] bedeutet.[884]

> *„2007 The English text uses the word 'objects', which means 'something placed before the eyes, or presented to the sight or other sense, an individual thing seen, or perceived, or that may be seen or perceived; a material thing'. (6) The French [p. 634] text uses the word 'biens', which means 'chose tangible, susceptible d'appropriation'.“*[885]

Das Ergebnis der Autoren ist eindeutig. Sie führen aus, dass das Wort „Objekt“ sowohl im Englischen als auch im Französischen etwas bedeutet, das „sichtbar und greifbar“ sein muss.

> *„2008 It is clear that in both English and French the word means something that is visible and tangible.“*[886]

Der Kommentar gibt außerdem Auskunft darüber, was unter dem Begriff „Ziele“ zu verstehen ist. Wie bereits in Kapitel 2 besprochen, führt der Kommentar aus, dass das Wort „*Objective*“ im Englischen eine Abkürzung des Ausdrucks „*objective point*“ ist.

> *„2009 As regards the word 'objective', in English this is an abbreviation of the expression 'objective point', defined by the Oxford Dictionary as follows: 'the point towards which the advance of troops is directed; hence, [...] the point aimed at'. (8)“*[887]

---

882 ICRC-Commentary Rn. 2006.

883 Eine „*Greifbare Sache, etwas das man sich aneignen kann*“.

884 Rn. 2007; https://ihl-databases.icrc.org/applic/ihl/ihl.nsf/Comment.xsp?action=openDocument&documentId=5F27276CE1BBB79DC12563CD00434969. (Letzter Aufruf 24.07.2019 14:00).

885 Ibid.

886 Rn. 2008; https://ihl-databases.icrc.org/applic/ihl/ihl.nsf/Comment.xsp?action=openDocument&documentId=5F27276CE1BBB79DC12563CD00434969. (Letzter Aufruf 24.07.2019 14:08).

887 Ibid.

Mithin vertritt der Kommentar zum ersten Zusatzprotokoll sehr dezidiert die Position, dass der Begriff „Objekt" im humanitären Völkerrecht als etwas Sichtbares und etwas Greifbares verstanden werden muss. Was man jedoch bei der Analyse des Kommentars in jeden Fall in Betracht ziehen muss, ist der Fakt, dass der Kommentar im Jahr 1987 veröffentlicht wurde. In jenem Jahr wurde zum Beispiel von der US-Fernsehserie „*Computer Chronicles*" noch prognostiziert, dass der Laptop sich niemals durchsetzen wird, da Laptops kein eigenes Laufwerk für Disketten besitzen und eine Akkulaufzeit von maximal zwei Stunden aufweisen.[888] Laut „*Computer Chronicles*" wird der Laptop sogenannten „*Portables*" weichen. Dies waren riesige Arbeitsplatten in DIN-A3 Größe, welche auf den ersten Blick mehr Knöpfe besitzen als das Cockpit eines Eurofighter Typhoons.[889] Vergleicht man die Technik von damals mit der heutigen, lässt sich eine rasante Weiterentwicklung feststellen, welche 1987 nicht vorhersehbar war.

Tatsächlich wird das Wort „Computer" im Kommentar nur zweimal erwähnt.[890] Die Autoren betonen im Kommentar zu Artikel 82 „*Legal Advisors in Armed Conflicts*" die damals neuartige Möglichkeit, alle bei bewaffneten Konflikten anwendbaren Bestimmungen des Völkerrechts im Gedächtnis eines Computers zu speichern.

> „*It should be noted in this respect that in some armies all provisions of international law applicable in case of armed conflict have been stored in the memory of a computer.*"[891]

Heute ist die damals neuartige Idee, das internationale Recht in einem Computer zu speichern, völlig selbstverständlich und Datenbanken wie die Max Planck Enzyklopädie für internationales Recht (MPEPIL) (https://www.mpil.de/de/pub/forschung/nach-rechtsgebieten/voelkerrecht/max-planck-encyclopedia.cfm) sowie die Datenbank des IKRK zum humanitären Völkerrecht (https://ihl-databases.icrc.org/) sind unverzichtbare Instrumente für die Forschung geworden.

Des Weiteren stellen die Autoren des AP I bei der Erörterung der Anforderungen an Erkennungsmarken, im ersten Anhang (Annex I), zum ersten

888 The Computer Chronicles – Portable Computers (1987), https://www.youtube.com/watch?v=xSueEm2Cw28. (Letzter Aufruf 24.07.2019 14:40).

889 Ibid.

890 Kubo, Macak, Military Objectives 2.0: The Case for Interpreting Computer Data as Objects under International Humanitarian Law; Israel Law Review 2015 (48) S. 2.

891 ICRC Commentary https://ihl-databases.icrc.org/applic/ihl/ihl.nsf/Comment.xsp?documentId=0C548EB8FF7F49D5C12563CD00437238&action=OpenDocument. (Letzter Aufruf 24.07.2019 12:12).

Zusatzprotokoll (*Regulations Concerning Identification – Identity Card for permanent Civilian medical and religious personell*) fest, dass eine elektronische Erkennungsmarke die, wie die Autoren vermuten, dank der aktuellen Entwicklungen bei Computerinformationen die von den Verfassern des Protokolls 1977 ursprünglich vorgesehenen alten Papierkarten oder Metallkarten ersetzen könnte.

> „*Current developments in computer information processing systems make it possible to produce very small identity cards for military use ('electronic dog tags'). Neither this type of identity card, nor the type used for bank cards or to [p. 1155] restrict access to high-security areas, nor again the type of identity card which is based on biometric techniques, can replace the identity card provided for in the Conventions and the Protocol, (3) which can be manufactured without recourse to sophisticated techniques and contains information comprehensible to everybody, everywhere.*“[892]

Mit dem letzten Beispiel wurde von den Autoren des Kommentars ein zukunftsorientiertes Denken bewiesen. Die Frage von „*ID-Tags*“ stellt sich heute oft in Verbindung mit Nanomaschinen. Diese könnten ebenfalls als „*ID-Tags*“ funktionieren und würden so den Überblick über die Soldaten und ihre persönlichen Daten in Echtzeit behalten.[893] Sie könnten die Position, die Bewegung, die Geschwindigkeit, die Reserve-Munition, die Schussgenauigkeit, Wunden, Rationen, Wasseraufnahme und -versorgung, Herzfrequenz, Blutdruck, Zuckerspiegel und sogar den Sauerstoff überwachen. Alle Daten, welche über den Körperzustand, über Sinnesorgane, die Schmerzen und Ängste Auskunft geben, könnten wahrscheinlich ebenfalls eingeholt werden. Alles wird in einer Datenbank gesammelt. Diese Daten können dann im Zentralkommando überwacht werden, um zu gewährleisten, dass Befehle, schnellere, präziser und rationaler ausgeführt werden.[894] Es ermöglicht ebenfalls ein Krisenmanagement für jeden Soldaten. Die „*ID-Tags*“ können sicherstellen, dass Schusswaffen oder Militärfahrzeuge nicht ohne die richtige System-ID benutzen werden können.[895]

---

892 ICRC Commentary https://ihl-databases.icrc.org/applic/ihl/ihl.nsf/Comment.xsp?documentId=514E9425B7EF70A7C12563CD00438AA7&action=OpenDocument Rn. 3970.

893 https://www.azonano.com/article.aspx?ArticleID=3028 (Letzter Aufruf 24.07.2019 13:14).

894 https://skyrfid.com/RFID_Weapons_Tracking.php, (Letzter Aufruf 24.07.2019 13:32); https://www.kemas.de/en/solutions/security/handling-of-weapons-and-ammunition.html (Letzter Aufruf 02.08.2019 12:21).

895 Ibid.

Hätten die Autoren des Kommentars unter Berücksichtigung dieser Überlegungen somit beabsichtigen können Daten auszuschließen, als sie festgestellt haben, dass ein Objekt „sichtbar und greifbar“ sein muss?

1987 war es noch viel zu früh, um die Durchführung von Feindseligkeiten im Cyberspace zu berücksichtigen. Die Frage stellt sich mithin gegen wen oder was die Abgrenzung des Kommentars gerichtet ist, beziehungsweise was den Gegensatz zu „sichtbar und greifbar“ darstellen soll. Die Autoren des Kommentars setzen den Begriff „Objekt“ in Bezug zum Begriff „Ziel“ (*Objective*) mit der Erklärung, dass die Begriffe greifbare und sichtbare Dinge und nicht das allgemeine Ziel, im Sinne von Ziel oder Zweck, einer Militäroperation bedeuten sollen.

> *„There is however no doubt that in this article both the English and French texts intended tangible and visible things by the word 'objective', and not the general objective (in the sense of aim or purpose) of a military operation; therefore the extended meaning given by the Dictionnaire Robert is not included in this article.“*[896]

Die Autoren definieren die Begriffe Objekt und Ziel somit nur als „sichtbar und greifbar“, um sie von abstrakten Vorstellungen wie einer gedanklichen Zielsetzungen der Konfliktparteien zu unterscheiden, welche gerade nicht das Ziel einer militärischen Operation sein können, da anderenfalls Art. 52 (2) AP I ausgehöhlt werden würden.[897] Wenn allein gedankliche Ziele ausreichen würden, einen rechtmäßigen Angriff durchzuführen, könnte jedes Objekt mit der Begründung angegriffen werden, dass seine Zerstörung notwendig war, um die feindlichen Absichten anzugreifen.

Der Kommentar des IKRK liefert somit aktuell keine eindeutige Antwort, ob Daten auch als „Objekte“ im Sinne des humanitären Völkerrechts angesehen werden können. Zwar dient die Abgrenzung von „Sichtbar und Greifbar“ lediglich der Erwägung, die Regeln des Targetings zur rechtmäßigen Bestimmung eines Ziels nicht ausufern zu lassen und hat somit den Schutz von Zivilisten und zivilen Objekten im Hinterkopf, jedoch erscheint es unverhältnismäßig, dass unter der Grundlage des gleichen Schutzgedankens etwas in den Kommentar hineingelesen wird, wovon 1987 niemand ausgehen konnte.

---

896 IKRK Commentary https://ihl-databases.icrc.org/applic/ihl/ihl.nsf/Comment.xsp?documentId=514E9425B7EF70A7C12563CD00438AA7&action=OpenDocument Rn. 2010 (Letzter Aufruf 20.08.2019 16:25).

897 Marco Sassòli, “Military Objectives” Rn. 9; Kubo, Macak, Military Objectives 2.0: The Case for Interpreting Computer Data as Objects under International Humanitarian Law; Israel Law Review 2015 (48) S. 2.

b) *Die Sichtweise des Tallinn-Manual 2.0 (2017) zum Begriff „Objekt“*

Die Mehrheit der Expertengruppe des Tallinn-Manuals 2.0 weigerte sich, wie bereits angedeutet, Daten unter den Begriff „Objekt“ zu fassen, mit der Begründung, dass Daten niemals etwas Sichtbares und etwas Greifbares sein können.

Die entsprechende Analyse und Begründung der Tallinn-Gruppe Internationaler Experten ist im Kommentar zu Artikel 38 in der ursprünglichen Version des Manuals und in Artikel 100 des Tallin-Manual 2.0 enthalten. Diese Regeln sind sowohl Teil des als „*Attacks against objects*“ betitelten vierten Abschnitts des vierten Kapitels des Tallinn-Manuals als auch des Tallinn-Manuals 2.0 und werden durch einen vorangehenden Abschnitt mit dem Titel „*Attacks against persons*“ ergänzt. Das Tallinn-Manual verwendet demnach eine ähnliche Systematik wie das erste Zusatzprotokoll zu den Genfer Abkommen. Was sich jedoch sofort als auffällig erweist, ist der Wortlaut der Überschriften des Tallinn-Manuals. Sie sind erheblich aggressiver formuliert als die des ersten Zusatzprotokolls. Das Zusatzprotokoll verwendet für genau den gleichen Themenkomplex die amtlichen Überschriften „*General Protection Of Civilian Objects*“ und „*Protection Of The Civilian Population*“.[898] Dieser grundlegende Paradigmenwechsel durch die gegensätzliche Konnotation der Wörter „*Protection*“ und „*Attack*“ wird noch paradoxer, wenn man bedenkt, dass das Tallinn-Manual fast genau den gleichen Wortlaut der Artikel des ersten Zusatzprotokolls verwendet und den Gedanken hinter der Systematik des ersten Zusatzprotokolls, dass nicht normiert wird, was angegriffen werden darf, sondern festgehalten wird, was im bewaffneten Konflikt geschützt ist, umdreht.

Wie die Struktur im Talinn-Manual nahelegt, haben die Autoren einerseits zwischen Regeln für den Angriff auf menschliche Ziele und andererseits Regeln in Bezug auf Objekte unterschieden. Der Kommentar im Handbuch scheint den Begriff „militärisches Ziel“ sogar auf die letztgenannte Kategorie zu beschränken, was jedoch im Widerspruch zu einem Großteil der verfügbaren staatlichen Praxis stehen würde, nach welcher der Begriff „militärische Ziele“ Individuen und Objekte umfasst.[899]

---

898 Artikel 51, 52, Protocol Additional to the Geneva Conventions of 12 August 1949, and relating to the Protection of Victims of International Armed Conflicts (Protocol I), 8 June 1977, 1125 UNTS 3.

899 Roscini, Marco, *World Wide Warfare – Jus ad Bellum and the Use of Cyber Force, Max Planck Yearbook of United Nations Law 14 (2010)*, S. 89–94.

Das Tallinn-Manual 2.0 überträgt mit Artikel 100, wie auch bei den meisten anderen Artikeln, den groben Wortlaut zu seinem „Vorbild“ im ersten Zusatzprotokoll und liest sich wie folgt:

> „*Civilian objects are all objects that are not military objectives. Military objectives are those objects which by their nature, location, purpose or use make an effective contribution to military action and whose total or partial destruction, capture or neutralization, in the circumstances ruling at the time, offers a definite military advantage. Military objectives may include computers, computer networks and cyber infrastructure.*“[900]

Demnach sind laut Tallinn-Manual 2.0 zivile Objekte alle Objekte, welche keine militärischen Ziele sind. Wohingegen militärische Ziele Objekte sind, die aufgrund ihrer Art, ihres Standorts, ihres Zwecks oder ihrer Verwendung einen wirksamen Beitrag zu militärischen Handlungen leisten. Mit der Ergänzung, dass zu den militärischen Zielen auch Computer, Computernetzwerke und Cyber-Infrastrukturen gehören können.

Wie im Wortlaut des Artikel 100 ausdrücklich erwähnt, ist die materielle technologische Infrastruktur, einschließlich Computer und Computernetze, explizit vom materiellen Geltungsbereich des Artikels erfasst.[901]

> „*… include computers, computer networks and cyber infrastructure*“

Was von Artikel 100 damit jedoch nicht explizit erfasst ist, ist das, was sich innerhalb des vom Computer ausgehenden elektromagnetischen Spektrums abspielt. Mithin sind Daten nach dem Wortlaut des Artikel 100 des Tallinn-Manual 2.0 nicht direkt miteingeschlossen.

Da die Mehrheit der Expertengruppe die Definition militärischer Ziele eng mit dem Begriff „Objekte“ im Sinne von handfesten Gegenständen verknüpft, legten sie der Bedeutung dieses Begriffs im Rahmen des ersten Zusatzprotokolls eine zentrale Bedeutung zu. Sie zitierten den Kommentar des IKRK zu den Zusatzprotokollen und stellten fest, dass in diesem Kommentar der Begriff „Objekt“ als etwas Sichtbares und etwas Greifbares verstanden wird.

> „*'object' is not to be interpreted as including data, at least in the current state of the law (…) nor comports with the explanation of it offered in the ICRC Additional Protocols 1987 Commentary.*“[902]

---

900 Tallinn-Manual 2.0 Rule 100.

901 Ibid.

902 McClelland, Justin, *The review of weapons in accordance with Article 36 of Additional Protocol I*, S. 397–400.

Die Mehrheit der Experten stellte außerdem fest, dass Daten nach ihrer Auffassung immateriell sind und daher nicht unter die „gewöhnliche Bedeutung“ des Begriffs „Objekt“ fallen können:

> *„In the view of these experts, data is intangible and therefore neither falls within the 'ordinary meaning' of the term object … Therefore, an attack on data per se does not qualify as an attack.“*[903]

Leider hat es die Mehrheit der Tallinn-Expertengruppe verpasst zu erklären oder zumindest näher darzulegen, was ihrer Auffassung nach die „gewöhnliche Bedeutung“ des Begriffs „Objekt“ sei. Wie der Cyber-Experte *Kubo Mačák* feststellte, führt die einzige Fußnote im ganzen Absatz zu Artikel 31 Absatz 1 des Wiener Übereinkommens über das Recht der Verträge (VCLT), ohne weitere Erläuterung.[904] Insbesondere wird keine der anderen in der VCLT verankerten Interpretationsmethoden erwähnt.[905]

Der Kommentar im Tallinn-Manual 2.0 stellt jedoch auch die gegenteilige Position einer Minderheit der Expertengruppe dar, dass Daten in ihrer ursprünglichen Form zum Zwecke des Schutzes der zivilen Bevölkerung als Objekt betrachtet werden sollten.

> *„A minority of the Experts was of the opinion that, for the purpose of targeting certain data should be regarded as an object. In their view the majority position is under inclusive in the sense that failure to include cyber operations targeting data per se in the scope of civilian datasets such as social security data, tax records and bank accounts would potentially escape the regulatory reach of the law of armed conflict, thereby running counter to the principle that … that civilian population enjoys general protection from the effect of hostilities.“*[906]

Der Gedankengang der Minderheit der Expertengruppe wird durch die rein teleologische Überlegung gerechtfertigt, dass, sollten Daten nicht als Objekt angesehen werden, der Akt der Löschung wertvoller ziviler Datensätze aus dem Anwendungsbereich des humanitären Völkerrechts herausfallen würde und damit dem Grundsatz und dem Geiste der Genfer Abkommen, des Schutzes einer bestimmten Gruppe vor den Auswirkungen von Feindseligkeiten, widerspreche.

---

903 Tallinn-Manual 2.0 Rule 100 S. 437 Rn. 6.

904 Mačák, Kubo, *Military Objectives 2.0: The Case for Interpreting Computer Data as Objects under International Humanitarian Law*; Israel Law Review 2015 (48) 17.

905 Ibid.

906 Ibid. S. 22.

„For these experts, the key factor, based on the underlying object and purpose of Article 52 AP I, is one of the severity on the operations consequences, not the nature of harm. Thus, they were of the view, at a minimum, civilian data that is essential to the well-being of the civilian population is encompassed in the notion of civilian objects and protected as such“[907]

Die zwei Lager innerhalb der Expertengruppe nähern sich jedoch insoweit an, dass selbst die Mehrheit der Tallinn-Experten den Daten zwar keinen Status als Objekt zuspricht, jedoch von einem qualifizierten Cyber-Angriff ausgeht, wenn ein Angriff auf Daten physische Konsequenzen zur Folge hat.

„They agreed, however, that as noted in Rule 92, a Cyber Operation targeting data may sometimes qualify as an attack when the operation affects the functionality of cyber infrastructure or results in other consequences that would qualify the cyber operation in question as an attack“[908]

Die Gruppe internationaler Experten des Tallinn-Manual liefert somit ebenfalls keine eindeutige Antwort, ob Daten auch als „Objekte“ im Sinne des humanitären Völkerrechts angesehen werden können. Die Expertengruppe ist in zwei ungleiche Lager gespalten. Die Mehrheit der Expertengruppe stellt sich hinter den Wortlaut des Kommentars des IKRK von 1987 und schließt eine alleinige Subsumption von Daten unter den Begriff „Objekt“ aus, da diese weder sichtbar noch greifbar sind. Die Minderheit der Expertengruppe hingegen vertritt eine ähnliche Auffassung wie **Gruppe 2** und nimmt an, dass der Schutz von Daten essentiell ist, um die zivile Bevölkerung bestmöglich vor den Auswirkungen eines bewaffneten Konflikts zu schützen.

c) Ergebnis

Vorliegend haben sich zwei Gruppen herauskristallisiert: Die erste Gruppe, welche Daten als Objekt im Sinne des humanitären Völkerrechts interpretieren würden, so dass eine Cyber-Operation, welche ausschließlich Daten manipuliert, den Beschränkungen des humanitären Völkerrechts unterliegen muss.[909] Dieser Gruppe wird jedoch entgegengehalten, dass das konzeptionelle Problem dieser

---

907 Ibid.

908 Tallinn-Manual 2.0, Rule 100, S. 437 Rn. 6.

909 Robertson, Horace, The Principle of the Military Objective in the Law of Armed Conflict, Journal of Legal Studies S. 40; Colonel Wallace, David; Cyber Weapon Reviews Under International Humanitarian Law: A Critical Analysis; Tallinn Papaer No. 11; https://ccdcoe.org/uploads/2018/10/TP-11_2018.pdf (Letzter Aufruf: 26.07.2019 16:01).

Ansicht darin liegt, dass der Kommentar des IKRK ein Objekt als etwas „Sichtbares und Greifbares“ beschreibt, was eine Anwendung auf Daten ausschließt.[910] Wenn man Daten als Objekt behandelt, würde jeder Vorgang, der zivile Daten auf irgendeine Art und Weise manipuliert, als eine Beschädigung oder Zerstörung eines zivilen Objekts angesehen werden müssen und somit als prima facie rechtswidrig im Sinne des humanitären Völkerrecht gelten. Die Löschung eines zivilen Forums oder Blog-Posts wäre in diesem Zusammenhang etwa ein Verstoß gegen das humanitäre Völkerrecht.[911]

Die zweite Gruppe, welche die Mehrheit der am Tallinn-Manual 2.0 beteiligten Experten bildet, stützt sich auf den Wortlaut von Art. 52 (2) sowie die dahingehende Kommentierung des IKRK und sieht Daten außerhalb der gewöhnlichen Bedeutung des Begriffs „Objekt“. Eine Cyber-Operation, die darauf abzielt, auf einem Computer oder System befindliche Daten zu manipulieren und dabei die physische Funktionalität des Computers oder Systems selbst nicht beeinträchtigt, stellt mithin keinen qualifizierten Cyber-Angriff dar.[912] Um die Funktionalität eines Objektes zu beeinträchtigen, muss ein Schaden vorliegen und laut des für das Tallinn-Manual leitenden Redakteurs *Michael N. Schmitt* kann ein Gegenstand nur als beschädigt oder zerstört bezeichnet werden, wenn er nicht mehr (richtig) funktioniert.[913]

Das Argument von *Michael N. Schmitt* kann jedoch auch als Argument für die Minderheit der Tallinn-Expertengruppe herangezogen werden. Daten können durch eine Manipulation ebenfalls beschädigt oder zerstört werden. Man stelle sich vor, dass ein einziges Malware-Programm dazu in der Lage ist den gesamten Finanzsektor destabilisieren zu können, indem finanzielle Unterlagen beschädigt oder zerstört und mithin unbrauchbar und unzugänglich gemacht werden. Die physische Funktionalität der Server und Modems bleibt weiterhin erhalten, die Folgen für die Wirtschaft eines Staates wären jedoch durch die Beschädigung oder Zerstörung der genannten Daten katastrophal.

Im heutigen Zeitalter der Informationsgesellschaften technisch weit entwickelter Staaten wie den USA, China, Russland, Estland oder Deutschland könnte diese gedankliche Lücke zwischen den beiden Expertengruppen des

---

910 Bothe, Michael/Partsch, Karl Josef/Solf, Waldemar A., *New Rules for Victims of Armed Conflicts: Commentary on the two 1977 protocols additional to the Geneva Conventions of 1949*, S. 326.

911 Schmitt, Michael N. The Law of Cyber Targeting, Tallinn Paper No. 7, 2015 S. 8.

912 Ibid.

913 Ibid. S. 9.

Tallinn-Manual 2.0 eine tiefgreifende Wirkung haben, insbesondere wenn sie bedeutet, dass eine Cyber-Operation, die zur Korruption oder Zerstörung aller Daten auf einem zivilen Computer oder Cybersystem führt, mit Ausnahme des Betriebssystems und der funktional unterstützenden Software, nicht gegen das Humanitäre Völkerrecht verstößt. Solch eine Cyber-Operation würde dann nicht mehr im Geltungsbereich des Grundsatzes der Unterscheidung liegen.

Es besteht kein Zweifel daran, dass militärische Ziele im gesamten Cyber-Kontext Computer, Computernetzwerke und andere greifbare Komponenten der Cyber-Infrastruktur umfassen können. Mit dem Ansatz, dass Daten ebenfalls Objekte sein können, muss jedoch vorsichtig umgegangen werden. Jeder Cyber-Angriff ist in einer Art und Weise ein Angriff auf Daten, jedoch mit unterschiedlichen Konsequenzen. Unter diesem Blickwinkel müssen auch die unstreitige **Gruppe 1** sowie die problematische **Gruppe 2,** die in dieser Arbeit identifiziert wurden, verstanden werden. Es ist schlichtweg unmöglich, durch einen Cyber-Angriff beispielsweise einen Server zu zerstören, ohne dass während des Cyber-Angriffes ebenfalls Daten mit angegriffen werden. Diese qualifizierten Cyber-Angriffe fallen jedoch, gestützt durch einen breiten Konsens innerhalb der Tallinn-Expertengruppe, unter die Einschränkungen des humanitären Völkerrechts, da nicht die Daten selber im Fokus des Angriffes stehen, sondern das hinter den Daten stehende physische Objekt.

Die Problematik dieser Denkweise wird sichtbar, wenn man sich genau veranschaulicht wie Cyber-Operationen zu den beiden Gruppen durchgeführt werden und dass, wie bereits erwähnt, bei beiden Operationen Daten angegriffen oder mitangegriffen werden. Bei **Gruppe 1** ist der Angriff auf ein physisches Objekt konkretisiert und die Daten sind bloß ein Mittel zum Zweck, um das Objekt zu zerstören. Ein spezifisch auf Daten gerichteter Angriff, wie bei **Gruppe 2,** kann jedoch selbst nach Auffassung der Mehrheit der Tallinn-Expertengruppe zu einem qualifizierten Cyber-Angriff erwachsen, wenn in einer unbestimmten Zeit physische Konsequenzen durch die Manipulation der Daten eintreten. Das Problem an der Ansicht der Tallinn-Gruppe ist, dass sich nicht wie bei **Gruppe 1** der Angriff auf etwas Physisches konkretisiert hat, sondern das konkrete Ziel in den Daten liegt. Die Daten sind mithin das Ziel des Angriffes oder auch das „Angriffsobjekt", dessen Einordung im humanitären Völkerrecht alleine auf ein, unter Umständen, willkürliches Ereignis der physischen Konsequenz gerichtet ist. Daten haben somit im Tallinn-Manual 2.0 einen „vielleicht-Objekt"-Status, der lediglich daran gekoppelt ist, ob auf unbestimmte Art und Weise und auf unbestimmte Zeit eine physische Konsequenz eintritt.

Es gibt mithin einen guten Grund, dieses Problem weiter zu prüfen und die Möglichkeit in Betracht zu ziehen, dass Daten in diesem Zusammenhang dennoch ein Objekt im Sinne des humanitären Völkerrechts sein können. Es ist sehr wichtig sich vor Augen zu führen, dass der Verweis auf „sichtbar und greifbar“ im Kommentar des IKRK von 1987 nicht Teil des eigentlichen Protokolls ist, sondern das Verständnis, welches dem Protokoll zu einem Zeitpunkt vor 30 Jahren und in einem bestimmten Kontext durch eine Expertengruppe vermittelt wurde.

Zum Zeitpunkt der Erstellung war es unwahrscheinlich, dass die Verfasser die Möglichkeit der Datenvernichtung getrennt von physischen Schäden in Betracht gezogen hätten.[914] Ein Angriff auf Daten im Jahr 1987 hätte eine physische Beschädigung der Speichermethode, wie beispielsweise der Papierdateien, bedeutet. Heute ist es jedoch durchaus möglich, große Mengen an kritischen Daten zu vernichten, ohne die Computer, auf denen sie gespeichert sind, physisch zu zerstören oder zu beschädigen. Um dies in den Kontext zu stellen, stellt sich die Frage, ob ein kinetischer Angriff, der zum Brand von fünfhundert Säcken militärischer Feldpost führt, nicht genau so schädlich ist wie eine Cyber-Operation, die fünf Millionen E-Mails dauerhaft löscht.[915] Dies ist ein Szenario, das kaum denkbar gewesen wäre, als der Kommentar darauf hinwies, dass Objekte „sichtbar und greifbar“ sein müssen. Während der Ausdruck „sichtbar und greifbar“ im Kommentar dazu verwendet wird, um zu diskutieren, was unter dem Begriff „Objekt“ aufgenommen wurde, ist es ebenso wichtig einen Blick darauf zu werfen, was gerade nicht darunter aufgenommen werden sollte. Wie bereits diskutiert, wird mit dem Ausdruck „sichtbar und greifbar“ gerade auf materielle Objekte verwiesen, um Objekte von dem sehr unterschiedlichen Konzept des „allgemeinen Ziels“ im Sinne der Zielsetzung einer militärischen Operation zu unterscheiden.[916] Folglich ist es daher zumindest nicht absolut unwahrscheinlich, dass Computerdaten näher an dem liegen, was die Verfasser des Kommentars von 1987 als Objekte aufnehmen wollten, als an dem, was als generelles Ziel ausgeschlossen werden sollte. Tatsächlich haben die nationalen Rechtssysteme gezeigt, dass sie in der Lage sind, sich über physische Schadenskonzepte hinaus zu entwickeln, um zu erkennen, dass der Schwerpunkt nicht auf physischen Schäden an einem Computersystem, sondern auf den Schaden am

914 Lubell, Noam, Lawful Targets in Cyber Operations: Does The Principle Of Distinction Apply?, International Law Studies 2013, S. 252.

915 Bothe, Michael/Partsch, Karl Josef/Solf, Waldemar A., *New Rules for Victims of Armed Conflicts: Commentary on the two 1977 protocols additional to the Geneva Conventions of 1949,* S. 326.

916 Ibid.

Inhalt der enthaltenen Systemdaten liegen sollte. So ist zum Beispiel in Deutschland allein schon das Ausspähen von Daten gemäß § 202a StGB, wobei die Daten alleine das taugliche Tatobjekt darstellen, unter Strafe gestellt.

> *„Daten im Sinne des Absatzes 1 sind nur solche, die elektronisch, magnetisch oder sonst nicht unmittelbar wahrnehmbar gespeichert sind oder übermittelt werden“*[917]

Um diesen im Raum stehenden Gedanken eines „vielleicht-Objekts“ im humanitären Völkerrecht zu vermeiden, soll die für **Gruppe 2** verwendete Alternative genauer konkretisiert und nachfolgend der Begriff „Objekt“ anhand der verschiedenen juristischen Auslegungsmethoden der internationalen Rechtsprechung unter Artikel 31 der Wiener Vertragsrechtskonvention überprüft werden. Anhand dieser Instrumente soll festgestellt werden, ob Daten unter die „gewöhnliche Bedeutung“ des Begriffes „Objekt“ aus Artikel 52 (2) AP I fallen und somit **Gruppe 2** ebenfalls einen qualifizierten Cyber-Angriff darstellt und so ein „vielleicht-Objekt“ für Cyber-Operationen vermieden wird.

2) Auslegung des Begriffes „Objekt“ anhand von Artikel 31 VCLT

Um den Begriff „Objekt“ aus Artikel 52 (2) AP I schärfer zu konturieren, soll in diesem Abschnitt unter Verwendung der im internationalen Recht allgemein anerkannten Methoden der Vertragsauslegung, wie sie in Artikel 31 ff. der Wiener Vertragsrechtskonvention zu finden sind, zuerst festgestellt werden, wie die Judikatur des Internationalen Gerichtshofs mit der Auslegung von älteren Verträgen umgeht und darauf folgend die in Art. 31 (1) VCLT genannte „gewöhnliche Bedeutung“ des Begriffes „Objekt“ Anhand der juristischen Auslegungsmethoden untersucht werden.[918]

Der in dieser Arbeit gewählte Ansatz zur Auslegung unterscheidet sich nicht wesentlich von dem der Autoren des Tallinn-Manuals. Die Tallinner-Experten erklärten offen, dass sie bei der Ermittlung der Normen für Cyberwarfare das Vertragsrecht direkt am Punkt betrachten möchten, so dass die Auslegungsregeln der Wiener Vertragsrechtskonvention für die Analyse der Bedeutung des Begriffs „Objekt“ im Völkerrecht grundlegend sind.[919]

---

917 § 202 a StGB Absatz 2.

918 Dispute regarding Navigational and Related Rights (Costa Rica v. Nicaragua); https://www.icj-cij.org/en/case/133 (Letzter Aufruf 12.03.2019 20:16).

919 Joecks Wolfgang, Miebach Klaus, Graf Jan, *Münchener Kommentar zum StGB §202a StGB.*

Artikel 31 (1) VCLT, welcher die „allgemeine Auslegungsregel“ für internationale Verträge darstellt, liest sich wie folgt:

> *„Ein Vertrag ist nach Treu und Glauben in Übereinstimmung mit der gewöhnlichen, seinen Bestimmungen in ihrem Zusammenhang zukommenden Bedeutung und im Lichte seines Zieles und Zweckes auszulegen.“*[920]

Als erstes stellt sich nun die Frage, ob sich durch eine kontemporäre Auslegung die Bedeutung des Begriffs „Objekt“ heute auf elektronische Daten für den Zweck der Definition von militärischen Zielen erstreckt. Den Rahmen für die kontemporäre Auslegung des Begriffes bilden der „*Aegean Sea Continental Shelf Case*“ sowie der „*Navigational Rights Case*“ des Internationalen Gerichtshofs. Abgesehen von der gewöhnlichen Bedeutung des fraglichen Begriffs muss insbesondere der Kontext, der Gegenstand und der Zweck des auszulegenden Vertrags untersucht werden.

a) Der „Aegean Sea Continental Shelf Case“ *des Internationalen Gerichtshofs (1978)*

Der „*Aegean Sea Continental Shelf Case*“ stellt die Grundlage für den für diese Arbeit bedeutsameren, „*Navigational Rights Case*“ des Internationalen Gerichtshof dar und soll deshalb nur kurz abgebildet werden.

Am 10. August 1976 erhob Griechenland vor dem IGH Klage gegen die Türkei. In dieser Klage forderte Griechenland den Gerichtshof auf, den genauen Verlauf der griechisch-türkischen Grenze zwischen den Teilen des Festlandsockels der Ägäis, welche Griechenland und der Türkei in diesem Gebiet gehören, zu ergründen und zu klären, ob die Türkei berechtigt ist, ohne die Zustimmung Griechenlands, Aktivitäten auf dem griechischen Teil des Kontinentalschelfs – etwa Erforschung, Mineralabbau oder anderweitige Aktionen – durchzuführen.[921]

Im Folgenden ging es um die Frage nach der Zuständigkeit des IGH, durch die Auslegung des Passus „*disputes relating to the territorial status of Greece*“ in einem durch die Türkei und Griechenland verhandelten Vorbehaltes zum „*General Act of 1928*“.[922] Der „*General Act of 1928*“ bot einen Rahmen für die Lösung internationaler Streitigkeiten, indem er entweder eine Schlichtungskommission, ein Schiedsgericht oder die Verweisung gescheiterter Streitigkeiten an

920 Art. 31, Vienna Convention on the Law of Treaties, 23 May 1969, 1155 UNTS 331.
921 Aegean Sea Continental Shelf (Greece v. Turkey) 1.
922 League of Nations Treaty Series, Volume XCIII, 1929–1930, No. 2123, p. 343.

den damaligen Ständigen Internationalen Gerichtshof vorsah, dessen Nachfolger gemäß Art. 37 des IGH-Status, 1945 der Internationalen Gerichtshof geworden ist.[923]

Im vorliegenden Fall argumentierte die Türkei, dass der Gerichtshof aufgrund von Buchstabe (b) des Vorbehaltes zum „*General Act*" nicht zuständig sei, da es sich bei dem Festlandsockel um Festland und mithin um eine nationale Angelegenheit handelt, die eine Zuständigkeit des IGH ausschließt.[924]

> „*the following disputes are excluded from the procedures described in the General Act: "(b) disputes concerning questions by international law are solely within the domestic: jurisdiction of States, and in particular disputes relating, to* ***the territorial status of Greece****, including disputes relating to its rights of sovereignty over its ports and lines of communication.*"[925]

Zur Begründung des Antrags argumentierte Griechenland wiederrum, dass die Idee eines sogenannten Festlandsockels 1928, als der „*General Act*" verabschiedet, und 1931, als Griechenland dem „*General Act*" beitrat, völlig unbekannt war und Buchstabe (b) des Vorbehaltes zum „*General Act*" deshalb nicht als argumentative Basis herangezogen werden könne.[926]

Der Internationale Gerichtshof prüfte anschließend, ob unter Berücksichtigung der Entwicklungen des Völkerrechts, in Bezug auf das Kontinentalschelf, der Ausdruck „*disputes relating to the territorial status of Greece*" so zu verstehen ist, dass er Streitigkeiten über die geographische Ausdehnung der Rechte Griechenlands auf den griechischen Festlandsockel der Ägäis umfasste. Er stellte fest, dass der Ausdruck „*territorial Status*" im Vorbehalt zum „*General Act*" als ein allgemeiner Begriff verwendet wurde, was zwangsläufig die Vermutung ergeben würde, dass seine Bedeutung sich anhand der Entwicklung des Rechts wandeln und der Bedeutung entsprechen muss, welche ihm durch das aktuell geltende Verständnis beigemessen wird. Der Internationale Gerichtshof stellt daher fest, dass die Auslegung des Passus „*disputes relating to the territorial status of Greece*" nach den Regeln des Völkerrechts, wie sie **aktuell** bestehen, und nicht so, wie sie 1931 bestanden haben, erfolgen musste.[927] Bei der kontemporären Interpretation des Begriffs „*territorial status*" bezog sich dieser, laut IGH, ebenso auf das Kontinentalschelf, da sich die Rechte eines Staates auf das Kontinentalschelf aus

923 Steiner, Zara, *The Lights That Failed: European History 1919–1933*, S. 52–53.
924 Aegean Sea Continental Shelf (Greece v. Turkey) 39–40.
925 General Act Vorbehalt Griechenland-Türkei Artikel 17 (b).
926 Aegean Sea Continental Shelf (Greece v. Turkey) 41–47.
927 Aegean Sea Continental Shelf (Greece v. Turkey) 77–80.

seiner Souveränität über das angrenzende Land ergeben. Unter Berücksichtigung dieser Erwägungen war der Internationale Gerichtshof der Ansicht, dass es sich im vorliegenden Fall um einen Rechtsstreit handelt, welcher sich durch das Kontinentalschelf auf den territorialen Status Griechenlands im Sinne von Vorbehalt (b) bezieht und dass demnach die Zuständigkeit des Internationalen Gerichtshof ausgeschlossen ist.[928]

Mithin sind Anhand der Rechtsprechung des IGH zum „*Aeagean Sea Continental Shelf Case*“ allgemeine Begriffe älterer Verträge grundsätzlich anhand eines aktuellen Verständnisses seiner Bedeutung zu interpretieren. Diese Auffassung über temporale Interpretation wurde vom IGH im „*Navigational Rights Case*“ weiter ausgebaut.

b) Der „Navigational Rights Case“ *des Internationalen Gerichtshofs (2009)*

Am 13 Juli 2009 entschied der Internationalen Gerichtshof in der Rechtssache „Costa Rica gegen Nicaragua“ bezüglich verschiedener Schifffahrtsrechte der beiden Staaten. Der Fall selbst war von seiner Ausgangsfrage nicht außergewöhnlich, beim Lesen des Urteils wird jedoch deutlich, dass er erhebliche Auswirkungen auf die Interpretation von Völkerrecht haben kann.[929] Ähnlich wie im „*Aeagean Sea Continental Shelf Case*“ stand der IGH im „*Navigational Rights Case*“ aus dem Jahr 2009 vor der Herausforderung, wie ein damals 151 Jahre alter Vertrag im internationalen Recht auszulegen und zu interpretieren ist.

aa) Der Sachverhalt des „Navigational Rights Case“

Am 29. September 2005 reichte Costa Rica vor dem IGH einen Antrag auf Einleitung eines Verfahrens gegen Nicaragua ein. In dieser Streitigkeit sollte der IGH über die Schifffahrtsrechte Costa Ricas auf einem Abschnitt des Flusses San Juan entscheiden, dessen südliches Ufer die Grenze zwischen den beiden Staaten bildet. Diese Grenze ist in einem bilateralen Vertrag von 1858 festgehalten und bestand im Jahr 2009 seit 151 Jahren.[930]

In seinem Antrag bekräftigte Costa Rica, dass Nicaragua, insbesondere seit Ende der 90er Jahre, eine Reihe von Einschränkungen für die Schifffahrt von

---

928 Aegean Sea Continental Shelf (Greece v. Turkey) 90.

929 Dispute regarding Navigational and Related Rights (Costa Rica v. Nicaragua); https://www.icj-cij.org/en/case/133. (Letzter Aufruf 14.09.2019 17:45).

930 Ibid.

costaricanischen Booten und Fahrgästen auf dem San Juan-Fluss verhängt hatte.[931] Costa Rica stützte sich darauf, dass das Verhalten von Nicaragua gegen Artikel VI des Vertrags von 1858 verstoßen würde, welcher Nicaragua zwar die Hoheitsgewalt über die Gewässer des San Juan-Flusses gewährt, aber gleichzeitig wichtige Rechte für die Schiffe Costa Ricas anerkennt.[932]

Der Fluss San Juan liegt exakt an der Grenze zwischen Costa Rica und Nicaragua. Die Grenze verläuft jedoch nicht entlang des Talwegs des Flusses, wie es normalerweise bei Flussgrenzen der Fall ist, sondern wird vertraglich auf die Küste von Costa Rica festgelegt.[933] Demnach gehört laut Artikel VI des Vertrages von 1858 der gesamte Fluss zum Hoheitsgebiet von Nicaragua. Artikel VI sah jedoch für Costa Rica ein unbefristetes Recht auf freie Schifffahrt mit Handelsbezug auf dem San Juan vor. Dies wurde in Artikel VI mit den Worten *„con objetos de comercio“* festgehalten.[934]

Zwischen den Parteien gab es mithin Streit über die Bedeutung dieses Satzes, insbesondere zu *„objetos“* und *„comercio“*, wobei Costa Rica behauptete, dass diese „für die Zwecke des Handels“ (*à des fins de commerce/for the purpose of commerce*)[935] bedeuteten, während Nicaragua behauptete, dass mit der Phrase ausschließlich Handelsobjekte, demnach Waren, gemeint waren (*avec des marchandises de commerce/with articles of trade*).[936]

bb) Gründe der Entscheidung

Im Ergebnis dieser Frage hat sich der internationale Gerichtshof auf die Seite Costa Ricas gestellt und beide Wörter ausführlich analysiert.

Bezüglich *„objetos“* führte er aus, dass zunächst zu beachten ist, dass das spanische Wort *„objetos“* je nach Kontext eine der beiden oben aufgeführten

931 Ibid.

932 *„granted to Nicaragua sovereignty over the waters of the San Juan River, recognizing at the same time important rights to Costa Rica“* so der IGH in: Dispute regarding Navigational and Related Rights (Costa Rica v. Nicaragua); https://www.icj-cij.org/en/case/133 (Letzter Aufruf 28.07.2019 12:02).

933 https://www.ejiltalk.org/the-icj-and-evolutionary-treaty-interpretation/ (Letzter Aufruf 28.07.2019 12:13).

934 Ibid.

935 Ibid.

936 Dispute regarding Navigational and Related Rights (Costa Rica v. Nicaragua); https://www.icj-cij.org/en/case/133 RN 45 (Letzter Aufruf 28.07.2019 12:43).

Bedeutungen haben kann.[937] Daher müsse der normative und systematische Kontext des Wortes untersucht werden, um die Bedeutung zu ermitteln, die ihm zugeschrieben werden soll. Nach dieser Prüfung war der Gerichtshof der Auffassung, dass die von Nicaragua befürwortete Auslegung auf Handelsobjekte nicht im Wort „*objetos*" beinhaltet ist.[938] Der Hauptgrund hierfür lag darin, dass die von Nicaragua vorgeschlagene Zuordnung der Bedeutung „mit Waren" oder „mit Artikeln" zum Ausdruck „*con objetos*" dazu führt, dass die ursprüngliche 1858 intendierte allgemeine Bedeutung und Intention des Satzes verloren gehen würde.[939]

Costa Rica bestand ferner darauf, dass die „moderne" Bedeutung des Begriffs „*Comercio*" auch die Beförderung von Personen und Touristen umfasste. Deshalb stützte sich Costa Rica auf den „*Aegean Sea Continental Shelf Case*", um zu suggerieren, dass „*Comercio*" ein allgemeiner Begriff sei, dessen Bedeutung sich im Laufe der Zeit so entwickelt habe, dass er auch den Personenverkehr, einschließlich der Touristen, einbezieht. Diese Annahme war umso überzeugender, als die Absicht der Vertragsparteien 1858 darin bestand, Costa Rica ein unbefristetes Recht auf Schifffahrt auf dem San Juan Fluss einzuräumen und es war kaum vorstellbar, dass beabsichtigt war, einem solchen Recht, unabhängig von späteren Entwicklungen, einen festen Inhalt zu verleihen.

In Anlehnung an den „*Aegean Sea Contintal Shelf Case*" von 1978 stellte der Gerichtshof deshalb einen schematischen Test auf, welcher die Möglichkeit einer „*Evolutionary Interpretation*" feststellen sollte.[940] Dies ist der Fall, wenn:

a) Von den Vertragsparteien ein „allgemeiner Begriff" in einem Vertrag verwendet wurde;

b) die Parteien sich darüber im Klaren waren, dass sich die Bedeutung des allgemeinen Begriffes im Laufe der Zeit entwickeln könnte und

c) wenn der Vertrag über einen sehr langen Zeitraum abgeschlossen wurde oder von unbestimmter Dauer ist.

---

937 Dispute regarding Navigational and Related Rights (Costa Rica v. Nicaragua); https://www.icj-cij.org/en/case/133 RN 50.

938 Dispute regarding Navigational and Related Rights (Costa Rica v. Nicaragua); https://www.icj-cij.org/en/case/133 RN 52.

939 *Navigational and Related Rights (Costa Rica v. Nicaragua) (Judgment)*, ICJ Reports 2009, S. 56.

940 *Navigational and Related Rights (Costa Rica v. Nicaragua) (Judgment)*, ICJ Reports 2009, S. 213, 244.

Liegen diese Voraussetzungen kumulativ vor, dann müssen Vertragsparteien damit rechnen, dass sich allgemeine Begriffe im Laufe der Zeit in ihrer Bedeutung ändern können.[941]

> *„Relying on Aegean Sea, the Court said that its reasoning in that case was:*
> *founded on the idea that, where the parties have used generic terms in a treaty, the parties necessarily having been aware that the meaning of the terms was likely to evolve over time, and where the treaty has been entered into for a very long period or is 'of continuing duration', the parties must be presumed, as a general rule, to have intended those terms to have an evolving meaning."*[942]

Diese Schlussfolgerung gilt laut IGH im „*Navigational Rights Case*" für den Begriff „*Comercio*", wie er in Artikel VI des Vertrags von 1858 verwendet wird. Erstens sei der Begriff „*Comercio*" ein allgemeiner Begriff, da er sich lediglich auf eine nicht näher bestimmte Aktivität bezieht. Zweitens bestand das Ziel des Vertrages darin, eine dauerhafte Einigung zwischen den Parteien bezüglich ihrer territorialen Streitigkeiten zu erzielen und sich demnach die Parteien darüber bewusst sein mussten, dass die Bedeutung verschiedener Begriffe sich ändern könnte. Drittens wurde der Vertrag von 1858 auf unbestimmte Zeit abgeschlossen und somit von Anfang an ein ewiges Rechtssystem geschaffen, welches sich durch seine fortlaufende interpretative Evolution auszeichnet.

> *„This is so in the present case in respect of the term 'comercio' as used in Article VI of the 1858 Treaty. First, this is a generic term, referring to a class of activity. Second, the 1858 Treaty was entered into for an unlimited duration; from the outset it was intended to create a legal regime characterized by its perpetuity"*[943]

Der Internationale Gerichtshof kam deshalb zu dem Schluss, dass die Begriffe, mit denen der Umfang des Rechts Costa Ricas auf freie Schifffahrt definiert wurde und insbesondere der Begriff „*comercio*", so zu verstehen sind, dass sie eine Bedeutung besitzen, welche sie im Zeitpunkt der konkreten Anwendung des Vertrages haben und nicht unbedingt die Bedeutung, die ihnen ursprünglich zugeschrieben wurde.

Dementsprechend stellte der Internationale Gerichtshof fest, dass das fragliche Recht auf freie Schifffahrt sowohl für die Beförderung von Personen als auch

---

941 *Navigational and Related Rights (Costa Rica* v. *Nicaragua) (Judgment)*, ICJ Reports 2009, S. 60–69.

942 Dispute regarding Navigational and Related Rights (Costa Rica v. Nicaragua); https://www.icj-cij.org/en/case/133 Nica Rn. 66 (Letzter Aufruf 28.07.2019 12:32).

943 *Navigational and Related Rights (Costa Rica* v. *Nicaragua) (Judgment)*, ICJ Reports 2009, S. 67.

für die Beförderung von Gütern gilt, da die Tätigkeit des Personenverkehrs heute auch von kommerzieller Natur sein kann.

> *„[T]he terms... must be understood to have the meaning they bear on each occasion on which the Treaty is to be applied, and not necessarily their original meaning. Thus even assuming that the notion of 'commerce' does not have the same meaning today as it did in the mid-nineteenth century, it is the present meaning which must be accepted for purposes of applying the Treaty.*
> *Accordingly, the Court finds that the right of free navigation in question applies to the transport of persons as well as the transport of goods, as the activity of transporting persons can be commercial in nature nowadays... The Court sees no persuasive reason to exclude the transport of tourists from this category, subject to fulfillment of the same condition“*[944]

Da die Vertragsparteien in Form des Begriffes *„comercio“* einen allgemeinen Begriff im Rahmen eines „ewigen Systems“ verwendet haben, ist die Bedeutung des Passus *„con objetos de comercio“* bei jeder Anwendung des Vertrags zu aktualisieren und somit musste zur Lösung des Falles das Verständnis von *„con comercio“* aus dem Jahr 2009 zugrunde gelegt werden und nicht das von 1858.

cc) Auswirkungen der Entscheidung

Der interpretative Ansatz und der damit verbundene Test des internationalen Gerichtshofs sind in der Sphäre des internationalen Rechts grundsätzlich nicht atypisch. Die Idee einer Evolution oder auch die fortlaufenden Entwicklung von Begriffen wird in vielen nationalen Rechtsordnungen ständig bei der Auslegung von Verfassungsbestimmungen sowie vor allem im Rahmen der internationalen Menschenrechtsrechte verwendet.[945] Solche Dokumente, die sich durch neue interpretative Ansätze verändern können, ohne dass in den Wortlaut selbst eingegriffen wird, wie beispielsweise die Europäische Menschenrechtskonvention (EMRK) oder der Internationale Pakt über bürgerliche und politische Rechte (ICCPR), werden als *„living documents/instruments“* bezeichnet.[946] Mit einer neuen Interpretation muss jedoch stets vorsichtig umgegangen werden. Es ist wichtig, dass der fragliche Begriff nicht vollständig geöffnet wird, sondern die

944 *Navigational and Related Rights (Costa Rica* v. *Nicaragua) (Judgment)*, ICJ Reports 2009, S. 70–71.

945 https://www.ejiltalk.org/the-icj-and-evolutionary-treaty-interpretation/ (Letzter Aufruf 29.07.2019 13:59).

946 Der Europäische Gerichtshof für Menschenrecht – Ausarbeitung Wiss. Dienst Bundestag, 2006, S. 8; https://www.bundestag.de/resource/blob/414634/8b2ba09545c78bc965d1430433054844/WD-2-038-07-pdf-data.pdf (Letzter Aufruf 02.07.2019 11:32).

grundsätzliche Intention bei der Neuinterpretation erhalten bleibt. Der Begriff soll lediglich für neue Situationen zugänglicher konstruiert werden.[947]

Die Herausforderung der evolutionären Interpretation, entweder einer Verfassung oder eines internationalen Vertrages, besteht mithin nicht in der neuen Kerninterpretation eines bestehenden Begriffes, sondern in einer sich entwickelnden Konstruktion.[948] Für eine evolutionäre Interpretation des Begriffes „Objekt" im ersten Zusatzprotokoll bedeutet dies, dass sein inhaltliches Fundament weiterhin das gleiche bleibt, jedoch auf diesem inhaltlichen Fundament durch eine evolutionäre Interpretation eine neue Konstruktion aufgebaut werden kann. Um in dieser architektonischen Bildsprache zu bleiben, können als Werkzeuge für diese neue Konstruktion die juristische Methodenlehre, insbesondere die Auslegungsmethoden, herangezogen werden.

dd) Zwischenergebnis

Wie der Internationale Gerichtshof im „*Aegean Sea Continental Shelf Case*" 1978 und „*Navigational Rights Case*" von 2009 feststellte, kann von Folgendem ausgegangen werden: Wenn zwei oder mehrere Parteien einen allgemeinen Begriff in einem auf Dauer abgeschlossenen Vertrag wählen, kann ein solcher Begriff eine sich entwickelnde Bedeutung haben. Um dies festzustellen wird vom IGH der oben schon dargestellte schematische Test angewendet:

a) Der neu zu interpretierende Begriff muss ein „allgemeiner Begriff" sein.
b) Die Vertragsparteien waren sich darüber im Klaren, dass sich der Begriff im Laufe der Zeit entwickeln kann.
c) Der internationale Vertrag wurde auf ungewisse Dauer abgeschlossen und so ein ewiges System geschaffen.

c) Zugang zur „Evolutionary Interpretation" *des ersten Zusatzprotokolls*

Um eine moderne Auslegung des Begriffes „Objekt" zu ermöglichen, muss zunächst überprüft werden, ob der Begriff „Objekt" ein Allgemeiner ist, die Vertragsparteien des ersten Zusatzprotokolls sich darüber im Klaren waren, dass sich die Bedeutung einzelner Begriffe entwickeln kann und ob durch das erste Zusatzprotokoll zu den Genfer Abkommen ebenfalls ein „ewiges System"

---

947 Bjorge, Erik, *The Evolutionary Interpretation of Treaties*, S. 54–57.
948 Ibid.

geschaffen wurde und so der Begriff „Objekt“ anhand einer evolutionären Interpretation ausgelegt werden kann.

aa) Der Begriff „Objekt“ als allgemeiner Begriff

In Bezug auf militärische Ziele lässt sich im ersten Zusatzprotokoll der Begriff „Objekt“ in Teil IV Abschnitt I Kapitel II finden. Abschnitt I trägt den Titel „Allgemeiner Schutz vor den Auswirkungen von Feindseligkeiten“ oder im Original „*General Protection Against Effects of Hostilities*“. Des Weiteren lautet die Überschrift von Art. 52 AP I, „Allgemeiner Schutz ziviler Objekte“ oder „*General Protection of Civilian Objects*“. Anhand der verwendeten Überschriften kann somit aufgrund des Wortes „*General*“ allein schon von einem allgemeinen Verständnis der verwendeten Begriffe ausgegangen werden.

Ferner wird der Begriff „Objekt“ in Art. 52 AP I nicht durch eine positive Liste festgelegt, sondern unter Art. 52 (2) AP I anhand eines abstrakten Tests mit Sinn und Inhalt gefüllt. Das Verständnis des Begriffes „Objekt“ ist somit allgemein darauf ausgelegt, ein Objekt zu bestimmen, welches das Ziel von Angriffen werden kann. Es muss mithin etwas Allgemeines sein, das anfällig für „Zerstörung, Inbesitznahme oder Neutralisierung“[949] ist. Somit findet sich nicht nur in den verwendeten Überschriften, sondern auch im direkten Wortlaut des Art. 52 AP I ein allgemeiner Sprachgebrauch in Bezug auf die verwendeten Begriffe. Mithin ist der Begriff „Objekt“ in Art. 52 (2) AP I als ein allgemeiner Begriff zu verstehen, welcher eine evolutionäre Interpretation unterstützt.

bb) Bewusstsein der Vertragsparteien über eine begriffliche Evolution

Die Vertragsparteien des ersten Zusatzprotokolls mussten sich ebenfalls darüber im Klaren gewesen sein, dass sich das kontemporäre Verständnis von allgemeinen Begriffen unter Umständen verändern kann.

Eine konkrete *Opinio Juris* der einzelnen Vertragsparteien lässt sich zwar nicht finden, jedoch waren andere allgemeine Bestimmungen des Zusatzprotokolls bisher alles andere als immun gegen den vorgestellten Ansatz von evolutionärer Interpretation. So wurde eine Reihe weiterer im ersten Zusatzprotokoll enthaltener Begriffe unter Berücksichtigung des zum Zeitpunkt ihrer Anwendung herrschenden Verständnisses ausgelegt. Beispielsweise betonte der internationale Gerichtshof in seiner Stellungnahme zu Nuklearen Waffen, dass die Bedeutung der in Art. 1 AP I verankerte Martens-Klausel als rechtliches Mittel

949 Deutscher Wortlaut Art. 52 (2) AP I.

zur Bewältigung einer sich immer schneller entwickelnden Waffentechnologie dient.[950] In der Literatur wurde ebenfalls festgestellt, dass der IGH durch diesen Passus in der Stellungnahme zu Nuklearen Waffen einen dynamischen Ansatz für das humanitäre Völkerrecht im Allgemeinen etablieren wollte.[951]

Wie der Cyber-Experte *Kubo Mačák* feststellte, hat das Oberste Gericht in Israel in der Frage, ab wann eine zivile Person direkt an Feindseligkeiten beteiligt ist und somit seine in Art. 51 (3) AP I statuierte Immunität verliert, eine evolutionäre Auslegung der in Art. 51 (3) AP I enthaltenen Begriffe ebenfalls unmissverständlich begrüßt.[952] Das Oberste Gericht begründete seine Entscheidung damit, dass wenn sich die Realität ändert, sich auch die Auslegung bereits bestehender Normen weiterentwickeln muss.[953]

> *„New reality at times requires new interpretation. Rules developed against the background of a reality which has changed must take on a dynamic interpretation which adapts them, in the framework of accepted interpretational rules, to the new reality*“[954]

Zwar war diese Entscheidung aufgrund politischer Gründe einem erheblichen Maß an Kritik ausgesetzt, jedoch wurde die Anwendung einer evolutionären Methode zur Auslegung der Begriffe in AP I nicht nachträglich beanstandet. In diesem Kontext räumte selbst *Michael N. Schmitt* ein, dass sich das Recht entwickeln muss, um effektiv zu bleiben und um auf neue Kontexte reagieren zu können.[955]

Noch einmal zu betonen ist, dass der IGH im bereits vorgestellten „*Aegean Sea Continental Shelf Case*“ feststellte: Wenn Staaten einen allgemeinen Begriff innerhalb eines internationalen Vertrags verwenden, alleine deshalb schon die Vermutung entsteht, dass die Vertragsparteien einer sich entwickelnde Bedeutung bewusst waren.[956]

---

950 Legality of the Threat or Use of Nuclear Weapons Case, Advisory Opinion [1996] ICJ Rep 226 (Nuclear Weapons), [78].

951 Chetail, Vincent, *The Contribution of the International Court of Justice to International Humanitarian Law*, (2003) 85 International Review of the Red Cross 235, 259.

952 Mačák, Kubo, *Military Objectives 2.0: The Case for Interpreting Computer Data as Objects under International Humanitarian Law*; Israel Law Review 2015 (48) 1; HCJ 769/02 Public Committee Against Torture in Israel and Palestinian Society for the Protection of Human Rights and the Environment v Israel and Others ILDC 597 (IL 2006) [2006], para 28.

953 Ibid.

954 Ibid.

955 Ibid.

956 Aegean Sea Continental Shelf (Greece v. Turkey) 66.

„for the state parties the presumption necessarily arises that its meaning was intended to follow the evolution of the law and to correspond with the meaning attached to the expression by the law in force at any time“[957]

Somit gibt es zwar, mit Ausnahme des Obersten Gerichts in Israel, keine direkte *Opinio Juris* oder Staatenpraxis in Bezug auf das vorhandene Bewusstsein einer begrifflichen Evolution zum ersten Zusatzprotokoll. Jedoch kann Anhand der absolut grundlegenden Bedeutung des ersten Zusatzprotokolls für das humanitäre Völkerrecht, die Rechtsprechung zum „*Aegean Sea Continental Shelf Case*“ und die von Staaten widerspruchslos akzeptierten Ausführungen des IGH zu Nuklearen Waffen davon ausgegangen werden, dass die Vertragsparteien sich darüber im Klaren waren, dass sich die Bedeutung allgemeiner Begriffe des ersten Zusatzprotokolls im Laufe der Zeit entwickeln kann.

cc) Schaffung eines „ewigen Systems“

Das erste Zusatzprotokoll besitzt ferner kein Schlussdatum. Zwar gibt es mit Art. 99 AP I die Möglichkeit, den Vertrag durch „*Denunciation*“ zu verlassen, das erste Zusatzprotokoll ist jedoch grundsätzlich auf einen unbestimmten Zeitraum ausgelegt.

Somit ist erstens der Begriff „Objekt“ ein allgemeiner Begriff, welcher die Verwendung einer evolutionären Interpretation unterstützt. [958] Zweitens waren sich die Vertragsparteien darüber im Klaren, dass sich das Verständnis allgemeiner Begriffe im Laufe der Zeit verändern kann und drittens war der Vertrag auf einen unbestimmten Zeitraum ausgelegt. Dies hat zur Folge, dass von den Vertragsparteien des ersten Zusatzprotokolls ein ewiges System geschaffen wurde.

Da alle Voraussetzungen des vom IGH im *Navigational Rights Case* aufgestellten Test für das erste Zusatzprotokoll zu den Genfer Abkommen vorliegen, ist eine kontemporäre Interpretation des Begriffes „Objekt“ aus Art. 52 (2) AP I möglich und soll nachfolgend durchgeführt werden.

d) „Evolutionary Interpretation“ *des Begriffs „Objekt“ in Artikel 52 (2) AP I*

Infolgedessen soll der Begriff „Objekt“ in Art. 52 (2) AP I, unter Berücksichtigung seines heutigen Verständnisses, durch Art. 31 ff. der Wiener

957 Aegean Sea Continental Shelf (Greece v. Turkey) 66.

958 Mačák, Kubo, *Military Objectives 2.0: The Case for Interpreting Computer Data as Objects under International Humanitarian Law*; Israel Law Review 2015 (48) 1.

Vertragsrechtskonvention interpretieren werden. In dieser Hinsicht soll auf die klassische juristische Methodenlehre in Form der Auslegungsmethoden zurückgegriffen werden und so zum einen die Wortlaute der authentischen Sprachen des Art. 52 (2) AP I, seine historische Relevanz sowie sein Sinn und Zweck durch eine genaue Untersuchung der für das vorliegende Thema relevanten modernen Umstände betrachtet werden.[959] Besonders hervorzuheben ist, dass durch eine „*Evolutionary Interpretation*" der Sinn und Zweck des Art. 52 (2) AP I nicht verändert werden darf und dass das inhaltliches Fundament des Begriffes „Objekt" in Art. 52 (2) AP I weiterhin das gleiche bleiben muss, auf diesem Fundament allerdings eine neue begriffliche Konstruktion aufgebaut werden kann.[960]

aa) Wortlaut des Art. 52 (2) AP I

Zuerst stellt sich die Frage, ob Daten als immaterielle Gegenstände unten den Wortlaut des Artikel 52 (2) AP I subsumiert werden können.

Gemäß Art. 33 der Wiener Vertragsrechtskonvention sind Verträge in zwei oder mehreren authentischen Sprachen in gleicher Weise maßgebend, sofern der Vertrag keine anderen Regelungen vorsieht.

> *„Ist ein Vertrag in zwei oder mehr Sprachen als authentisch festgelegt worden, so ist der Text in jeder Sprache in gleicher Weise massgebend, sofern nicht der Vertrag vorsieht oder die Vertragsparteien vereinbaren, dass bei Abweichungen ein bestimmter Text vorgehen soll.*"[961]

Betrachtet man den Wortlaut der sechs authentischen Sprachen des Art. 52 (2) AP I, lässt sich eine auffällige Diskrepanz feststellen. Die sechs authentischen Sprachen des Protokolls können in zwei Gruppen eingeteilt werden: Zum einen Englisch, Arabisch, Chinesisch und Russisch, da diese vier Sprachen eine jeweils wortwörtliche Übersetzung des Begriffs „Objekt" verwenden, ohne spezifischen materiellen oder immateriellen Bezug:[962] „*object*" auf Englisch,

---

959 Orakhelashivili, Alexander, *The Interpretation of Acts and Rules in Public International Law*, S. 288–289.

960 Gross, *Treaty Interpretation*, S. 174; Matscher, *Methods of Interpretation of the Convention*, S. 70.

961 Art. 33, Vienna Convention on the Law of Treaties, 23 May 1969, 1155 UNTS 331.

962 Bothe, Michael/Partsch, Karl Josef/Solf, Waldemar A., *New Rules for Victims of Armed Conflicts: Commentary on the two 1977 protocols additional to the Geneva Conventions of 1949*, S. 320; Mačák, Kubo, *Military Objectives 2.0: The Case for Interpreting Computer Data as Objects under International Humanitarian Law*; Israel Law Review 2015 (48) 20.

„*物体*“[963] auf Chinesisch, „объект“[964] auf Russisch und „ يان الأع ب “[965] auf Arabisch. Zum anderen Spanisch und Französisch. Bei diesen Sprachen wird sowohl auf Spanisch[966] als auch auf Französisch[967] nicht das Wort „Objekt“, sondern das Wort „*un bien*“[968] verwendet, was ins Englische wörtlich übersetzt als „*a good*“[969] oder „*a property*“[970] verstanden werden kann. Im Deutschen hingegen könnte man beispielsweise „*un bien*“ als „Vermögenswerte“ übersetzen. Soweit das Wort „*un bien*“ verwendet wird, insbesondere in der französischsprachigen Rechtsliteratur,[971] lässt sich feststellen, dass sich dieses Wort nicht auf ein physisch-materielles Verständnis des Wortes „Objekt“ beschränkt.[972] Der Begriff „*bien*“ wird beispielsweise in Art. 899 des kanadischen „*Code Civil du Québec*“ in materielle und immaterielle Unterkategorien eingeteilt.[973]

> „*Les biens, tant corporels qu'incorporels, se divisent en immeubles et meubles*“[974]

An dieser Stelle soll noch einmal betont werden, dass das Ziel dieser Auslegung nicht darin besteht, Begriffe des nationalen Rechts in das internationale Recht zu übertragen, ohne deren Kontext gebührend zu berücksichtigen. Alleine die

---

963 Mačák, Kubo, *Military Objectives 2.0: The Case for Interpreting Computer Data as Objects under International Humanitarian Law*; Israel Law Review 2015 (48) 22; Chinesische Fassung, http://www.icrc.org/chi/resources/documents/misc/additional_protocol_1.htm.

964 Ibid.; Russische Fassung, http://www1.umn.edu/humanrts/russian/instree/Ry5pagc.html.

965 Ibid.; Arabische Fassung, http://www1.umn.edu/humanrts/arab/b094.html.

966 Ibid.; Spanische Fassung, http://www1.umn.edu/humanrts/instree/Sgenevaconvprotocol1.html.

967 Ibid.; Französische Fassung, http://www1.umn.edu/humanrts/instree/french/y5pagcf.htm.

968 Ibid.; (pl. „les biens“ bzw. „los bienes“).

969 Langendscheidt – Französisch Wörterbuch „un, bien“ https://de.langenscheidt.com/franzoesisch-deutsch/search?term=un+bien&q_cat=%2Ffranzoesisch-deutsch%2F (Letzter Aufruf 04.06.2019 12:54).

970 Pons – Französisch Wörterbuch „bien, un“; „bien“, Grand Dictionnaire Hachette-Oxford (4th edn, Oxford University Press 2007) 92.

971 Mačák, Kubo, *Military Objectives 2.0: The Case for Interpreting Computer Data as Objects under International Humanitarian Law*; Israel Law Review 2015 (48) 22.

972 Ibid.

973 Code Civil Du Québec, Art. 899.

974 Ibid.; Übersetzt: „Vermögenswerte, sowohl materielle als auch immaterielle, werden in reales und persönliches Eigentum unterteilt“.

Tatsache, dass ein Verständnis des Wortes „Objekt" durch „*un bien*" auch in einer immateriellen Form existieren kann, ist überaus außergewöhnlich und bietet ein schärferes Verständnis der Bedeutung des Wortes „*object*" in der englischen Fassung des ersten Zusatzprotokolls.

Zwar ist Deutsch keine authentische Sprache des AP I, jedoch lässt sich für die deutsche Sprache ein ähnliches Ergebnis feststellen. Laut Duden versteht man unter einem „Objekt" abstrakt einen Gegenstand, auf den das Interesse, das Denken oder das Handeln gerichtet ist.[975] Eine physische Präsenz wird somit nicht wortwörtlich vorausgesetzt. Der Duden enthält ebenfalls eine Bedeutung des Wortes „Objekt" für den Bereich der Informationstechnik:

> „(Eine) *Datenstruktur als Mitglied einer Klasse von Datenstrukturen, das Daten enthalten und verarbeiten sowie Nachrichten mit anderen Objekten austauschen kann*".[976]

Aufgrund dessen, dass das französische und spanische Verständnis gemäß Art. 33 (1) VCLT ebenso maßgebend sind, wie die Sprachen der obigen ersten Gruppe, kann folglich davon ausgegangen werden, dass der Begriff „Objekt" in Art. 52 (2) AP I vom Wortlaut her eine materielle sowie immaterielle Bedeutung besitzen kann.

Daten als immaterielle Gegenstände, welche elektronisch, magnetisch oder sonst nicht unmittelbar wahrnehmbar gespeichert sind oder übermittelt werden, können mithin unter den Wortlaut des Art. 52 (2) AP I subsumiert werden, ohne dass in den Kerngehalt des Begriffes „Objekt" eingegriffen wird und so seine kontemporäre Bedeutung, Daten als immaterielle Gegenstände, miteinschließt.

bb) Historischer Sinn und Zweck des Art. 52 (2) AP I

Vor dem bereits in Kapitel 1 dargestellten historischen Hintergrund zum Unterscheidungsgebot muss die Frage beantwortet werden, ob das Verständnis von Daten mit dem historischen Sinn und Zweck des Art. 52 AP I vereinbar ist. Der heutige Sinn und Zweck des Art. 52 (2) AP I ist eine besondere Ausgestaltung des in Art. 48 AP I formulierten Unterscheidungsgebots. Artikel 48 AP I legt zwar als Grundregel ein Prinzip zur Unterscheidung fest, die eigentliche Unterscheidung zwischen militärischen und zivilen Zielen wird jedoch in Art. 52 (2) AP I durchgeführt.[977]

---

975 https://www.duden.de/rechtschreibung/Objekt 1) a) (Letzter Aufruf 16.07.2019 12:45).

976 Ibid. 5.

977 Fenrick, William, *Attacking the Enemy Civilian as a Punishable Offence,* 1997 Duke Journal of Comparative and International Law S. 543–544.

Unter der Berücksichtigung, dass eine historische Interpretation im Rahmen von Art. 32 VCLTs einen engen Rahmen als ergänzendes Auslegungsmittel darstellt, lassen sich, wie in Kapitel 1 dargestellt, der historische Sinn und Zweck des Art. 52 (2) AP I auf die Entwicklungen des zivilen Schutzes und der Immunisierung von Unbeteiligten in bewaffneten Konflikten zurückführen und Parallelen zur heutigen Zeit erkennen.[978] *Francisco de Vitoria* beispielsweise versuchte ebenfalls das damalige Recht für einen neuen Anwendungsbereich zugänglich zu gestalten.[979] Vitoria erkannte, dass solange politische Entscheidungen von religiös-konfessionellen Motiven durchdrungen wurden, dies die Entwicklung eines echten Rechts zum Schutze der Unbeteiligten im Konflikt blockierte.[980] Er sprach sich deshalb in seinem Werk *De Jure Belli* ausdrücklich zu einer schonenden Behandlung von unschuldigen Nichtchristen und Barbaren aus, welche als naturrechtliche Vorgabe und *Jus Gentium* für alle menschlichen Wesen gelten musste.[981] Ebenfalls versuchten *Hugo Grotius* und *Francis Lieber* mit verschiedenen moralischen und rechtlichen Korrektiven, wie dem *Temperamenta Belli* oder den Artikeln der General Order No. 100, eine effektive Unterscheidung im bewaffneten Konflikt zu gewährleisten. *Grotius* und *Lieber* versuchten beide, die am Konflikt Unbeteiligten durch ihr jeweiliges Korrektiv zu schützen. Dieses Korrektiv existiert heute mit der Voraussetzung „*definite military advantage*“ in Art. 52 (2) AP I ebenfalls. Alle militärischen Objekte können zwar grundsätzlich zerstört werden, die Zerstörung muss jedoch einen militärischen Vorteil zum Ergebnis haben, ansonsten ist von einem Angriff abzusehen.[982]

Würden Daten nun in den Anwendungsbereich des Art. 52 (2) AP I fallen, ergibt dies zwangsläufig eine rechtliche Erweiterung in den Cyberspace als neuen Anwendungsbereich. Dies ist jedoch durch die in Kapitel 1 dargestellte Entstehungsgeschichte des Unterscheidungsgebots gedeckt. Der historische Sinn und Zweck besteht gerade im effektiven Schutz der Zivilbevölkerung.[983] Um bedeutsam zu bleiben, wurde das damalige Recht von den alten Publizisten und Philosophen stetig entwickelt, verändert und angepasst, um für unbekannte Szenarien effektiv zu sein. So sah sich *Francis Lieber* mit der Herausforderung konfrontiert,

---

978 Ibid.

979 Siehe Kapitel 1 B) I).

980 Grewe, Wilhelm Georg, *The Epochs of International Law*, S. 218.

981 Ibid.

982 Bothe, Michael/Partsch, Karl Josef/Solf, Waldemar A., *New Rules for Victims of Armed Conflicts: Commentary on the two 1977 protocols additional to the Geneva Conventions of 1949*, S. 325.

983 Ibid.

wie konföderierten Soldaten, die weder einfache Bürger noch angehörige einer fremden Nation waren, zu kategorisieren und folglich zu behandeln waren. Als Lösung wurde von Lieber das damalige Verständnis vom Recht bewaffneter Konflikte entsprechend angepasst.[984] Ähnlich wie zu *Francis Lieber* Zeit ist heutzutage die Kriegsführung nun unwiderruflich in eine andere, völlig neuartige Sphäre vorgedrungen. Damit die Jahrhunderte lange historische Arbeit zum Schutz der Unbeteiligten innerhalb eines Konflikts, die letztendlich in die Art. 48 AP I und Art. 52 AP I mündete, erhalten bleibt, ist es fast schon ein Muss, dass Daten als „Objekte“ vom historischen Hintergrund zu Art. 52 AP I gedeckt sind.

cc) Kontemporärer Sinn und Zweck des Art. 52 (2) AP I

Obwohl ein Vertrag mehrere Ziele und Zwecke besitzen kann, besteht kaum ein Zweifel daran, dass einer der wichtigsten, wenn nicht gar der wichtigste, Zweck des ersten Zusatzprotokolls darin besteht, den Schutz der Opfer bewaffneter Konflikte in Ergänzung zu den der vier Genfer Abkommen von 1949 zu verbessern.[985] In der Präambel des ersten Zusatzprotokolls wird das Ziel der Verbesserung des zivilen Schutzes als etwas bezeichnet, das die Vertragsstaaten als zwingend nötig erachteten.[986]

> *„'Believing' it necessary nevertheless to reaffirm and develop the provisions protecting the victims of armed conflicts and to supplement measures intended to reinforce their application“.*[987]

Die Normen in Teil IV *„Civilian Population“* des AP I konzentrieren sich speziell auf Zivilisten als eine Unterkategorie der Opfer bewaffneter Konflikte. Daraus lässt sich ableiten, dass der heutige Sinn und Zweck des Art. 52 (2) AP I, genauso wie sein historischer Hintergrund, der Schutz der zivilen Bevölkerung ist. Ebendieser Schutz wird in Art. 52 AP I durch eine Kategorisierung von Objekten gewährleistet. Damit diese Kategorisierung und der heutige Sinn und Zweck des Art. 52 (2) AP I durch die *„Evolutionary Interpretation“* erhalten bleiben, muss es bei der Subsumption von Daten als Objekt zunächst eine Vergleichbarkeit

---

984 Röben, Betsy, *Johann Caspar Bluntschli, Francis Lieber und das moderne Völkerrecht 1861–1881*, S. 45–47.

985 Ibid.

986 Preamble, Protocol Additional to the Geneva Conventions of 12 August 1949, and relating to the Protection of Victims of International Armed Conflicts (Protocol I), 8 June 1977, 1125 UNTS 3.

987 Ibid.

zwischen materiellen und immateriellen Objekten innerhalb des humanitären Völkerrechts geben.[988]

Betrachtet man ein physisches militärisches Objekt, etwa einen Panzer, bleibt das physische Objekt bei einem Angriff entweder unversehrt, wird beschädigt oder gar komplett zerstört. Computerdaten als immaterielle Objekte können zwar nicht Gegenstand eines kinetischen Angriffes sein, bei einem Cyber-Angriff bleiben Daten als immaterielle Objekte jedoch ebenfalls unversehrt, werden beschädigt oder komplett zerstört. Es ist durchaus richtig, dieser Gegenüberstellung eine fehlende Unmittelbarkeit in dem Sinne entgegenzuhalten, dass es im Vergleich zur Zerstörung eines Panzers gegebenenfalls sehr aufwändig sein kann, unmittelbar festzustellen, ob ein Datensatz manipuliert wurde, da die nicht-kinetische Natur des Angriffes es dem Angreifer erleichtert seine Spuren zu verbergen.[989] So wurden beispielsweise die iranischen Einrichtungen bereits im Juni 2009 das Ziel des Stuxnet-Virus, jedoch wurde seine Existenz erst 13 Monate später entdeckt.[990] Diese Schwierigkeit soll jedoch nicht bedeuten, dass eine potenzielle Manipulation oder Zerstörung von Daten kategorisch unbestimmbar ist. Ebenso kann ein Panzer innerhalb eines Konflikts, welcher sich weit abseits der Front befindet, als dass die gegnerische Konfliktpartei seinen gegenwärtigen Zustand oder gar seine Existenz bestimmen könnte, den Panzer innerhalb eines Konflikts nicht zu einem nicht-militärischen Objekt im Sinne des Art. 52 (2) AP I werden lassen.

Dem Sinn und Zweck des Art. 52 (2) AP I und der materiell-immateriellen Vergleichbarkeit könnte ferner entgegenstehen, dass aufgrund der dualen Natur des Cyberspace die Unterscheidung durch Art. 52 (2) AP I ausgehöhlt werden würde. Würde man alle Daten als Objekte behandeln, würde die Konfliktpartei ihre Fähigkeit verlieren, eine Vielzahl an Cyber-Operationen durchzuführen, da jede Cyber-Operation durch die duale Natur zwangsweise Auswirkungen auf zivile Objekte oder Personen mit sich bringt.[991] Vergleicht man innerhalb eines

---

988 Bothe, Michael/Partsch, Karl Josef/Solf, Waldemar A., *New Rules for Victims of Armed Conflicts: Commentary on the two 1977 protocols additional to the Geneva Conventions of 1949*, S. 321–323.

989 Mačák, Kubo, *Military Objectives 2.0: The Case for Interpreting Computer Data as Objects under International Humanitarian Law*; Israel Law Review 2015 (48) 23–25.

990 Nakashima, Ellen/Warrick, John, *Stuxnet was work of U.S. and Israeli experts, officials say.* https://www.washingtonpost.com/world/national-security/stuxnet-was-work-of-us-and-israeli-experts-officials-say/2012/06/01/gJQAlnEy6U_story.html (Letzter Aufruf 08.06.2019 11:48).

991 Lobel, Hannah, *Cyber War Inc. The Law of War Implications on the Privat Sector's Role in Cyber Conflict*, Texas International Law Journal 47 (2012), S. 618–620.

Konflikts die Zerstörung einer zivilen, rein informativen E-Mail mit seinem Spiegelbild, einem identischen physischen auf Papier geschriebenen Brief, lässt sich feststellen, dass zunächst die Zerstörung des Briefes nicht rechtmäßig im Sinne des humanitären Völkerrechts ist.[992] Dies ist jedoch nicht die Folge davon, dass der Brief kein Objekt ist, sondern, dass der Brief kein militärisches Ziel darstellt, da er die Kriterien in Artikel 52 (2) AP I nicht erfüllt. Er leistet keinen wirksamen militärischen Beitrag und seine Zerstörung bietet keinen militärischen Vorteil. In einer groß angelegten militärischen Operation, beispielsweise ein Angriff auf ein feindlich besetztes Postgebäude, wäre die Vernichtung des Briefes auch unter Anwendung des Verhältnismäßigkeitsgrundsatzes gerechtfertigt.[993] Ein Angriff kann kollaterale Schäden an zivilen Objekten verursachen und dennoch rechtmäßig sein, solange der Schaden im Verhältnis zu dem erwarteten konkreten und direkten militärischen Vorteil nicht übermäßig groß ist.[994] Überträgt man diese Überlegungen auf das elektronische Äquivalent der zivilen E-Mail, lässt sich ein identisches Bild feststellen. Die alleinige Zerstörung der E-Mail durch einen Cyber-Angriff würde nicht die Kriterien des Art. 52 (2) AP I erfüllen. Solange es sich jedoch um eine Folge einer ansonsten rechtmäßigen militärischen Cyber-Operation handelt, welche dem Grundsatz der Verhältnismäßigkeit entspricht, würde die Tatsache, dass die E-Mail vernichtet wurde, nicht auf einen unrechtmäßigen Angriff hinauslaufen und somit vom humanitären Völkerrecht gedeckt sein.[995] Es ist mithin in Art. 52 (2) AP I die Eignung bestimmter Arten von Objekten, unabhängig der Frage materiell oder immateriell, etwas zu sein, dem überhaupt Schaden zugefügt werden kann. Da Daten manipuliert und vernichtet werden können und dies objektiv nachprüfbar ist, muss eine kontemporäre Vergleichbarkeit zwischen materiellen und immateriellen Objekten in Art. 52 (2) AP I ganz klar bejaht werden.

Diese Vergleichbarkeit wird noch stärker betont, wenn man sich vor Augen führt, dass die aktuelle rechtliche Lage, in Bezug auf die Rechtmäßigkeit von

---

992 Sharp, Walter G., *Cyberspace and the Use of Force,* S. 27–31; Silver, Daniel B., *Computer Network Attack as a Use of Force under Article 2 (4) of the UN Charter,* S. 73–76.

993 Schmitt, Michael N./ Shany, Yuval, An International Attribution Mechanism for Hostile Cyber Operations?, International Law Studies 96 (2020), S. 218–221.

994 Sandoz, Yves, *Land Warfare,* S. 99 in: *The Oxford Handbook of International Law in Armed Conflict.*

995 Ziolkowski, Katharina, *Computernetzwerkoperationen und die Zusatzprotokolle zu den Genfer Konventionen. Zum „virtuellen Raum" des Internet und dem Schutzstandard der vor 30 Jahren in Kraft getretenen Protokolle,* Humanitäres Völkerrecht 21 (2008), S. 210–213.

Cyber-Operationen, den Sinn und Zweck des Art. 52 (2) AP I unterläuft.[996] Angriffe auf Objekte, welche in der physischen Welt nicht rechtmäßig sind, können aktuell im Cyberspace rechtmäßig durchgeführt werden, da Daten bisher nicht in den Anwendungsbereich des Art. 52 (2) AP I fallen.[997]

Zur Veranschaulichung dient ein Cyber-Angriff auf den offiziellen Twitter-Account der Nachrichtenagentur „*Associated Press*“ im April 2013. Eine Gruppe syrischer Hacker, bekannt als die „*Syrian Electronic Army*“ (SEA), veröffentlichte einen gefälschten Tweet, welcher mehrere Explosionen im amerikanischen Weißen Haus und die Verletzung des US-Präsidenten verkündete.

> „*Breaking: Two Explosions in the White House and Barrack Obama is injured*“[998]

Die Auswirkungen waren unmittelbar und folgenschwer: Der Dow Jones Industrial Average Index der New Yorker Börse stürzte rapide ab, mit der Folge, dass ein Marktwert von 136 Milliarden Dollar durch den Cyber-Angriff verloren ging. All dies ist ohne jegliche Auswirkungen auf physische Objekte geschehen – seien es die Server von Twitter, die Server der Börse oder sonstige Cyber-Infrastruktur, welche beim Angriff passiert wurde.[999]

Wie eine Grafik zeigt, waren die Folgen dieses Cyber-Angriffs nur von kurzer Dauer.[1000]

Der Angriff verdeutlicht jedoch das Ausmaß der Schäden, welche durch einen Cyber-Angriff verursacht werden können. In einem bewaffneten Konflikt würden derartige groß angelegte physische Beschädigungen von zivilen Gütern in jedem Fall im Rahmen des humanitären Völkerrechts bewertet werden.

---

996 Dröge, Cordula, *Get Off My Cloud: Cyber Warfare, International Humanitarian Law, and the Protection of Civilians*, 2012 International Review of the Red Cross 94, S. 561.

997 Ibid.

998 Domm, Patti, *False Rumor of Explosion at White House Causes Stocks to Briefly Plunge; AP Confirms Ist Twitter Feed Was Hacked*, https://www.cnbc.com/id/100646197 (Letzter Aufruf 02.04.2020 13:53).

999 Fisher, Max, *Syrian Hackers claim AP Hack that tipped Stock Market by 136 Billion. Is it Terrorism?*, **Fehler! Linkreferenz ungültig.**, (Letzter Aufruf 15.07.2019 15:34.); Goldman, Jeff, *White House Employees hacked by Syraian Electronic Army*, www.esecurityplanet.com%2Fhackers%2Fwhite-house-employees-hacked-by-syrian-electronic-army.html&usg=AOvVaw2vxnA9e-bFYGzJfvx-PI62 (Letzter Aufruf 15.07.2019 15:42).

1000 Langlois Shawn, *This day in history: Hacked AP tweet about White House explosions triggers panic*, https://www.marketwatch.com/story/this-day-in-history-hacked-ap-tweet-about-white-house-explosions-triggers-panic-2018-04-23 (Letzter Aufruf 09.07.2019 13:14).

Daten heutzutage nicht unter das Verständnis von „Objekt“ in Art. 52 (2) AP I einzubeziehen, stellt mithin einen deutlichen Widerspruch zum eigentlichen Sinn und Zweck des Art. 52 (2) AP I dar. Der allgemeine Grundsatz des humanitären Völkerrechts, dass das Recht der Konfliktparteien, Mittel und Methoden zur Bekämpfung des Feindes zu ergreifen, nicht unbegrenzt ist, unterstützt zudem eine „*Evolutionary Interpretation*“ des Begriffs „Objekt“. Diese kontemporäre Auslegung hat den zusätzlichen Vorteil, dass sie Klarheit hinsichtlich der Unterscheidung zulässiger militärischer Ziele innerhalb von Cyberwarfare schafft. Cyber-Angriffe der in C) beschriebenen **Gruppe 2**, also Angriffe, die ausschließlich auf Daten gerichtet sind – wie beispielsweise ein DDoS-Angriff auf eine Website, welche nur für militärischen Zwecken genutzt wird – könnten eindeutig als Angriff auf ein militärisches Ziel im Sinne des humanitären Völkerrechts eingeordnet werden.[1001] Der kontraintuitive Ansatz des Tallinn-Manual 2.0 das Angriffsobjekt nicht in der Website, sondern im physischen Server zu sehen, könnte somit gänzlich vermieden werden.

Alles, was kein Objekt darstellt, kann grundsätzlich nicht als militärisches oder ziviles Ziel eingestuft werden.[1002] Deshalb entspricht es absolut dem kontemporären Sinn und Zweck, den allgemeinen Begriff „Objekt“ anzupassen, um das Ziel zu erreichen, welches dem Unterscheidungsgebot zugrunde liegt: Der Schutz der Zivilbevölkerung.

II) Ergebnis

Die vorstehenden Ausführungen belegen, dass Daten unter den Begriff „Objekt“ im Sinne des Art. 52 (2) AP I subsumiert werden können.

Das Tallinn-Manual ist einer der wertvollsten modernen Beiträge zur Auslegung des Völkerrechts im Hinblick auf die neuen Herausforderungen, die Cyberwarfare mit sich bringt. Nichtsdestotrotz hat diese Frage innerhalb des Tallinn-Manuals zur Entstehung eines „gallischen Dorfs“ geführt, welches sich durch die vorstehenden Ausführungen bewährt hat. Somit stellt nicht nur **Gruppe 1** sondern auch **Gruppe 2** einen qualifizierten Cyber-Angriff dar und beide Gruppen müssen im Lichte des humanitären Völkerrechts bewertet

1001 Gill, Terry D, *Non-Intervention in the Cyber Context S. 217–219,* in: Peacetime Regime for State Activities in Cyberspace. International Law, International Relations and Diplomacy.

1002 Woltag, Johann-Christopher, *Cyber Warfare: Military Cross-Border Computer Network Operations under International Law,* S. 47–51.

werden. Diese kontemporäre Interpretation wird durch einen starken rechtlichen Rahmen in Form des „*Aegean Sea Continental Shelf Case*“ und „*Navigational Rights Case*“ des internationalen Gerichtshofs gestützt. Besonders hervorzuheben ist, dass durch die „*Evolutionary Interpretation*“ der Sinn und Zweck des Art. 52 (2) AP I nicht verändert wird und das inhaltliche Fundament des Begriffes „Objekt“ in Art. 52 (2) AP I weiterhin identisch bleibt.

Es ist nicht nur ein begrüßenswertes Ergebnis für das humanitäre Völkerrecht, sondern ein notwendiges. Wer das Recht ohne gebührende Berücksichtigung der Veränderungen in der Realität auslegt, riskiert, dass dieses Recht zur Bedeutungslosigkeit erodiert.

> „*in the dynamic circumstances of armed conflict, objects which may have been military objectives yesterday, may no longer be such today and vice versa*“[1003]

1003 Bothe, Michael/Partsch, Karl Josef/Solf, Waldemar A., *New Rules for Victims of Armed Conflicts: Commentary on the two 1977 protocols additional to the Geneva Conventions of 1949*, S. 326.

Ausblick

Um diese Arbeit in einer Kernthese zusammenzufassen lässt sich folgendes formulieren: Das *immunitas*-Konzept ist eine historische Wurzel des humanitär-völkerrechtlichen Unterscheidungsgebots. Nicht nur lassen sich dessen vertragsrechtliche Ausgestaltungen auf Vorstellungen von *immunitas* zurückführen; vielmehr leistet die historische Wurzel einen Beitrag zur Bewältigung von Auslegungsproblemen der insbesondere im Ersten Zusatzprotokoll zu den Genfer Abkommen festgehaltenen Ausprägungen des Unterscheidungsgebots. Dies lässt sich an der Frage der Einordnung von Daten als potenzielle militärische Ziele veranschaulichen.

Das humanitär-völkerrechtliche Unterscheidungsgebot hat bereits eine außerordentliche Entwicklung hinter sich gebracht. Von einem menschlichen Grundbedürfnis nach Gerechtigkeit getragen, wurde dieser Grundsatz des Rechts bewaffneter Konflikte über Jahrhunderte hinweg verändert und angepasst. Dieser Prozess der Versicherheitlichung, im Rahmen des Verständnisses der Kopenhagener Schule, ist grundlegend für die in Kapitel 1 dargestellte Entwicklung. Die untersuchten historischen Persönlichkeiten der Antike bis hinein ins 19. Jahrhundert transformierten das Unterscheidungsgebot durch das Immunitaskonzept von einem öffentlichen Problem in ein Sicherheitsproblem und verhalfen ihm somit, durch politische Kommunikation, an Priorität zu gewinnen und im Zuge der Jahrhunderte stetig gefördert und weiterentwickelt zu werden. Die aus dieser Entwicklung des Immunitaskonzept heraus entstandenen Heuristiken und Repertoires kollektiver Sicherheit welche in Kapitel 2 dargestellt wurden, sind heute zu einem festen Bestandteil des internationalen Rechts und vor allem des humanitären Völkerrechts des 21. Jahrhunderts geworden.

Das Unterscheidungsgebot steht jedoch heute mit der Verlagerung von militärischen Operationen in die Sphäre des Cyberspace vor einer gänzlich neuen Herausforderung. Cyber-Angriffe auf Computernetzwerke stellen immer noch ein verhältnismäßig neues Phänomen dar, das vor allem durch die folgenschweren Cyber-Angriffe auf Estland im Jahr 2007 und dem Iran im Jahr 2010 in den Fokus der Öffentlichkeit gerückt ist und dadurch Einzug in sicherheitspolitische Debatten gefunden hat. Diese Arbeit zeigt jedoch, dass durch eine sorgfältige „*Evolutionary Interpretation*" auf der Grundlage der im „*Aegean Sea Continental Shelf Case*" und „*Navigational Rights Case*" des Internationalen Gerichtshofs festgelegten Grundsätze der Artikel 52 (2) des ersten Zusatzprotokolls zu den Genfer Abkommen juristisch dahingehend Ausgelegt werden kann, dass Daten ebenfalls von seinem Anwendungsbereich erfasst sind und mithin ein militärisches Objekt darstellen können. Es ist jedoch weiterführende wissenschaftliche Forschung erforderlich, wie der völkerrechtliche Umgang mit offensiven Cyber-Operationen weiter konzeptualisiert werden kann. Ein Trend ist beispielsweise, dass offensive Cyber-Operationen immer tiefer in die angegriffenen technischen Systeme eindringen und so eine Nachvollziehbarkeit zwischen einem durch den Angriff eingetretenen Schaden und der Cyber-Operation weiter erschweren. Für die Zukunft ergeben sich aufgrund der Forschungsergebnisse dieser Arbeit somit mehrere Thesen. Zum einen wird die Rekrutierung von Fachpersonal in militärische Strukturen einen Fokus der staatlichen Militärs darstellen. Ohne Fachpersonal fehlt es an spezialisiertem Wissen, welches bei der praktischen Umsetzung des Unterscheidungsgebots im Cyberspace von großer Bedeutung ist. Einige Staaten haben bereits damit begonnen solche Kompetenznetzwerke aufzubauen, wie etwa das Kommando Cyber- und Informationsraum (CIR) der deutschen Bundeswehr oder das U.S Army Cyber Command welches sich mit seinem plakativen Slogan „*Operate, Defend, Attack, Influence!*" selbst als „*Influencer*" bezeichnet. Zum anderen wird durch eine Zunahme der militärischen Cyber Operationen die Staatengemeinschaft gezwungen sein, sich zukünftig intensiver mit der Problematik des humanitären Völkerrechts im Cyberspace auseinanderzusetzen. Die zaghaften Bemühungen der UN-GGE sollen irgendwann zwangsläufig durch konkretere Bestimmungen ergänzt werden, was zu politischen Konfrontationen innerhalb der Staatengemeinschaft führen wird. Eine weitere These lässt sich auf der Ebene des humanitären Völkerrechts aufstellen. Hier erscheint es insbesondere wahrscheinlich, dass weitere Konzepte für die Anwendung im Cyberspace zugänglich gemacht werden. Beispielsweise lassen sich größere Bereiche wie der Individual Battlefield Status, die Rules of Engagement oder speziellere Bereiche des Targetings, wie der Schutz von Kulturgütern durch eine Auslegung im Lichte des Immunitaskonzept für das humanitäre Völkerrecht im Cyberspace anwendbar gestalten. Für die Zukunft bleibt daher zu hoffen, dass sich der Konsens der Staaten dahingehend entwickelt, die neuen Herausforderungen für das Unterscheidungsgebot anzuerkennen und dass neue Regeln geschaffen werden um das Unterscheidungsgebot sowie das Immunitaskonzept auch im Cyberspace zu konsolidieren.

Das Völkerrecht ist ein meist auf Kompromissen beruhendes Konsensrecht und regelt mithin nur das, was die für die Rechtsfortbildung verantwortlichen Staaten regeln möchten. Die Gemeinschaft der Staaten hat mit den eingesetzten UN-Expertengruppen zwar längst damit begonnen, sich den Herausforderungen von Cyberwarfare in bewaffneten Konflikten zu widmen, eine zuverlässige und tragfähige humanitär-völkerrechtliche Lösung ist jedoch bis dato immer noch nur in Grundzügen erkennbar. Wie diese Arbeit gezeigt hat sind die völkerrechtlichen Voraussetzungen, das humanitäre Völkerrecht im Cyberspace anzuwenden, bereits gegeben. Ganz im Sinne der Worte von *Kofi Annan* aus der Einführung dieser Arbeit ist eine kriegerische Notlage nicht länger etwas, das vernachlässigt oder zweitrangig behandelt werden kann, weil eine andauernde Notlage politische Verhandlungen oder Interessen erschwert. Es liegt mithin in den Händen der Staaten für eine völkerrechtliche Verbindlichkeit und somit für eine effektive Durchsetzung des Unterscheidungsgebots zu sorgen, um die zivile Bevölkerung sowie zivile Objekte auch zukünftig zu schützen und die hart erkämpften Errungenschaften der Genfer Konventionen und deren Zusatzprotokolle durch die Verlagerung von militärischen Operationen in den Cyberspace nicht erodieren zu lassen.

Bibliographie

Resolutionsverzeichnis

A/RES/53/70 (4.01.1990) – Resolution Adopted by the General Assembly – Developments in the field of information and telecommunications in the context of international security.

A/RES/56/19 (07.01.2002) – Resolution Adopted by the General – Developments in the field of information and telecommunications in the context of international security.

A/RES/60/45 (06.01.2006) – Resolution Adopted by the General Assembly on 8 December 2005 – Developments in the field of information and telecommunications in the context of international security.

A/65/201 (30.07.2010) – Sixty-fifth session, Developments in the field of information and telecommunications in the context of international security – Group of Governmental Experts on Developments in the Field of Information and Telecommunications in the Context of International Security – Note by the Secretary-General.

A/66/152 (15.07.2011) – Developments in the field of information and telecommunications in the context of international security – Report of the Secretary-General.

A/66/24 (13.12.2011) – Resolution Adopted by the General Assembly on 2 December 2011 – Developments in the field of information and telecommunications in the context of international security.

A/68/98 (24.06.2013) – Group of Governmental Experts on Developments in the Field of Information and Telecommunications in the Context of International Security – Note by the Secretary-General.

A/RES/70/237 (30.12.2015) – Resolution Adopted by the General Assembly on 23 December 2015 – Developments in the field of information and telecommunications in the context of international security.

A/71/172 (19.06.2016) – Developments in the field of information and telecommunications in the context of international security – Report of the Secretary-General.

A/72/315 (11.08.2017) – Developments in the field of information and telecommunications in the context of international security – Report of the Secretary-General.

A/C.1/73/L.37 (18.10.2018) – Seventy-third session, Developments in the field of information and telecommunications in the context of international security – Advancing responsible State behavior in cyberspace in the context of international security.

A/C.1/73/L.27/REV.1 (29.10.2018) – Seventy-third session, Developments in the field of information and telecommunications in the context of international security.

Judikaturverzeichnis:

Aegean Sea Continental Shelf, Judgement, I.C.J. Reports 1978, p. 3.

Corfu Channel, Judgement, I.C.J Reports 1949.

Dispute regarding Navigational and Related Rights (Costa Rica v. Nicaragua), Judgment, I.C.J. Reports 2009, p. 213.

Legal Consequences of the Construction of a Wall in the Occupied Palestinian Territory, I.C.J Reports 2004, p. 136.

Legality of the Threat or Use of Nuclear Weapons, Advisory Opinion, I.C.J. Reports 1996, p. 226.

Military and Paramilitary Activities in and against Nicaragua (Nicaragua v. United States of America), Jurisdiction and Admissibility, Judgment, I.C.J. Reports 1984, p. 392.

Military and Paramilitary Activities in und against Nicaragua (Nicaragua v. United States of America). Merits, Judgment. I.C.J. Reports 1986, p. 14.

Military Prosecutor v. Kassem and Others, Military Court Ramallah 13.04.1969, verfügbar unter: https://casebook.icrc.org/case-study/israel-military-prosecutor-v-kassem-and-others.

Prosecutor v. Dusko Tadic (Appeal Judgement), IT-94-1-A, International Criminal Tribunal for the former Yugoslavia (ICTY), 15 July 1999.

Prosecutor v. Dusko Tadic (Decision on the defence motion for interloctury appeal on jurisdiction), IT-94-1-A, International Criminal Tribunal for the former Yugoslavia (ICTY), 15 octobre 1995.

Public Committee Against Torture in Israel and Palestinian Society for the Protection of Human Rights and the Environment v. Israel and Others, HCJ 769/02, ILDC 597 (IL 2006), 13th December 2006, Israel; Supreme Court; Supreme Court as High Court of Justice.

The Case of the S.S "Lotus", Judgement, P.C.I.J, Series A, No. 10.

Verwaltungsgericht Köln, Az: 26 K 5534/10, 09.02.2012.

Vertragsverzeichnis:

Convention for the Protection of Cultural Property in the Event of Armed Conflict, 14 May 1954, 7 August 1954, 249 UNTS 240.

Declaration Renouncing the Use, in Time of War, of Explosive Projectiles Under 400 Grammes Weight. Saint Petersburg 29 November–11 December 1868.

Draft Rules for the Limitation of Dangers incurred by the Civilian Population in Time of War, International Committee of the Red Cross, 1956.

Instructions for the Government of Armies of the United States in the Field (Lieber Code), 24 April 1863.

Preamble, Convention on Prohibitions or Restrictions on The Use of Certain Conventional Weapons which may be deemed to be Excessively Injurious or to have Indiscriminate Effects, 2. December 1983 UNTS 22495.

Preamble, Protocol Additional to the Geneva Conventions of 12 August 1949, and relating to the Protection of Victims of International Armed Conflicts (Protocol I), 8 June 1977, 1125 UNTS 3.

Protocol Additional to the Geneva Conventions of 12 August 1949, and relating to the Protection of Victims of International Armed Conflicts (Protocol I), 8 June 1977, 1125 UNTS 3.

Protocol Additional to the Geneva Conventions of 12 August 1949, and relating to the Protection of Victims of Non-International Armed Conflicts (Protocol I), 8 June 1977, 1125 UNTS 609.

Protocol on Prohibitions or Restrictions on the Use of Mines, Booby-Traps and Other Devices as amended on 3 May 1996 (Protocol II), 3 May 1996, 2048 UNTS.

Rome Statute of the International Criminal Court, 17 July 1998, 2187 UNTS 3.

Rules concerning the Control of Wireless Telegraphy in Time of War and Air Warfare. Drafted by a Commission of Jurists at the Hague, December 1922–February 1923.

Vienna Convention on the Law of Treaties, 23 May 1969, 1155 UNTS 331.

Literatur- und Quellenverzeichnis:

“Conversations with a Hacker: What Guccifer 2.0 Told Me,” BBC News, January 14, 2017, www.bbc.com/news/blogs-trending-38610402(Letzter Aufruf 20.07.2019 17:10).

“Indiscriminate Weapons” – http://www.weaponslaw.org/glossary/indiscriminate-weapon. (Letzter Aufruf 19.07.2019 15:12).

„The Future of War? Grenzenloser Krieg im Cyberraum“ https://de.usembassy.gov/de/future-war-grenzenloser-krieg-im-cyberraum/, (Letzter Aufruf: 20.07.2019 11:40).

„Civilian“, https://www.etymonline.com/word/civilian (letzter Aufruf 29.01.2020 12:47).

„False-Flag“, https://kenfm.de/false-flag/; (Letzter Aufruf 13.07.2019 12:34).

„FBI Warns Unsuspecting Travelers of Cyber Booby Traps found in Hotel Internet Connections“, https://norrismclaughlin.com/bwob/2012/05/15/fbi-warns-unsuspecting-travelers-of-cyber-booby-traps-found-in-hotel-internet-connections/. (Letzter Aufruf 23.07.2019 11:52).

„Gottesfrieden“, https://www.rechtskarten.de/karten/gottesfrieden/ (letzter Aufruf 29.01.2020 14:44).

„Große Kammer des EGMR Verhandelt Luftangriff bei Kundus“, https://www.ecchr.eu/fall/grosse-kammer-des-egmr-verhandelt-luftangriff-bei-kundus/ (Letzter Aufruf 19.05.2020 14:49).

„Israeli Defence Forces – Tweet 05.05.2019“ https://twitter.com/IDF/status/1125066395010699264. (Letzter Aufruf 14.07.2019 11:54).

„Mordechai Hod – Israeli Air Force Mastermind Behind the Six Day War“ https://www.theguardian.com/news/2003/jul/02/guardianobituaries.israel (Letzter Aufruf: 10.09.2018).

„Operation Change of Direction“, https://www.globalsecurity.org/military/world/war/lebanon-change-of-direction.htm (Letzter Aufruf 12.09.2018 15:20).

„RFID Weapon Tracking“, https://skyrfid.com/RFID_Weapons_Tracking.php, (Letzter Aufruf 24.07.2019 13:32); https://www.kemas.de/en/solutions/security/handling-of-weapons-and-ammunition.html (Letzter Aufruf 02.08.2019 12:21).

„SCADA – Supervisory Control and Data Aquisition“, https://www.itwissen.info/SCADA-supervisory-control-and-data-acquisition-SCADA-Protokoll.html. (Letzter Aufruf 23.9.2019 12:45).

„Tanklaster Bombardement im Kundus“ https://www.tagesschau.de/ausland/tanklaster-bobardement-kundus-101.html (Letzter Aufruf 18.05.2020 14:13).

„Thüringer Ritterorden“ – Eine Übersicht, http://thueringer-ritterorden.de/Historisches/Ritterschlag.html (Letzter Aufruf 10.02.2020).

„UN GGE and OWEG“, https://dig.watch/processes/un-gge; (Letzter Aufruf 13.10.2019 15:40).

Air Force Annex 3-0, Operations and Planning, https://www.doctrine.af.mil/Portals/61/documents/Annex_3-0/3-0-D04-OPS-General-Strategy.pdf (Letzter Aufruf 22.04.2020 19:36).

Air Force Annex 3-60 Targeting, Introduction to Targeting, https://www.doctrine.af.mil/Doctrine-Annexes/Annex-3-60-Targeting/ (Letzter Aufruf 26.02.2019 19:35).

Aldrich, George H., From the St. Petersburg Declaration to the Modern Law of War, in: Borsinger, Nicolas, 125th Anniversary of the 1868 Declaration of St. Petersburg, Journal of the History of International Law 20 (2019), S. 515–543.

Alexander, Amanda, A Short History of International Humanitarian Law, European Journal of International Law 26 (2015), S. 109–138.

Althaus, Johann, Saddam Husseins gefährliche Schrottraketen, https://www.welt.de/geschichte/article151121736/Saddam-Husseins-gefaehrliche-Schrott raketen.html (Letzter Aufruf 20.07.2019 13:25).

Amann, Hans, Henri Dunant: Das Appenzellerland als seine zweite Heimat, Appenzeller Hefte, Herisau 1992.

Anghiem, Antony, Imperialism, Sovereignty, and the Making of International Law, Cambridge University Press, Cambridge 2012.

Annan, Kofi, "Report of the Secretary General to the Security Council on the Protection of Civilians in Armed Conflict," UN Security Council Report S/1999/957 September 8, 1999, http://www.un.org/Docs/journal/asp/ws.asp?m=S/1999/957 (Letzter Aufruf 12.04.2019 15:33).

Anscombe, G.E.M, War and Murder, in: War and Morality: Basic Problems in Philosophy (1961), S. 42–53.

Aquin, Thomas von, Summa Theologia, Biblioteca Autores Cristianos (5. Auflage), Madrid 1994.

Aquin, Thomas von, Summa Theologiae, Zweiter Teil, Frage 40. (http://www.newadvent.org/summa/3040.htm) (Letzter Aufruf 19.04.2019 12:32).

Arnauld, Andreas von, Völkerrecht, C. F. Müller (4. Auflage), Karlsruhe 2019.

Arquilla, John/Ronfeldt, David, „Cyberwar is Coming!“, In: Comparative Strategy 12 (1993), S. 141–165.

Asbridge, Thomas, The Frist Crusade: A New History, Simon + Schuster UK (New Edition), London 2005.

Aurelius, Augustinus, Vom Gottesstaat, Vollständige Ausgabe der Bücher 11 bis 22. Aus dem Lateinischen übertragen von Wilhelm Thimme. Eingeleitet und kommentiert von Carl Andresen, Buch XIX, DTV Verlag, München 1985.

Baranzke, Heike, Menschenwürde zwischen Pflicht und Recht. Zum ethischen Gehalt eines umstrittenen Begriffs, S. 12, https://www.zeitschriftfuermensche nrechte.de/open-access/zfmr_1_2010.pdf (Letzter Aufruf: 12.06.2019 15:39).

Bartsch, Michael/Frey, Stefanie, Cybersecurity Best Practices: Lösung zur Erhöhung der Cyberresilienz für Unternehmen und Behörden, Springer Vieweg, Wiesbaden 2018.

Bellovin, Steven M, Landau, Susan; Limiting the undesired impact of cyber weapons: technical requirements and policy implications, Journal of Cyber Security 3 (2017), verfügbar unter: https://ssrn.com/abstract=2809463.

Bernstroff, Jochen von/Venzke, Ingo, Ehtos, Ehtics and Morality in International Relations, C-1, https://opil.ouplaw.com/view/10.1093/law:epil/9780199231690/law-9780199231690-e936?prd=MPIL. (Letzter Aufruf 21.05.2019 11:56).

Best, Geoffrey, War and Law since 1945, Oxford University Press, Oxford 1997.

Beyme, Evelyne von, Die Kreuzzüge wie sie wirklich waren, https://literaturkritik.de/id/6516 (letzter Aufruf 04.07.2019 10:42).

Bindschedler, Schweiz, aus „Opening Comments," in CDDH, SR.13: 137–38, verfügbar unter: https://www.loc.gov/rr/frd/Military_Law/pdf/RC-records_Vol-17.pdf.

Bjorge, Erik, The Evolutionary Interpretation of Treaties, Springer, Heidelberg 2018.

Blank, Laurie, Armed Conflict and Terrorism: Identification of Military Objectives, Military and Strategic Affairs – Special Issue April 2014, S. 75–80.

Blom, Andrew, Hugo Grotius, https://www.iep.utm.edu/grotius/ (letzter Aufruf 27.03.2020 12:29).

Blom, Hans, Causality and Morality: the rise of naturalism in Dutch seventeenth-century political thought, Monographie – Erasmus Universität Rotterdam.

Blumenthal, Renate, Lexikon des Mittelalters, J.B Metzler, Stuttgart 2002.

Boivin, Nicole, "The Legal Regime Applicable to Targeting Military Objectives in the Context of Contemporary Warfare", CUDH/UCHL Research Paper Series, 2 (2006), S. 15–16.

Boothby, William H., New Technologies and the Law in War and Peace, Cambridge University Press, Cambridge 2019.

Borst, Arno, Barbaren, Geschichte eines europäischen Schlagwortes, S. 24., in: Borst, Arno, Barbaren, Ketzer und Atheisten. Welten des Mittelalters, Nikol, Hamburg 2007.

Bothe, Michael/Partsch, Karl Josef/Solf, Waldemar A., New Rules for Victims of Armed Conflicts: Commentary on the two 1977 protocols additional to the Geneva Conventions of 1949, Nijhoff, DenHaag 1982.

Brett, Annabel, Natural Right and Civil Community: "The Civil Philosophy of Hugo Grotius, in: The Historical Journal 45 (2002), S. 32–62.

Brett, Annabel, VI People in Portrait, Francisco de Vitoria (1483–1546) and Francisco Suarez (1548–1617), https://opil.ouplaw.com/view/10.1093/law/9780199599752.001.0001/law-9780199599752-chapter-47?rskey=kEtkG7&result=1&prd=OPIL (Letzter Aufruf 21.10.2019 13:18).

Brieskorn, Norbert, Mittelalter: Aurelius Augustinus und Thomas von Aquin, in: Handbuch Rechtsphilosophie, J. B Metzler (2. Auflage), Stuttgart 2021.

Brieskorn, Norbert, Spanische Spätscholastik: Francisco de Vitoria, S. 134–172, in: Politischer Aristotelismus, J. B Metzler, Stuttgart 2008.

Brieskorn, Norbert/Stiening, Gideon, Francisco de Vitorias „De Indis", Einleitung, in: Interdisziplinärer Perspektive, Frommann-Holzbook, Stuttgart 2011.

Bröchler, Anja, Was uns das Recht unseres Glaubens erlaubt zu tun. Kriegsgreuel in den Eroberungen Amerikas, S. 137–154, in: Neitzel, Sönke/Hohrath, Daniel, Kriegsgreuel. Die Entgrenzung der Gewalt in kriegerischen Konflikten vom Mittelalter bis in 20. Jahrhundert, Brill, Leiden 2008.

Brodwell, Percy, The Law of War Between Belligerents: A Commentary, Callaghan & Company, Iowa 1980.

Bulitta, Benno, Minne, Wein und Weltenschmerz, G & S Verlag, Zirndorf 2008.

Bumke, Joachim, Höfische Kultur. Literatur und Gesellschaft im hohen Mittelalter, DTV, München 1999.

Bundesakademie für Sicherheitspolitik – Informationskrieg, https://www.baks.bund.de/de/tags/informationskrieg. (Letzter Aufruf: 21.07.2019 11:45).

Bundeszentrale für politische Bildung – Mit den Taxis an die Marne, http://www.bpb.de/geschichte/zeitgeschichte/geschichte-im-fluss/188929/mit-dem-taxi-an-die-marne.

Burton, Graham, Immunitas – Roman Law, Oxford Classical Dictionary 2015 ed, verfügbar unter: https://doi.org/10.1093/acrefore/9780199381135.013.3267.

Carnahan, Burrus M., Lincoln, Lieber and the Laws of War: The Origins and Limits of the Principle of Military Necessity, American Journal of International Law 92 (1998), S. 213–231.

Cassese, Antonio, The Prohibition of Indiscriminate Means of Warfare, C. 8., in: Gaeta/Tappala, The Human Dimension of International Law: Selected Papers, Oxford University Press, Oxford 2008.

Cassese, Antonio, Weapons Causing Unnecessary Suffering: Are They Prohibited, C. 9., in: Gaeta/Tappala, The Human Dimension of International Law: Selected Papers, Oxford University Press, Oxford 2008.

CCDCOE – Back to Square one – one fifth of the UN GGE fails to submit conclusive report, https://ccdcoe.org/back-square-one-fifth-un-gge-fails-sub

mit-conclusive-report-un-general-assembly.html; (Letzter Aufruf 01.07.2019 17:23).

CCDCOE – Stuxnet Legal Considerations, https://ccdcoe.org/library/publications/stuxnet-legal-considerations/ (Letzter Aufruf 20.07.2019 16:57).

CCDCOE – Analysis of the 2007 Cyber Attacks Against Estonia from the Information Warfare Perspective, https://ccdcoe.org/uploads/2018/10/Ottis2008_AnalysisOf2007FromTheInformationWarfarePerspective.pdf, (Letzter Aufruf 15.07.2019 14:03).

Chetail, Vincent, The Contribution of the International Court of Justice to International Humanitarian Law, International Review of the Red Cross 85 (2003), S. 235–269.

CITEC/CIR – Cyber und Informationsraum der Bundeswehr. https://cir.bundeswehr.de/portal/a/cir/start/!ut/p/z1/hY67jsIwEEW_hSKtZ4ghge1Mgc-VLCwoSiRtkgnFAJo6MN9nPXyMq0CKmmztnrg4IyEHUsj1r6c-2libshUj2yXgw43GGKz5CRDZJ-CKN4z4fD2D3CRDhjG-GIWRHBUXoSN93pJC-BAHGRrfwljXXeKE9keTeEopL10ai1LdkjmIPQxh4e6qw-0JEG4dRJOeXIjwtx5X1z-4owwq7riLZWG0VKe43wv5fK3jzkz-Sr8Pd2S3HDOad0yoJ7_xNAobnmHdKhaZenmWa93h_zb70I/dz/d5/L2dBISEvZ0FBIS9nQSEh/#Z7_694IG2S0MG8000AB6GK7221G97 (Letzter Aufruf: 15.08.2019 11:47).

Clapham, Andrew/Gaeta, Paola, The Oxford Handbook of International Law in Armed Conflict, The Law of Air Warfare, Oxford University Press, Oxford 2015.

Clark, Wesley K, Waging Modern War: Bosnia, Kosovo and the Future of Combat, Public Affairs, New York 2001.

Clausewitz, Carl von, Vom Kriege, Buch I, Nikol, Hamburg 2008.

CNN – Translated Excerpts from the Taliban Code of Conduct, http://www.cnn.com/2009/WORLD/asiapcf/07/30/taliban.code.excerpt/index.html (Letzter Aufruf 12.04.2019 15:39) und http://english.aljazeera.net/news/asia/2009/07/20097278348124813.html. (Letzter Aufruf 12.04.2019 15:44).

Code Civil Du Québec – CCQ 1991.

Colonel Wallace, David; Cyber Weapon Reviews Under International Humanitarian Law: A Critical Analysis; Tallinn Papaer No. 11; https://ccdcoe.org/uploads/2018/10/TP-11_2018.pdf (Letzter Aufruf: 26.07.2019 16:01).

Contamine, Philippe, War in the Middle Ages, Blackwell Publishers (Reprinted Edition), Hoboken 1986.

Conway-Lanz, Sahr, Collateral Damage: Americans, Noncombatant Immunity, and Atrocity after World War II, Routledge, London 2006.

Cook, Martin, Ethical Issues in Targeting, S. 147–159, in: Targeting: The Challenges of Modern Warfare, Springer, Heidelberg 2016.

Coopland, G.W., Bonet, Honore, The Tree of Battles of Honore Bonet, Harvard University Press, Cambridge (Mass.) 1949.

Cyber Security on Military Deployed Networks – A case Study; https://ccdcoe.org/uploads/2018/10/CyberSecurityOnMilitaryDeployedNetworks-Mulazzani-Sarcia.pdf (Letzter Aufruf 17.07.2019 13:37).

Davenport, Frances Gardiner, European Treaties bearing on the History of the United States and its Dependencies to 1648, Kessinger Publishing (Reprint), Whitefish 2007.

Davis, Joshua, Hackers take down the most wired Country in Europe, https://www.wired.com/2007/08/ff-estonia/, (Letzter Aufruf 18.04.2019. 14:47).

De Vattel, Emmerich, The Law of Nations, Or, The Principles of the Law of Nature, Applied to the Conduct of Affairs of Nations and Sovereigns, Gale Ecco, 2010.

Deckers, Daniel, Gerechtigkeit und Recht. Eine historisch-kritische Untersuchung der Gerechtigkeitslehre des Francisco de Vitoria, Academic Press Fribourg, Fribourg 1991.

Denicolo, Barbara, „Magnum beneficium est pax". Die Sehnsucht nach Frieden im Mittelalter, verfügbar unter: https://webapp.uibk.ac.at/ojs2/index.php/historia_scribere/article/view/2331.

Der Kirchenbann – http://www.rowane.de/html/kirchenbann.htm (letzter Aufruf 24.03.2020 15:42).

Deutscher Bundestag – Wissenschaftlicher Dienst, Anwendbarkeit des humanitären Völkerrechts auf Computernetzwerkoperationen und digitale Kriegsführung (Cyber Warfare), https://www.bundestag.de/resource/blob/406028/de1946480e133cf38bbee41d8d3d6898/wd-2-038-15-pdf-data.pdf; (Letzter Aufruf 04.08.2019 12:54).

Die Bibel – Einheitsübersetzung. Altes und Neues Testament, Herder Verlag, Freiburg 2017.

Dinniss, Heather Harrison, Cyber Warfare and the Laws of War, Cambridge University Press, Cambridge 2017.

Dinstein, Yoram, Discussion: Reasonable Military Commanders and Reasonable Civilians, International Law Studies 78 (2002), S. 219–220.

Dinstein, Yoram, Legitimate Military Object under the current Jus in Bello, International Law Studies 78 (2002), S. 139–172.

Dinstein, Yoram, The Conduct of Hostilities under the Law of International Armed Conflict, Cambridge University Press (3. Auflage), Cambridge 2016.

Dinstein, Yoram, The principle of distinction and Cyber War in International Armed Conflicts, Journal of Conflict and Security Law 17 (2012), S. 261–277.

Dinstein, Yoram, War, Aggression and Self-Defence, Cambridge University Press, Cambridge 2018.

Director of National Intelligence, Background to "Assessing Russian Activities and Intentions in Recent US Elections": The Analytic Process and Cyber Incident Attribution, Office of the Director of National Intelligence, January 2017.

Domm, Patti, False Rumor of Explosion at White House Causes Stocks to Briefly Plunge; AP Confirms Ist Twitter Feed Was Hacked, https://www.cnbc.com/id/100646197 (Letzter Aufruf 02.04.2020 13:53).

Dona, Massimo, Immunity and Negation – On Possible Developments of the Theses outlined in Roberto Espositos's Immunitas, Diacritics 36 (2006), S. 57–69.

Dörmann, Knut, Computer Network Attack and International Humanitarian Law, 2001, Campebridge Review of International Affairs; https://www.icrc.org/en/doc/resources/documents/article/other/5p2alj.htm (Letzter Aufruf 21.07.2019 11:38).

Dörmann, Knut, The legal situation of „unlawful/unprivileged combatants", International Review of the Red Cross 85 (2003), S. 45–74.

Dorr, Robert, Operation El Doroado Canyon: Libya Under Air Attack in 1986, https://www.defensemedianetwork.com/stories/operation-eldorado-canyon-libya-under-air-attack-in-1986/ (Letzter Aufruf: 14.09.2019 19:18).

Doswald-Beck, Louise, International Humanitarian Law and Human Rights Law, No. 293 (1993), verfügbar unter: https://www.icrc.org/en/doc/resources/documents/article/other/57jmrt.htm.

Doswald-Beck, Louise/J. M. Henckaerts, International Committee of the Red Cross, Customary International Humanitarian Law, Vol. 1, Cambridge University Press, Cambridge 2005.

Downey, William, The Law of War and Military Neccessity, American Journal of International Law 43 (1953), S. 251–262.

Draper, GIAD, Development of the Law of War, S. 49–73, in: Meyer, Michael A, McCoubrey, Hilaire, Reflections on Law and Armed Conflict, Cambridge University Press, Cambridge 2010.

Draper, GIAD, Grotius' Place in the Development of Legal Ideas about War, Oxford University Press, Oxford 1992.

Dröge, Cordula, Get Off My Cloud: Cyber Warfare, International Humanitarian Law, and the Protection of Civilians, International Review of the Red Cross 94 (2012), S. 533–578.

Düffler, Jost, Regeln gegen den Krieg? Die Haager Friedenskonferenzen 1899 und 1907 in der internationalen Politik, Ullstein Verlag, Berlin 1981.

Dumbauld, Edward, The Life and Legal Writings of Hugo Grotius, University of Oklahoma Press, Oklahoma 1969.

Dunant, Henry, A Memory of Solferino, International Committee of the Red Cross, Genf 1986.

Ergov, Sergey, The Kosovo crisis and the law of armed conflict, International Review Red Cross 837 (2000), S. 183–192.

Esposito, Roberto, Immunitas – The protection and negation of life, Polity, Cambridge 2011.

Europäische Gerichtshof für Menschenrecht – Ausarbeitung wissenschaftlichen Dienst des Bundestages, 2006, S. 8, https://www.bundestag.de/resource/blob/414634/8b2ba09545c78bc965d1430433054844/WD-2-038-07-pdf-data.pdf (Letzter Aufruf 02.03.2019 17:32).

Farzamafar, Mehrnoosh, Short Commentary on Cyberwar and Cyberpeace, in: International Pugwash Workshop; https://vdw-ev.de/wp-content/uploads/2015/11/FarzamfarM.-Commentary-on-Cyberspace-International-Law.-CyberwarCyberpeace-23.10.2015.pdf. (Letzter Aufruf 02.03.2019 12:32).

Fellmann, Michael, Inside War: The Guerilla Conflict in Missouri During the American Civil War, Oxford University Press, Oxford 1989.

Fellmeth, Aaron, Guide to Latin in International Law – Ius in Statu Nascendi, https://www.oxfordreference.com/view/10.1093/acref/9780195369380.001.0001/acref-9780195369380-e-986 (Letzter Aufruf 20.07.2019 16:50)

Fenrick, William, Attacking the Enemy Civilian as a Punishable Offence, Duke Journal of Comparative and International Law 7 (1997), S. 539–570.

Fisher, Max, Syrian Hackers claim AP Hack that tipped Stock Market by 136 Billion. Is it Terrorism?, https://www.washingtonpost.com/news/worldviews/wp/2013/04/23/syrian-hackers-claim-ap-hack-that-tipped-stock-market-by-136-billion-is-it-terrorism/.

Fitzpatrick, Peter, "Terminal legality: Imperialism and the (de) composition of law" S. 10–23, in: Kirby, Diane/ Coleborne, Catharine, Law, History, Colonialism: The Reach of Empire, Manchester University Press, Manchester 2010.

Flade, Florian, Haftbefehl gegen russische Hacker, https://www.tagesschau.de/investigativ/ndr-wdr/hacker-177.html (Letzter Aufruf 05.05.2020 15:12).

FM 3.21–75 S. 1–2, https://fas.org/irp/doddir/army/fm3-21-75.pdf (letzter Aufruf 23.02.2020 13:10).

Forsythe, David P, Humanitarian Politics: The International Committee of the Red Cross, John Hopkins University Press, Baltimore 1977.

Frenkel, Sheera, “Meet the Mysterious New Hacker Army Freaking Out the Middle East,” BuzzFeed, June 23, 2015, www.buzzfeed.com/sheerafrenkel/who-is-the-yemen-cyber-army; (Letzter Aufruf 19.07.2019 14:01).

Friedenburg, Robert von, Europa in der frühen Neuzeit, Fischer Verlag, Frankfurt 2012.

From the Battle of Solferino to the Eve of the First World War, www.icrc.org/web/eng/siteengo.nsf/html/57JNVP (Letzter Aufruf 11.09.2019 14:45).

Fuhrmann, Manfred, Bildung. Europas kulturelle Identität, Reclam, Stuttgart 2002.

Fulcher of Chartres, Gesta Francorum Jerusalem Expugnantium, S. 109–115, in: Krey, August C., Duncalf Frederic; Parallel Source Problems in Medieval History, Harper & Brothers, New York 1912.

Fulda, Daniel, Sattelzeit: Historiographiegeschichtliche Revisionen, De Gruyter, Berlin 2016.

Gail Gardam, Judith, Proportionality and Force in International Law, American Journal of International Law 87 (1993), S. 391–413.

Gallhager, Sean, Did the Russians “hack” the election? A look at the established facts, https://arstechnica.com/information-technology/2016/12/the-public-evidence-behind-claims-russia-hacked-for-trump/ (Letzter Aufruf 02.04.2019 13:51).

Gardam, Judith, Necessity, Proportionality and the Use of Force by States, Cambridge University Press, Cambridge 2009.

Garner, Claudia, Die Legitimierung von Gewalt durch die hoch- und spätmittelalterliche Friedensbewegung, Frühmittelalterliche Studien 42 (2008), S. 229–252.

Gasparevic, Matija, Die Lehre vom gerechten Krieg und die Risiken des 21. Jahrhunderts, LMU München, München 2010.

Gebauer, Matthias, Protokoll der Albtraumnacht von Kunduz, https://www.spiegel.de/politik/ausland/luftangriff-auf-tanklaster-protokoll-der-alptraumnacht-von-kunduz-a-663681.html (Letzter Aufruf 18.05.2019 12:45); https://wikileaks.org/wiki/Afghan_War_Diary,_2004-2010 (Letzter Aufruf 18.05.2019 12:56).

Geiß, Robin, Cyberwarfare – Herausforderungen an das Völkerrecht; in: Ethik und Militär 2014/02, verfügbar unter: http://www.ethikundmilitaer.de/de/themenueberblick/20142-cyberwar/geiss-cyberwarfare-herausforderungen-an-das-voelkerrecht/.

Geiß, Robin/H. Lahmann, “Cyberwarfare: Applying the Principles of Distinction in an Interconnected Space”, Israel Law Review 45 (2012), 381–399.

General Smith, Rupert, The Utility of Force: The Art of War in the Modern World, Penguin, London 2006.

Gergen, Thomas, Gottesfrieden, S. 470–473, in: Handwörterbuch zur deutschen Rechtsgeschichte II, Erich Schmidt Verlag (2. Auflage), Berlin 2009.

Gill, Terry D, Non-Intervention in the Cyber Context S. 217–238, in: Ziolkowski, Katharina, Peacetime Regime for State Activities in Cyberspace. International Law, International Relations and Diplomacy, CCDCOE Publications. Tallinn 2013.

Goetz, Hans-Werner, Die Gottesfriedensbewegung im Licht neuerer Forschungen, S. 31–54, in: Buschmann, Arno Buschmann/Wadle, Elmar, Landfrieden – Anspruch und Wirklichkeit, Schöningh, Paderborn 2002.

Goldman, Jeff, White House Employees hacked by Syraian Electronic Army, www.esecurityplanet.com%2Fhackers%2Fwhite-house-employees-hacked-by-syrian-electronic-army.html&usg=AOvVaw2vxnA9e-bFYGzJfvx-PI62 (Letzter Aufruf 15.07.2019 15:42).

Grassi, Ernesto, Einführung in die humanistische Philosophie, Wissenschaftliche Buchgesellschaft, Darmstadt 1991.

Grawert, Rolf, Francisco de Vitoria. Naturrecht – Herrschaftsordnung – Völkerrecht, Der Staat 39 (2000) S. 110–125.

Green, Leslie, The Contemporary Law of Armed Conflict, Manchester University Press (2. Auflage), Manchester 2000.

Greenwood, Christopher "The Law of Weaponry at the Start of the New Millennium", S. 185–222, in: Michael Schmitt and Leslie C. Green (eds.), The Law of Armed Conflict: Into the Next Millennium, Naval War College, Rhode Island 1998.

Greenwood, Maja Tourazi/Wæver, Ole, Copenhagen–Cairo on a roundtrip: A security theory meets the revolution, Security Dialogue 44 (2013), S. 485–506.

Grewe, Wilhelm Georg, The Epochs of International Law, De Gruyter (Reprinted), Berlin 2012.

Groen, J. Basilius, Gott und Gewalt in Südosteuropa – Rituell liturgische und zwischenmenschliche bzw. interreligiöse Aspekte, verfügbar unter: https://archive.ph/20141208194136/http://www-theol.uni-graz.at/cms/dokumente/10011165/bb48bab8/Gott_und_Gewalt_in_S%25FCdosteuropa_06.pdf.

Gross, Leo, Treaty Interpretation: The Proper role of an International Tribunal, Perspectives for International Legal Development (1969), S. 108–122.

Grotius, Hugo, On the Law of War and Peace – Translated by A. C Campbell, Creatspace Independent Publishing Platform, South Carolina 2017.

Grotius, Hugo, Prolegomena – Translated by Francis W. Kelsey – De Jure Belli Ac Pacis Libri Tres, Bobbs-Merrill Company (Reprint), Indianapolis 1957.

Haakonssen, Knud, Hugo Grotius and the History of Political Thought, Political Theory 13 (1997), S. 243–268.

Hagenmeyer, Heinrich, Fulcheri Carnotensis (1095–1127). Mit Erläuterungen und einem Anhang, Carl Winters Universitätsbuchhandlung, Heidelberg 1913.

Haggenmacher, Peter The Histories of the Source of International Law, https://opil.ouplaw.com/view/10.1093/law/9780198745365.001.0001/law-9780198745365-chapter-2?rskey=lu9ceT&result=1&prd=OPIL (Letzter Aufruf 19.10.2019 18:20).

Hampson, Francoise, Proportionality and Necessity in the Gulf Conflict, American Society of International Law – Annual Meeting 86 (1992), S. 45–54.

Hartigan, Richard Shelly, Civilian Victims in War: A Political History, Routledge, London 2017.

Hartigan, Richard Shelly, Lieber's Code and the Law of War, Cambridge University Press, Cambridge 2014.

Hathaway, Oona A., Rebecca Crootof, Philip Levitz, Haley Nix, Aileen Nowlan, William Perdue and Julia Spiegel, "The Law of Cyberattack", California Law Review 100 (2012), S. 817–884.

Heller, Kevin Jon, Disguising a military Object as a Civilian Object, U.S Naval War College International Law Studies 91 (2015), S. 517–538.

Henckaerts, Jean-Marie/Doswald-Beck, Louise, Customary International Humanitarian Law, Volume I: Rules, http://www.icrc.org/ eng/war-and-law/treaties-customary-law/customary-law/index.jsp (Letzter Aufruf 25.01.2019 11:23).

Henckaerts, Jean-Marie/Doswald-Beck, Louise, Customary International Humanitarian Law Volume II: Practice, http://www.icrc.org/ eng/war-and-law/treaties-customary-law/customary-law/index.jsp (Letzter Aufruf 25.01.2019 15:00).

Henderson, Ian, Contemporary Law of Targeting, Brill, Leiden 2009.

Henriksen, Anders, The End of the road for the UN GGE process: The future regulation of Cyberspace, Journal of Cybersecurity 5 (2019), verfügbar unter: https://academic.oup.com/cybersecurity/article/5/1/tyy009/5298865.

Herdegen, Matthias, Völkerrecht, C.H. Beck (20. Auflage), München 2021.

Hernandez, Jessica Poarch, The Task Force on US Drone Policy Releases is Report, https://loacblog.com/tag/drones/ (Letzter Aufruf 11.09.2018 18:38).

Hershey, Amos S, History of International Law since the Peace of Westphalia, American Journal of International Law 6 (1912) S. 30–69.

High-Value Target JP-303 US Department of Defense, S. 104, https://fas.org/irp/doddir/dod/jp1_02.pdf (Letzter Aufruf 19.05.2020 14:39).

Hippo, Augustinus von, De Civitate Dei, verfügbar unter: http://www.hs-augsburg.de/~harsch/Chronologia/Lspost05/Augus tinus/aug_cd00.html (Letzter Aufruf 04.01.2020 14:23).

Hippo, Augustinus von, Vom Gottesstaat, Creatspace Independent Publishing Platform, South Carolina 2016.

Hippo, Augustinus von, Zweiundzwanzig Bücher über den Gottesstaat, 19. Buch – verfügbar unter: http://www.unifr.ch/bkv/kapitel1937-11.htm (letzter Aufruf 24.01.2020 10:47).

Hobsbawm, Eric, Das Zeitalter der Extreme, Weltgeschichte des 20. Jahrhunderts, DTV, München 1998.

Hoffmann, Hartmut, Gottesfriede und die Treuga Dei, Hiersemann, Stuttgart 1964.

Holloway, Michael, Stuxnet Worm Attack on Iranian Nuclear Facilities, http://large.stanford.edu/courses/2015/ph241/holloway1/ (Letzter Aufruf 15.07.2019 11:40).

Holmes, Arthur F., Francisco de Vitoria "The Law of War", S. 118–119, in: War and Christian Ethics, Baker book House, Grand Rapids 1975.

Horst, Ulrich, Leben und Werke Francisco de Vitorias, S. 16–20, in: Horst, Justenhoven, Stüben, Francisco de Vitoria: Vorlesung (Relectiones) Völkerrecht, Politik, Kirche.

Hulme, Karen, "Weapons", S. 315–341, in: White, Nigel D/Henderson, Christian, Research Handbook on International Conflict and Security Law, Edward Elgar, Cheltenham 2013.

Human Rights Watch, Needless Deaths in the Gulf War: Civilian Casualties During the Air Campaign and Violations of the Laws of War, https://www.hrw.org/reports/1991/gulfwar/ (Letzter Aufruf 20.01.2020 13:44).

Humanitäres Völkerrecht In Bewaffneten Konflikten – Handbuch – ZDv 15/2.

ICRC – Cyberwarfare Q and A, https://www.icrc.org/en/doc/assets/files/2013/130621-cyberwarfare-q-and-a-eng.pdf; (Letzter Aufruf 15.07.2019 15:12).

ICRC Opinion Paper 2008, How is the Term „Armed Conflict" Defined in International Humanitarian Law?. https://www.icrc.org/eng/assets/files/other/opinion-paper-armed-conflict.pdf. (Letzter Aufruf 14.04.2020 11:26).

ICRC-Cyberwarfare and international humanitarian law: the ICRC's position, https://www.icrc.org/en/doc/assets/files/2013/130621-cyberwarfare-q-and-a-eng.pdf; (Letzter Aufruf 16.07.2019 11:03).

ICRC, "Commentary on the Additional Protocols of 8 June 1977 to the Geneva Conventions of 12 August 1949", International Committee of the Red Cross, Genf 1987.

ICRC, Annex I – Commentary on the Additional Protocols of 8 June 1977 to the Geneva Conventions of 12 August 1949, https://ihl-databases.icrc.org/applic/ihl/ihl.nsf/Comment.xsp?documentId=514E9425B7EF70A7C12563CD00438AA7&action=OpenDocument.

ICRC, Conference of Government Experts on the Reaffirmation and Development of International Humanitarian Law Applicable in Armed Conflicts, Report on the Work of the Conference, International Committee of the Red Cross, Genf 1972.

ICRC, Weapons: Statement of the ICRC to the United Nations, 2017. https://www.icrc.org/en/document/weapons-statement-icrc-united-nations-unag-2017; (Letzter Aufruf: 14.06.2019 10:23).

Information Revolution Spawns "Revolution in Security Affairs," Defense Daily, Washington 1995.

International Law Association, Study Group, The Conduct of Hostilities and International Humanitarian Law: Challenges of the 21st Century, Naval War College 93 (2017), S. 323–371.

International Law Commission, Report on State Responsibility, Yearbook of International Law Commission 2001, vol. II, Part Two, Draft Article 40, Commentary 112.

Ipsen, Knut, Kombattanten und Nichtkombattanten S. 56–88, in: Fleck, Dieter, Handbuch des humanitären Völkerrechts in bewaffneten Konflikten, C. H. Beck, München 1994.

Jachec-Neale, Agnieska, The Concept of Military Objectives in International Law and Targeting Practice, Routledge, London 2016.

Jackson, William, "Cyberattacks in the present tense, Estonian says", in Government Computing News 28 November 2007, http://www.gcn.com/online/vol1_no1/45476-1.html. (Letzter Aufruf 25.05.2020 13:17).

Jaser, Christian, Ecclesia Maledicens, Spätmittelalter, Humanismus, Reformation 75 (2013), S. 301–334.

Joecks, Wolfgang, Miebach Klaus, Graf Jan, Münchener Kommentar zum StGB § 202a StGB, C.H. Beck (4. Auflage), München 2020.

Johnson, James S., China's vision of the future network-centric battlefield: Cyber, space and electromagnetic asymmetric challenges to the United States, Comparative Strategy 37 (2018), S. 380–393.

Johnson, James Turner, "Grotius' Use of History and Charity in the Modern Transformation of the Just War Idea," S. 21–34, in: Grotiana, Brill, Leiden 1983.

Johnson, James Turner, Just War Tradition and the Restraint of War: A Moral and Historical Inquiry, Princeton University Press, Princeton 2014.

Johnson, Peter, Die höfische Literatur in der Blütezeit, De Gruyter, Berlin 2000.

Jung, Carl Gustav, Die Psychologie der Übertragung, DTV, München 1991.

Kaeuper, Richard, Chivalry and Violence in Medieval Europe, Oxford University Press, Oxford 2001.

Kalshoven, Fritz, Grotius' Jus in Bello with Special Reference to Ruses of War and Perfidy, S. 325–338, in: Reflection on the Law of War, Brill, Leiden 2007.

Kalshoven, Fritz, The Diplomatic Conference on Reaffirmation and Development of International Humanitarian Law Applicable in Armed Conflicts, Geneva 1974–1977, S. 181–274, in: Reflections on the Law of War, Brill, Leiden 2007.

Keen, Maurice, Nobles, Knights, and Men-at-Arms in the Middle Ages, Bloomsbury, London 1996.

Keene, Edward, Beyond the Anarchical Society: Grotius, Colonialism and Order in World Politics, Cambridge University Press, Cambridge 2002.

Kerton Johnson, Nicholas, Justifying America's Wars: The Conduct and Practice of US Military Intervention, Routledge, London 2011.

Kinsella, Helen M, Martial Piety in the Medieval and Chivalric Codes of War, in: Images before the Weapon: A critical history of the distinction between combatant and civilian, Cornell University Press, Ithaca 2015.

Kinsella, Hellen M., Civilisation and Empire, in: Images before the Weapon: A critical history of the distinction between combatant and civilian, Cornell University Press, Ithaca 2015.

Kinsella, Hellen M., General Order 100, Union General Sherman's March to Atlanta, and the Sand Creek Massacre, in: Images before the Weapon: A critical history of the distinction between combatant and civilian, Cornell University Press, Ithaca 2015.

Kinsella, Hellen M., The Algerian Civil War and the 1977 Protocols Additional, in: Images before the Weapon: A critical history of the distinction between combatant and civilian, Cornell University Press, Ithaca 2015.

Koskenniemi, Martti, Methodology of International law, B. 2. 12., https://opil.ouplaw.com/view/10.1093/law:epil/9780199231690/law-9780199231

690-e1440?rskey=FcnPzk&result=10&prd=MPIL (letzer Aufruf 07.07.2019 12:00).

Kotzur, Hans-Jürgen, Die Kreuzzüge: Kein Krieg ist heilig, Von Zabern, Mainz 2004.

Krajewski, Markus, Völkerrecht, Nomos (2. Auflage), Baden-Baden 2020.

Labuda, Patryk, Lieber Code, https://opil.ouplaw.com/view/10.1093/law:epil/9780199231690/law-9780199231690-e2126?prd=MPIL (letzter Aufruf 08.04.2020 09:21).

Langan, John, The Elements of St. Augustines Just War Theory, Journal of Religious Ethics 12 (1984), S. 19–38.

Langendscheidt – Französisch Wörterbuch „un, bien" https://de.langenscheidt.com/franzoesisch-deutsch/search?term=un+bien&q_cat=%2Ffranzoesisch-deutsch%2F (Letzter Aufruf 04.06.2019 12:54).

Langlois, Shawn, This day in history: Hacked AP tweet about White House explosions triggers panic, https://www.marketwatch.com/story/this-day-in-history-hacked-ap-tweet-about-white-house-explosions-triggers-panic-2018-04-23 (Letzter Aufruf 09.07.2019 13:14).

Le Bas, Philippe, Historia Iherosolimitana, in: Recueil des Historiens des Croisades, S. 721–882, Paris, 1866.

Leetaru, Kalev, What the Tallinn Manual 2.0 Teaches Us About The New Cyber Order, https://www.forbes.com/sites/kalevleetaru/2017/02/09/what-tallinn-manual-2-0-teaches-us-about-the-new-cyber-order/#745496cf928b (Letzter Aufruf 15.07.2019 15:36).

Lewis, Michael W., The Law of Aerial Bombardment in the 1991 Gulf War, American Journal of International Law 97 (2003), S. 481–509.

Lin, Herbert "Cyber conflict and international humanitarian law", International Review of the Red Cross, 886 (2012), S. 515–531.

Lobel, Hannah, Cyber War Inc. The Law of War Implications on the Privat Sector's Role in Cyber Conflict, Texas International Law Journal 47 (2012), S. 617–638.

Lord, Bob, "Notifying Our Users of Attacks by Suspected State-Sponsored Actors," Yahoo!: The Paranoid, December 21, 2015, https://yahoo-security.tumblr.com/post/135674131435/notifying-our-users-of-attacks-by-suspected (Letzter Aufruf 13.07.2019 12:43).

Lt. Col. Alford, Lionel D, Cyber Warfare: Protecting Military Systems, Acquisition Review Quarterly, S. 101–120.

Lubell, Noam, Lawful Targets in Cyber Operations: Does The Principle Of Distinction Apply?, International Law Studies 89 (2013), S. 252–275.

Lushenko, Paul, Reconsidering the Theory and Practice of High-Value Targeting, Counter Terrorist Trends and Analyses 7 (2015) S. 23–30.

Mačák, Kubo, Military Objectives 2.0: The Case for Interpreting Computer Data as Objects under International Humanitarian Law, Israel Law Review 48 (2015), S. 55–80.

Major Angle, David W., Air Force and Army Digitization and the Joint Targeting Process for Time-Critical Targets, United States Army Command and General Staff College, Kansas 1999.

Major Borne, Kyle David, Targeting in Multi-Domain Operations, https://www.armyupress.army.mil/Journals/Military-Review/English-Edition-Archives/May-June-2019/Borne-Targeting-Multi-domain/ (Letzter Aufruf 09.02.2019 14:22).

Mansingh, Surjit, The A to Z of India, Scarecrow Press, Maryland 2010.

Marine Judge Advocate Newsletter IV (6) 1999, sja.hqmc.usmc.mil/newsletter/1999/6_99/june.htm (Letzter Aufruf 02.05.2019 17:56).

Markoff, John, Cyber-Attacks Jam Government and Commercial Websites in the U.S and South Korea, https://www.nytimes.com/2009/07/10/technology/10cyber.html (Letzter Aufruf 09.06.2020 16:21).

Markoff, John/Kramer, Andrew E., "U.S. and Russia Differ on a Treaty for Cyberspace" available at <https://www.nytimes.com/2009/06/28/world/28cyber.html> (Letzter Aufruf 30.04.2018 12:23).

Marrou, Henri-Irene, Augustinus und das Ende der antiken Bildung, Schöningh, Paderborn 1981.

Matscher, Franz, The European System for the Protection of Human Rights – Methods of Interpretation of the Convention, Nijhoff, Leiden 1993.

Maurer, Tim, Cyber Mercenaries – The State, Hackers, and Power, Cambridge University Press, Cambridge 2018.

Mavropoulou, Elizabeth, "Targeting in the Cyber Domain: Legal Challenges Arising from the Application of the Principle of Distinction to Cyberattacks", Journal of Law and Cyber Warfare 4 (2015), S. 23–93.

Mazanec, Brian, M., The Evolution of Cyber War: International Norms for Emerging-Technology Weapons, Potomac Books, Nebraska 2015.

McClelland, Justin, The review of weapons in accordance with Article 36 of Additional Protocol I, International Review of the Red Cross 850 (2003), S. 397–415.

McDonald, Matt, Securitization and the construction of security, European Journal of International Relations 14 (2008), S. 563–587.

Melzer, Nils, Targeted Killing in International Law, Oxford University Press, Oxford 2008.

Melzer, Nils, The Principle of Distinction between Civilians and Combatants, S. 296–331, in: Clapham/Gaeta, Oxford Handbook of International Law in Armed Conflicts, Oxford University Press, Oxford 2015.

Meron, Theodor, International Law in the Age of Human Rights, Nijhoff, Leiden 2004.

Meron, Theodor, The Martens Clause, Principles of Humanity, and Dictates of Public Conscience, American Journal of International Law 94 (2000), S. 78–89.

Milanovic, Marko, The ICJ and Evolutionary Treaty Interpretation, https://www.ejiltalk.org/the-icj-and-evolutionary-treaty-interpretation/ (Letzter Aufruf 28.07.2019 12:13).

Miles, James R., Francis Lieber and the Law of War, Revue de Droit Militaire et de Droit de la Guerre 29 (1990) S. 253–285.

Miller, Christian T., Iraq Power Grid Shows U.S. Flaws, https://www.latimes.com/archives/la-xpm-2004-sep-12-fg-power12-story.html (Letzter Aufruf 19.02.2019 11:03).

Moorehead, Caroline, Dunant's Dream, Harper Collins Publishers, New York 1998.

Morgenthau, Hans, Politics Among Nations: The Struggle for Power and Peace, McGraw-Hill Education Ltd. (7. Auflage), New York 2005.

MPEPIL – Natural Law and Justice, https://opil.ouplaw.com/view/10.1093/law:epil/9780199231690/law-9780199231690-e730 (Letzter Aufruf 21.03.2020 13:15).

Murphy, John F., Some Legal (and a few ethical) Dimensions of the Collateral Damage Resulting from NATO's Kosovo Campaign, Israel Yearbook on Human Rights 31 (2001), S. 51–77.

Nagel, John A., Learning to Eat Soup with a Knife: Counterinsurgency Lessons from Malaya and Vietnam, University of Chicago Press (New Edition), Chicago 2005.

Nagel, Thomas, The Problem of Global Justice, Philosophy & Public Affairs 33 (2005), S. 113–147.

Nakashima, Ellen/Warrick, John, Stuxnet was work of U.S. and Israeli experts, officials say. https://www.washingtonpost.com/world/national-security/stuxnet-was-work-of-us-and-israeli-experts-officials-say/2012/06/01/gJQAlnEy6U_story.html (Letzter Aufruf 08.06.2019 11:48).

NATO Standard AJP-3.9; Allied Joint Doctrine For Joint Targeting April 2016; https://assets.publishing.service.gov.uk/government/uploads/system/uploads/attachment_data/file/628215/20160505-nato_targeting_ajp_3_9.pdf (Letzter Aufruf 02.01.2019).

Neff, Stephen, War and the Law of Nations: A General history, Cambridge University Press, Cambridge 2005.

Neuman, Iver, Returning Practice to the Linguistic Turn: The Case of Diplomacy, Millenium: Journal of International Studies 31 (2002), S. 627–651.

Newman, Lily Hay, What Israel's Strike on Hamas Hackers Means For Cyberwar, https://www.wired.com/story/israel-hamas-cyberattack-air-strike-cyberwar/ (Letzter Aufruf: 10.07.2019 10:23).

Nordin, Astrid/Öberg, Dan, Targeting the Ontology of War: From Clausewitz to Baudrillard, Millenium: Journal of International Studies 43 (2014), S. 392–410.

Nussbaum, Arthur, A Concise History of the Law of Nations, The Macmillan Company, New York 1954.

Nussbaum, Arthur, Geschichte des Völkerrechts in gedrängter Darstellung, C.H. Beck, München 1960.

Nutting, Herbert C., Pierino Belli: A treatise on Military Matters and Warfare, Clarendon Press, Oxford 1936.

O'Donovan, Oliver, The Just War Revisited, Cambridge University Press, Cambridge 2009.

O'Keefe, Roger, Key Rights in Times of Armed Conflict – Protection of Cultural Property, S. 492–520, in: Clapham/Gaeta, Oxford Handbook of international humanitarian Law, Oxford University Press, Oxford 2015.

Oeter, Stefan, Methods and Means of Combat, S. 119–236, in: Fleck, Dieter, The Handbook of International Humanitarian Law in Armed Conflict, Oxford University Press, Oxford 1995.

Oeter, Stephen, "Methods and Means of Combat", S. 105–208, in: Fleck, Dieter, The Handbook of Humanitarian Law in Armed Conflicts, Oxford University Press (3. Auflage), Oxford 2013.

Ohler, Norbert, Krieg und Frieden, Nikol, Hamburg 2004.

Orakhelashivili, Alexander, The Interpretaion of Acts and Rules in Public International Law, Oxford University Press, Oxford 2008.

Pagden, Anthony/Lawrence, Jeremy, Vitoria: Political Writings, Cambridge University Press, Cambridge 1992.

Paravicini, Werner, Die ritterlich-höfische Kultur des Mittelalters, De Gruyter, Berlin 2011.

Pascucci, Peter, JAGC, Distinction and Proportionality in Cyberwar: Virtual Problems with a Real Solution, Minnesota Journal of International Law 26 (2017), S. 419–460.

Patch, Robert, Taking Out Saddam's Floating Pleasure Palace, verfügbar unter: https://www.usni.org/magazines/proceedings/2008/september/taking-out-saddams-floating-pleasure-palace.

Peter, Rudolf/Schaller, Christian, Zur Effektivität gezielter Tötungen: Die strategische Dimension, SWP-Studie, verfügbar unter: https://www.swp-berlin.org/publications/products/studien/2012_S01_rdf_slr.pdf.

Pommerenke, Sascha, Hybride Kriegsführung, verdeckte Operationen und geheime Kriege, https://www.heise.de/tp/features/Hybride-Kriegsfuehrung-verdeckte-Operationen-und-geheime-Kriege-3374228.html?seite=all (Letzter Aufruf 04.04.2020 11:58).

Pons – Französisch Wörterbuch „bien, un“; „bien“, Grand Dictionnaire Hachette-Oxford (4th edn, Oxford University Press 2007) 92.

Pratzner, Phillip, The Current Targeting Process, S. 77–100, in: Targeting: The Challenges of Modern Warfare, Springer, Heidelberg 2016.

Preiser, Wolfgang, History of International Law, Ancient Times to 1648, https://opil.ouplaw.com/view/10.1093/law:epil/9780199231690/law-9780199231690-e716?rskey=FcnPzk&result=9&prd=MPIL (letzter Aufruf 03.04.2020 11:58).

Preuß, Hugo, Francis Lieber, ein Bürger zweier Welten, Wentworth Press, London 2017.

Purdy, Jedediah, Review: The ethics of Empire, Again, California Law Review 9 (2005), S. 1773–1871.

Pustogarov, Vladimir V., Fyodor Fyodorovich Martens (1845–1909) – A Humanist of Modern Times, International Review of the Red Cross (1966), S. 310–314.

Rado, Gaby, Legitimate Military Targets, http://www.crimesofwar.org/thebook/legit-military-target.html (Letzter Aufruf 18.05.2019 13:06).

Raitasalo, Jyri, “America's Constant State of Hybrid War”. In: The National Interest, nationalinterest.org/feature/americas-constant-state-hybrid-war-48482 (Letzter Aufruf 20.05 13:26).

Ramsey, Boniface, The Works of Saint Augustine, New City Press (Reprint), New York 2006.

Rattray, Gregory/Healy, Jason, “Categorizing and understanding offensive cyber capabilities and their use”, in: NRC, Proceedings of a Workshop on Deterring Cyber Attacks: Informing Strategies and Developing Options for U.S. Policy, http:// www.nap.edu/catalog/12997.html. (Letzter Aufruf 10.02.2019 11:32).

Rheinhard, Wolfgang, Die Unterwerfung der Welt: Globalgeschichte der europäischen Expansion 1415–2015, C. H. Beck (4. Auflage), München 2018.

Rhode, Ulrich, Kirchenrecht, Kohlhammer, Stuttgart 2015.

Rid, Thomas, Mythos Cyberwar, Edition Körber, Hamburg 2018.

Rid, Thomas/Buchanan, Ben, Attributing Cyber Attacks, Journal of Strategic Studies 38 (2015), S. 4–37.

Rizer, Kenneth R., Bombing Dual-Use Targets: Legal, Ethical and Doctrinal Perspectives; https://www.airuniversity.af.edu/Portals/10/ASPJ/journals/Chronicles/Rizer.pdf (Letzter Aufruf 17.07.2019 13:05).

Röben, Betsy, Johann Caspar Bluntschli, Francis Lieber und das moderne Völkerrecht 1861–1881, Nomos, Baden-Baden 2003.

Roberts, Adam/Guelff, Richard, Documents on the Laws of War, Oxford University Press, Oxford 2000.

Robertson, Horace, The Principle of the Military Objective in the Law of Armed Conflict, United States Airforce Academy Journal of Legal Studies 8 (1997), S. 35–70.

Rogers, Anthony P. V., Law on the Battlefield, Manchester University Press, Manchester 2012.

Roscini, Marco Cyber Operations and the Use of Force in International Law, Oxford University Press, Oxford 2014.

Roscini, Marco, Military Objectives in Cyber Warfare, https://westminsterresearch.westminster.ac.uk/download/8c41c44bf340c74a9025b-dba67e943051d193228a03d6c6499c322746d2c273b/172467/Ch%207-Roschini%20REV%202.pdf (Letzter Aufruf: 22.07.2019 15:07).

Roscini, Marco, World Wide Warfare – Jus ad Bellum and the Use of Cyber Force, Max Planck Yearbook of United Nations Law 14 (2010), S. 86–130.

Rüegg, Walter, Die Humanismusdiskussion, S. 310 321, in: Opermann, Hans, Humanismus, Wissenschaftliche Buchgesellschaft, Darmstadt 1977.

Saint-Exupery, Antoine de, Wind Sand, and Stars (1939), Penguin Classics UK, (New Edition), London 2000.

Sandoz, Yves, Land Warfare, S. 91–117, in: Clapham/Gaeta, The Oxford Handbook of International Law in Armed Conflict, Oxford University Press, Oxford 2015.

Sanger, David, Obama ordered wave of Cyber-Attacks against Iran, https://www.nytimes.com/2012/06/01/world/middleeast/obama-ordered-wave-of-cyber attacks-against-iran.html, (Letzter Aufruf 09.06.2020 17:53).

Sassoli Marco, Military Objectives, http://opil.ouplaw.com/view/10.1093/law:epil/9780199231690/law-9780199231690-e334?rskey=Txd0gv&result=4&prd=EPIL (Letzter Aufruf 20.07.2019 14:32).

Schäfer, Peter, Franz Lieber und die deutsch-amerikanischen Beziehungen im 19. Jahrhundert, Böhlau–Weimar, Köln–Wien 1993.

Scharf, P. Michael, Aut dedere aut iudicare, B-1, https://opil.ouplaw.com/view/10.1093/law:epil/9780199231690/law-9780199231690-e758 (Letzter Aufruf 09.04.2020 15:37).

Schimmeck, Thomas, Das neue Cyber-Kommando der Bundeswehr – Militärs mit Computermaus und Laptop, https://www.deutschlandfunk.de/das-neue-cyber-kommando-der-bundeswehr-militaers-mit.724.de.html?dram:article_id=382767 (Letzter Aufruf 27.07.2019 17:13).

Schirrmacher, Jonas, Die Politik der Sklaverei: Praxis und Konflikt in Kastilien und Spanisch-Amerika im 16. Jahrhundert, Schöningh (2018 Edition), Paderborn 2018.

Schmitt, Michael N., "Future War and the Principle of Discrimination", Israel Yearbook on Human Rights 28 (1999), S. 43–82.

Schmitt, Michael N., Precision Attack and International Humanitarian Law, International Review of the Red Cross 859 (2005), 445–466.

Schmitt, Michael N., Tallinn Manual – On the International Law Applicable to Cyber Warfare, Cambridge University Press, Cambridge 2013.

Schmitt, Michael N., Tallinn Manual 2.0 – On the International Law Applicable to Cyber Operations, Cambridge University Press, Cambridge 2017.

Schmitt, Michael N., Targeting and Humanitarian Law: Current Issues, International Law Studies 80 (2015), S. 151–194.

Schmitt, Michael N., Targeting and International Humanitarian Law in Afghanistan, Naval War College International Law Studies 39 (2009), S. 307–339.

Schmitt, Michael N., The Law of Cyber Targeting, Tallinn Paper No. 7 (2015) S. 1–20.

Schmitt, Michael N./Shany, Yuval, An International Attribution Mechanism for Hostile Cyber Operations?, International Law Studies 96 (2020), S. 197–221.

Schmitt, Michael N./Widmar, Eric, The Law of Targeting, S. 121–146, in: Targeting: The Challenges of Modern Warfare, Springer, Heidelberg 2016.

Schrey, Heinz-Horst, Die Wiedergeburt des Naturrechts, in: Theologische Rundschau 19 (1951), S. 154–186.

Schulze, Matthias, Konflikte im Cyberspace, UN Basisinformation 61, in: Deutsche Gesellschaft für Vereinte Nationen, verfügbar unter: https://dgvn.de/

publications/PDFs/Basis_Informationen/BI_61_Konflikte-im-Cyberspace.pdf.

Scott, James Brown, The Hague Conventions and Declarations of 1899 and 1907, BiblioLife, Köln 2009.

Scott, James Brown, The Spanish Origin of International Law: Francisco de Vitoria and his Law of Nations, Clarendon Press, Oxford 1934.

Scoutter, Will, Nanotechnology in the Military, https://www.azonano.com/article.aspx?ArticleID=3028 (Letzter Aufruf 24.07.2019 13:14).

Sell, Stewart, Immunologie, Immunpatholigie und Immunität, Weinheim, New York 1971.

Sharp, Walter G., Cyberspace and the Use of Force, AegisResearch, Falls Church 2005.

Silver, Daniel B., Computer Network Attack as a Use of Force under Article 2 (4) of the UN Charter, International Law Studies 76 (2011), S. 73–97.

Slim, Huog, Why Protect Civilians? Innocence, Immunity and Enmity in War, International Affairs 79 (2003), S. 481–501.

Soesanto, Stefan, Did Israel have the Right to Bomb Hamas Cyber HQ?, https://www.defenseone.com/ideas/2019/05/did-israel-have-right-bomb-hamas-cyber-hq/156829/; (Letzter Aufruf 16.07.2019 13:24).

Solis, Garry D., Law of Armed Conflict, Cambridge University Press, Cambridge 2010.

Solis, Gary D., Targeting Objects, S. 1–5, in: Commentary on the HPCR Manual, Section A: Military Advantage, Cambridge University Press, Cambridge 2013.

Spielvogel, Jackson J., Wester Civilization: Volume I: To 1715, Cengage Learning Inc, Boston 2011.

State Parties to the Geneva Conventions and their additional Protocols, ICRC Annual Report 2018, https://reliefweb.int/sites/reliefweb.int/files/resources/icrc-annual-report-map-conven-a3.pdf (Letzter Aufruf 05.06.2019 13:38).

Steiger, Dominik, Civilian Objects, C. 1; http://opil.ouplaw.com/view/10.1093/law:epil/9780199231690/law-9780199231690-e267?rskey=X7csod&result=6&prd=EPIL. (Letzter Aufruf 11.11.2018 15:04).

Steiner, Zara, The Lights That Failed: European International History 1919–1933, Oxford University Press, Oxford 2007.

Sun Tzu, The Art of War – Translation by T. Cleary, Shambala (New Edition), Boulder 1988.

Swaine, John, Georgia: Russia conducting cyber-war, https://www.telegraph.co.uk/news/worldnews/europe/georgia/2539157/Georgia-Russia-conducting-cyber-war.html (Letzter Aufruf 09.06.2020 15:32).

Swanson, Lesley, "The Era of Cyber Warfare: Applying International Humanitarian Law to the 2008 Russian-Georgian Cyber Conflict", Loyola of Los Angeles International and Comparative Law Review 32 (2010), S. 303–333.

Tehrani, Rich, Cyber World War 3: The Business Disruption you Didn't see Coming, https://www.apextechservices.com/topics/articles/440947-cyber-world-war-3-business-disruption-didnt-see.htm. (Letzter Aufruf 23.08.2019 10:43).

Tewes, Ludger, Westfälische Landfrieden im 14. Jahrhundert. Textfunde der Friedensbünde von 1358, in: Blätter für deutsche Landesgeschichte 121 (1985), S. 169–176.

The Computer Chronicles – Portable Computers (1987), https://www.youtube.com/watch?v=xSueEm2Cw28. (Letzter Aufruf 24.07.2019 14:40).

Thürer, Daniel, Dunant's Pyramid: Thoughts on the "Humanitarian Space", International Review of the Red Cross 865 (2007), S. 47–61.

Ticehurst, Rupert, The Martens Clause and the Laws of Armed Conflicts, International Review of the Red Cross 317 (1997), S. 125–134.

Tikk, Eneken/ Kerttunen, Mika, Parabasis: Cyber-Diplomacy in Stalemate, hdl.handle.net/11250/2569401 (Letzter Aufruf 20.05.2019 12:21).

Tikk, Eneken/Kerttunen, Mika, International Cyber Incidents: Legal Considerations, CCDCOE Publications, Tallinn 2010.

Tirpak, John A., Find, Fix, Track, Target, Engage, Assess, Air Force Magazine, https://www.airforcemag.com/article/0700find/ (Letzter Aufruf 22.05.2020 11:43).

Töpfer, Bernhard, Volk und Kirche zur Zeit der beginnenden Gottesfriedensbewegung in Frankreich, Rütten & Loening Verlag, Frankfurt 1957.

Tyermann, Christopher, God's War: A new history of the crusades, Penguin, London 2007.

Tyermann, Christopher, The world of the Crusades: An Illustrated History, Yale University Press, New Haven 2019.

U.S Department of Defense, U.S Military Works to Avoid Civilian Deaths, http://www.defenselink.mil/news/newsarticle.aspx?id=29337 (Letzter Aufruf 15.08.2019 15:51).

United Kingdom, Manual of the Law of Armed Conflict, verfügbar unter: https://assets.publishing.service.gov.uk/government/uploads/system/uploads/attachment_data/file/27874/JSP3832004Edition.pdf.

United States Defense Mapping Agency, Operation Desert Storm Planning Graphic, Retrieved from Library of Congress, www.loc.gov/item/91682183/ (Letzter Aufruf 04.09.2019 14:53).

US Department of Defence, Conduct of Persion Gulf War: Final Report to Congress, verfügbar unter: https://www.tjsl.edu/slomansonb/9.7_Conduct_PGW_I.pdf

Van Creveld, Martin, Transformation of War, Free Press (New Edition), New York 1991.

Van Dülmen, Richard, Die Entdeckung des Individuums. 1500–1800, Fischer Verlag, Frankfurt 2016.

Vihul, Liis, The Tallinn Manual on the International Law Applicable to Cyber Warfare, https://www.ejiltalk.org/the-tallinn-manual-on-the-international-law-applicable-to-cyber-warfare/ (Letzter Aufruf 20.07.2019 17:01).

Villa, Sergio M., The Philosophy of International Law Suarez Grotius and Epigiones, International Review of the Red Cross 320 (1997), S. 539–552.

Vitoria, Francisco De, De iure belli – ins Deutsche übersetzt von Joachim Stüben, Frommann-Holzboog, Stuttgart–Bad Cannstatt 2013.

Wadle, Elmar, Landfrieden, Strafe, Recht. Zwölf Studien zum Mittelalter, Schriften zur europäischen Rechts- und Verfassungsgeschichte 37 (2001).

Wæver, Ole, Aberystwyth, Paris, Copenhagen. New "Schools" in Security Theory and their Origins between Core and Periphery. Paper presented at the annual meeting of the International Studies Association, verfügbar unter: https://pdfcoffee.com/ole-waever-aberystwyth-paris-en-new-schools-in-security-theory-and-their-origins-between-core-and-periphery-pdf-free.html.

Walker, George K., Information Warfare and Neutrality, International Law Studies 33 (2000), S. 233–236.

Walzer, Michael, Exodus and Revolution, Basic Books (Revised Edition), New York 1986.

Walzer, Michael, Just and Unjust Wars: A Moral Argument with Historical Illustrations, Basic Books (5. Auflage), New York 2015.

Wesel, Uwe, Geschichte des Rechts: Von den Frühformen bis zur Gegenwart, C. H. Beck (4. Auflage), München 2014.

Williams, Sharon Anne, The international and national protection of movable cultural property. A comparative study, Oceanea Publications, Dobbs Ferry 1978.

Witt, John Fabian, Lincoln's Code: The Laws of War in American History, Free Press, New York 2012.

Woltag, Johann-Christopher, Cyber Warfare: Military Cross-Border Computer Network Operations under International Law, Intersentia, Cambridge 2014.

Xinmin M. Key issues and future development of international cyberspace law, China Quarterly of International Strategic studies 2 (2016), S. 119–133.

Yamauchi, Susumu, The Ambivalence of Hugo Grotius: State Sovereignty and Common Interests of Mankind, Hitotsubashi Journal of Law and Politics (22) 1993, S. 1–17.

Ziegler, Karl-Heinz, Völkerrechtsgeschichte, C. H. Beck (2. Auflage), München 2007.

Ziolkowski, Katharina, Computernetzwerkoperationen und die Zusatzprotokolle zu den Genfer Konventionen. Zum „virtuellen Raum" des Internet und dem Schutzstandard der vor 30 Jahren in Kraft getretenen Protokolle, Humanitäres Völkerrecht 21 (2008), S. 202–213.

www.ingramcontent.com/pod-product-compliance
Ingram Content Group UK Ltd.
Pitfield, Milton Keynes, MK11 3LW, UK
UKHW021931290926
8980IPUK00016B/1574

9 783631 873328